대한민국 2030
독특하게 창업하라

이상헌 · 이 호 지음

가림출판사

성공한 CEO들이 마음속에 담고 있는 한자성어는 무엇일까. 아마도 그것은 수많은 어려움과 난관을 이겨나가는 지혜가 함축된 단어들로 구성되어 있을 것이다.

도산 안창호 선생님이 국민들을 계몽하고자 하신 말씀이 생각난다.

"청년들이여, 일어나라!"

청년들 어깨에 국가의 운명이 달려있으므로 더욱 분발하고 개발하며 혁신해야 한다는 말씀은 오늘날 청년들에게도 꼭 필요한 말이 아닌가 생각한다.

젊다는 것은 용기와 도전 정신 그리고 강인한 체력이 있기에 아름답다. 그러한 것이 바로 성공을 만들며, 목표를 향해 나아가는 원동력이라 하겠다.

매년 생성되고 있는 신조어들이 있다. 경제 분야를 예로 들면, '이태백', '사오정', '삼팔선', '전백련', '보보스족', '캥거루족' 등이다. 모두가 경기가 침체되고 고용 시장이 얼어붙어 있어 발생한 우울한 느낌이 드는 회색 낱말들이다.

수많은 젊은이들은 미래에 대한 자신감과 의지를 불태울 시간과 공간 그리고 기회가 필요하다. 몇 년째 학생들과 수업을 하면서 그들만의 고민과 열정 그리고 고뇌를 접할 수 있었다. 피 끓는 청년들이 자신들의 열정을 분출할 기회가 부족함을 안타까워하고 있다.

지금 우리 젊은이들에게 우상은 단순히 먼저 직장에 입사한 친구들이 아니다. 그들은 자신의 능력을 발산하는 친구들을 부러워한다. 그러하기에 취업과 창업이라는 갈림길에서 방황하며 고민하고 있다.

영국 속담에 이런 말이 있다.

"The true way is burning desire, for the purest metal is the result of the hottest fire."

(진정한 길은 불타오르는 열정 가운데 있다. 가장 뜨거운 가슴 속에서만 가장 순도 높은 보배가 탄생하기 때문이다)

필자는 청년들이 열정과 패기로 새로운 인생 2막을 시작하기 바라는 마음으로 이 글을 시작했다. 그동안 열심히 자료 수집으로 고생한 창업경영연구소 연구원들에게 감사의 박수를 보낸다. 또한 월간 『B&F』 오경석 대표와 성해용 세무사, 이지훈 가맹거래사 등에게도 감사의 마음을 전한다.

아무쪼록 이 책이 새로운 도전을 하는 2030세대에게 도움이 되기를 바란다.

이상헌, 이호

블루오션 창출을 먼저 생각하라

20대와 30대 창업, 이른바 '청년 창업'이 늘어나고 있다. 구직난이 심각해지고 평생 직장에 대한 개념이 희박해지면서 많은 젊은이들이 창업에 관심을 갖는 것이 당연한 것으로 인식되고 있다. 앞으로 상대해야 할 시장이 어느 정도인지, 또 어떻게 공략해야 할지를 알아야 무한 경쟁을 하고 있는 창업 시장에서 살아남을 수 있다.

청년들이여, 시장 분석부터 하라

20대와 30대 창업, 이른바 '청년 창업'이 늘어나고 있다. 구직난이 심각해지고 평생직장에 대한 개념이 희박해지면서 많은 젊은이들이 창업에 관심을 갖는 것이 당연한 것으로 인식되고 있다. 대학에서는 창업 동아리가 활성화되고 이와 관련한 강좌도 등장하고 있다.

그러나 창업은 말처럼 쉬운 것이 아니다. 창업 전문가들은 창업의 성공 확률을 20% 미만으로 보고 있다. 이것은 10명 중 2명도 창업으로 성공하기 어렵다는 말이다.

그렇다면 창업에 성공하기 위한 조건은 무엇일까? 바로 철저한 계획과 이를 실행에 옮길 수 있는 실천력이다. 창업을 하기 위해서 가장 필요한 것은 아이템 선정이다. 이와 함께 시장과 타깃 고객을 분석하고 이를 마케팅으로 승화시키는 노력이 덧붙여야 한다.

20대 청년들은 열정은 크나 자본과 사회 경험이 부족하다. 30대 또한 예외는 아니다. 평생직장의 개념이 없어지고, 개성이 강조되면서 취미와 개성을 살린 30대 창업도 도전이 계속되고 있다. 30대는 20대의 열정과 40~50대의 경험과 자본 등을 일부 지니고 있다는 장점이 있다. 그러나 그다지 많지 않은 사회 경험과 결혼으로 창업을 할 때 20대와 큰 차이를 나타내지는 않는다. 그러므로 앞으로 상대해야 할 시장이 어느 정도인지, 또 어떻게 공략해야 할지를 알아야 무한 경쟁을 하고 있는 창업 시장에서 살아남을 수 있다.

관심도 높아지고 망설임도 커졌다

2007년 창업 시장은 한마디로 힘든 시기였다. 리딩 아이템이 부재한 상태에서 아이템 업그레이드 현상이 심화되었고, 살아날 것 같았던 경기가 침체되면서 실창업자들의 수가 감소했다.

반면, 창업에 관한 관심은 높아졌다. 특히 20대가 소자본뿐만 아니라 부모의 자본을 바탕으로 대형 매장에까지 손을 뻗쳤다.

최근 창업 시장은 급속히 변하고 있다. 2006년에는 막걸리 전문점이 반짝 강세를 보였지만, 2007년에는 뚜렷한 리딩 아이템이 등장하지 않아 예비 창업자들 역시 아이템 선정으로 고민이 많았다.

2007년 상반기에는 기존에 강세를 보이던 퓨전 주류 전문점이나 치킨 전문점이 여전히 성장세를 이어갔다. 또한 2006년 막걸리 전문점에 자리를 내줬던 생맥주 전문점이 무더위에 힘을 얻고 제자리를 잡아갔다.

2007년 창업 시장의 특징은 리딩 아이템 부재에 따른 아이템 난립과 업그레이드 현상 심화, 예비 창업자들의 신중론으로 말할 수 있다. 업그레이드 현상은 타깃 고객층을 구체화하거나 확대하기 위해 나타난 것이다. 대부분 외식업체들은 여성과 중장년층을 겨냥한 고객층 확대 업그레이드를 했다. 이에 따라 해물 메뉴를 대폭 강화한 요리 주점이나 토털 개념의 바비큐 전문점이 대거 등장했다.

이에 반해 분식 전문점은 업그레이드 과정을 거치면서 타깃 고객층을 구체화하여 여성에 중점을 두는 전략을 사용하였다. 메뉴 개발을 지속적으로 하는 한편, 매장 안 인테리어를 카페 풍으로 바꾸거나 혼자 오는 고객을 위해 바(bar)를 만들었다.

리딩 아이템 부재에 따른 예비 창업자 신중론 대두

2007년 상반기의 또 하나 특징은 예비 창업자의 신중론이다. 리딩 아이템이 없고 고만고만한 아이템이 각축전을 벌이면서 예비 창업자들이 브랜드 선정에 어려움을 겪기 시작했다. 또한 살아날 것 같았던 경기가 다시 후퇴하면서 투자에 대한 불안 심리도 작용했다. 특히 2007년 상반기에는 창업 아이템 선정에서 사회적 트렌드를 고려한 매스티지(masstige) 소비와 프로슈머(prosumer)의 구매력을 가진 소비자가 등장하여 아이템 춘추전국시대를 맞았다. 매스티지란 대중적으로 인기가 높은 명품을 말하는 것으로, '대중(mass)'과 '명품(prestige product)'의 합성어로 품질과 상표는 명품 이미지를 갖추되 합리적인 가격으로 대량 생산되는 상품을 가리킨다. 또한 프로슈머란 제품 개발을 할 때 소비자가 직접 또는 간접적으로 참여하는 방식을 말한다.

판매업에서는 건강과 환경 그리고 가격 지향적 아이템들이 호조를 보였다. 화장품, 건강 기능 식품, 유기농산물 전문점, 기능성 의류 사업이 활성화되었으며, 어린이 관련 교구, 문구의 소비량이 많았다. 한편, 서비스업종은 기술 지향적 아이템과 고객 중심형 업종으로 크게 변하였다.

또한 2007년은 독점 내지 독과점의 기술력을 이용한 시장 확장 제품과 환경과 미용, 용역서비스를 중심으로 한 아이템이 창업 시장에 주를 이루었다. 자동차 외형복원업, 환경개선업, 피부미용업, 인력지원서비스업 등이 눈에 띄었다.

창업에 대선 효과를 절감한 시기이기도 했다. 창업에 대선은 항상 민감한 사안이었고, 2007년 역시 경기 변동보다는 정책 변화가 예상되는 시기이니만큼 현실적으로 창업이 상대적으로 주춤하였다.

반면, 소자본 창업 아이템에 대한 관심은 높아졌다. 1인 창업이 가능해 종업원 관리에 대한 부담이 없고, 실패하더라도 위험 부담을 줄일 수 있다는 점 때문이다. 예비 창업자들에게 큰 관심을 받고 있는 소자본 창업 아이템은 어린이 교육 교재 방문 판매나 실내 클리닝, 실내 환경 정화 등 어린이 교육과 환경에 관련한 내용이 주를 이루었다.

스마트 · 멀티 · 합리적인 가격 · 글로벌리즘에 주목하라

2008년에도 창업 시장의 현실이나 성장도를 알 수 있는 업종별 창업선행지수가 상반기와 비슷한 정체 국면을 보일 것으로 예상된다. 따라서 지난해부터 대세를 이어오고 있으며, 수익성을 추구하기보다는 안정적 성장이 가능한 수비적인 알뜰 창업이 활성화될 것이다. 현실적으로는 정치적으로 민감한 시기이니 만큼 사회 경제적 이슈들이 창업 시장과 맞물려 떨어질 것이다.

이에 따라 창업자는 아이템의 유망도보다 소비자 선호도나 접근성이 우수한 요건을 갖춘 키워드에 집중해야 한다.

최근 2~3년 전부터 대두되고 있는 창업 시장의 특성을 고려할 때, 스마트 업종 집중, 독과점 지위의 멀티 아이템, 숍인숍(shop in shop) 또는 멀티 아이템화, 품질을 기반으로 하는 합리적 가격화, 아이템의 업그레이드화 지속 등이 나타날 것이라 말할 수 있다.

스마트 업종은 단순한 기능과 맛을 갖춘 아이템보다는 독점 내지 독과점의 기술력과 함께 다양한 고객층의 구매 욕구를 상승시킬 것으로 전망돼 각광받을 것이다.

멀티기능의 복합화에도 주목해야 한다. 소비 구조가 다양해지고 표적 고객의 소비 형태 변화에 따라 단품 위주의 전문점보다는 아이템의 종류와 판매 형태를 복합화하여 수익성을 확보하는 전략이 필요하다.

단순 가격 파괴를 포함한 저가 전략이 수익을 많이 올리지 못하고 안정적인 운영에 안정성을 줄 수 없다는 인식이 확산됨에 따라 아이템에 따른 가격 변화도 예상된다. 이에 발맞추어 적정한 가격대와 마진을 확보하는 선에서 품질과 요소거리를 활용한 합리적 가격 전략이 대두되고 있다.

2008년에도 소비 기호 변화에 따른 창업 아이템 다양화, 세계화 조류가 큰 흐름으로 형성될 전망이다. 국가 간의 문화 교류 현상, 소비 시장의 양극화, 퓨전화의 경향에 따라 뉴럭셔리(new luxury) 소비 형태와 매스티지형 소비 증가 등이 예상됨에 따라 아이템의 업그레이드도 꾸준히 시도될 것이다.

IMF 이전, 소비 위축으로 심각한 위기

1990년대 초반 부동산과 증권 등의 호황과 높은 임금 상승률에 힘입어 소비자들의 지출이 크게 증가했다. 이에 따라 소비형 창업이 주를 이루고, 주류 전문점이나 외식업, 명품 의류나 신발 전문점들이 크게 호황을 누렸다.

그러나 1990년대 중반을 넘어서면서 소비가 위축되기 시작했다. 수출 경기가 급속도로 악화된 1996년에는 가계 소득의 가장 큰 부문을 차지하는 임금 상승이 기대에 미치지 못하고 가계의 부(富)가 정체되면서 소득의 둔화가 바로 소비의 둔화로 이어졌다.

구조 조정과 명퇴(명예 퇴직) 바람이 불기 시작한 것도 이 시기이다. 이에 따라 도시 근로자 가계의 소비 증가율이 명목 소득 증가율을 밑돌면서 재래시장, 음식점 등이 매출 감소를 겪기 시작했다.

1997년부터는 한보철강과 삼미그룹이 부도 나고, 기업들이 하나 둘 무너지자, 정부가 부도유예협약을 처음으로 진로그룹에 적용하는가 하면 대농 및 기아그룹에 적용할 만큼 어려운 경제 상황을 맞으면서 소비는 급속도로 위축되었다. 일반인들의 창업에 대한 관심이 미미한 아래 기존 점포들이 매출 하락 등을 원인으로 폐업하는 사태가 속출했다. 한마디로 1997년 이후 자영업자들에게는 심각한 위기 순간이 도래하였다.

1997년 – 배달형과 저가 아이템 대거 등장

1990년대 중반부터 경제가 어려워지고 서민들의 지갑이 얇아졌다. 경기가 극도로 나빠지면서 기업들이 구조 조정을 활발하게 진행했고, 이 때문에 명예 퇴직자(명퇴자)가 대거 발생했다. 명퇴자들이 창업에 눈을 돌리고, 주부들이 퇴직한 남편을 대신하여 생계를 책임지려고 본격적으로 창업 시장에 뛰어든 시기도 이 때부터다.

이에 따라 특별한 기술을 필요로 하지 않는 배달형 외식업과 치킨 전문점, 대여업 등에 대한 관심이 높아졌다. '셀프 세차장' 처럼 낮은 가격을 무기로 한 새로운 아이템이 등장하기도 했다. 주부들이 경험을 살려 부업 형태로 비교적 손쉽게 운영할 수 있는 만화 · 책 · 비디오 대여점, 아동복 전문점 등도 인기를 누렸다.

1998년 – 가격 파괴 모든 업종으로 확산

1997년 말 IMF 사태를 맞이하여 소비 심리가 위축되고 경제에 찬바람이 불었다. 이에 따라 양말 전문점이나 문구 · 완구 전문점, 재활용 전문점 등 주로 적은 자본을 들여 소규모로 시작할 수 있는 저가 아이템들이 시장에 많이 진출했다.

이러한 영향으로 고가 수입품 매장 등이 퇴조하고, 가격 파괴형 업종이 새롭게 부상했다. 또한 IMF 직후 알뜰 심리를 노리는 중고 또는 재활용, 할인형 사업들이 등장하였다. 한편, 긴축된 경제 상황에 의한 스트레스를 풀어주는 오락 사업도 인기를 끌었다.

외식업은 가격 파괴 현상이 더욱 뚜렷하게 나타났다. O-157^{병원} 사건으로 소고기 시장이 침체되자, 초저가 돼지고기 전문점들이 생겨났다. 삼겹살 1인분에 1,800원이라는 파격적인 가격을 제시하며 공격적으로 가맹 사업을 펼쳐나간 프랜차이즈 업체도 등장했다. 소고기를 대체할 수 있는 재료를 이용한 창업 아이템들도 쏟아져 나왔다.

1999년 - PCS 등 이동통신 대리점 인기 급상승

소득이 조금씩 높아지면서 소비 심리가 회복되기 시작했다. 그러나 한 번 싼 가격을 맛본 고객들은 품질을 높여도 여전히 저렴한 물건을 선호했다.

이에 맞춰 1,000원 김밥이나 초저가 생활용품 전문점이 등장해 IMF로 얼어있던 소비 시장의 틈새를 열었다. 소비 심리가 살아나기 시작했지만 창업 시장은 여전히 조심스러운 분위기였다.

자본금이 부족할 때 선택하는 아이템 중 하나가 바로 대여점이다. 대여업 중에서도 비디오나 도서 · 만화책 대여점은 소자본으로 창업이 가능하고 노동력 투입이 적어 자금이 부족한 창업자들에게 각광을 받았다.

초저가로 인기를 끌었던 삼겹살은 얇은 두께로 1인당 주문량이 많아져서 저가라는 매력이 떨어지고, 품질 저하로 점차 고객들에게 외면을 받아 사라지기 시작했다.

반면, PCS 등 휴대전화 대중화에 따른 이동통신 대리점과 휴대전화 관련 액세서리 전문점이 예비 창업자들에게 급속도로 인기를 끌었다.

2000년 - PC · DVD방 등 방 문화 확산

외식업은 물론 전반적인 창업 시장에 '퓨전(fusion)'을 접목시킨 아이템들이 등장했다. 신세대 입맛을 공략하기 위한 퓨전 요리가 인기를 끌자, 외식 브랜드마다 너도 나도 '퓨전' 메뉴를 내놓았다. 똑같은 메뉴에 '퓨전' 글자만 붙여도 신선한 느낌을 주어 고객이 몰렸고, 이러한 분위기에 힘입어 퓨전형 요리 주점이 속속 생겨났다.

또한 안동에서부터 그 맛을 인정받은 '찜닭'이 전국을 휩쓸었다. 순식간에 전국에 수많은 찜닭집이 생기면서 열풍을 여실히 드러냈다.

이와 함께 1999년 이화여대 앞에 진출한 스타벅스 1호점이 창업을 성공하면서 테이크아웃요리나 음식물을 사가지고 돌아가는 방식. 업종 분류상으로는 외식도 내식도 아닌 중간 영역에 자리하므로 중식사업이라 한다에 대한 관심이 증가하기 시작했다. 더불어 소비가 왕성하지만 그간 놀이 문화가 부족했던 10~20대를 겨냥해 DDR 전문점이나 PC방, DVD방, 오락실 등 각종 놀이 공간용 창업 아이템이 선호되었다.

2001년 – 저가 참치 · 디저트 전문점 등장

　창업 시장이 치열해짐에 따라 수많은 반짝 아이템들이 뜨고 지는 시기였다. 저가 참치 전문점처럼 기존 아이템을 저가형으로 공급하는 매장과, 디저트 전문점과 같은 새로운 아이템들이 계속하여 등장했다. 외식업은 토종 음식업종들이 활기를 띠면서 세련된 인테리어와 서비스로 인기를 끌기도 했다.

　또한 기업에 구조 조정이 조직적으로 속출하면서 많은 가족형 생계 창업자들을 양산하였다. 이에 따라 돼지고기집, 치킨점 등의 창업이 증가했다. 여성들이 부업형으로 사업을 시작하면서 창업 시장은 계속 커져 분야도 다양해졌다. 십자수가 유행하면서 많은 전문점들이 생겨났고, 편의점이나 속옷 전문점, 아로마 · 허브 전문점 등 비교적 소규모로 운영이 용이한 아이템들이 생겨났다.

2002년 – 월드컵 4강 진출로 주류업계 호황

　온 국민의 응원 속에 한국 대표 팀이 월드컵 4강에 진출하면서 주류업이 창업 활기를 띠었다. 전반적으로 경기 불황이 대폭 개선된 것은 아니었지만, 함께 모여 응원을 하는 방법 때문에 주류 소비가 많아졌다.

그러나 '저가 참치' 사건으로 '저가' 상품은 품질이 낮다는 생각으로 소비자 사이에 불신이 팽배하기도 했다. 이때부터 건강(웰빙)에 관한 관심과 트렌드가 대두하기 시작했다.

한편, 베트남 쌀국수가 트렌드에 맞춰 건강식으로 알려져 인기를 끌었다. 또한 간장양념치킨 등 기존 아이템에 소비자 기호에 따라 기능성을 부여한 아이템들이 등장했다. 더불어 인터넷 관련 업체가 증가하면서 컴퓨터에 부수적으로 따르는 용품을 판매하거나 출장 수리를 하는 컴퓨터 관련 전문점들도 창업 붐을 이루었다.

2003년 – 테이크아웃 확산과 환경업종 두각

2003년 광우병, 조류독감 소동으로 돼지고기가 반사이익 법률이 공익을 보호하기 위하여 어떠한 규제를 함으로써 일반인들이 간접적으로 누리게 되는 이익, 예를 들면, 동물 학대 행위를 처벌함으로써 동물 애호가들이 얻는 이익 따위을 보면서 저가형 삼겹살 업체가 등장했다. IMF 시기에 나타났던 초저가의 얇은 삼겹살이 아닌, 유통 구조를 개선시켜 가격을 낮추고 일반 삼겹살과 품질이 비슷한 '저가형 삼겹살' 업체들은 연일 손님으로 북적댔다. 불량 만두소 파동으로 웰빙에 대한 관심이 높아져 1,000원짜리 만두를 파는 전문점들이 큰 타격을 입고 정리될 때도 삼겹살 인기는 계속되었다.

이러한 여파로 콩, 오리, 장어, 황태 등으로 만든 요리 등이 인기를 얻는 가운데 로드비즈니스와 차량 이동형 노점상들이 증가했다. 커피와 치킨을 비롯해 다양한 종류의 음식에도 테이크아웃 개

넘이 도입되어 반찬, 국 배달 등 주부 지원 아이템들이 인기를 끌었다.

한편, 웰빙 트렌드에 힘입어 환경에 대한 관심이 증가하면서 청소 대행업 등이 세분화되고 실내 향기 개선업종도 서서히 두각을 보였다.

2004년 – 매운 음식 · 불닭 열풍

불황과 함께 건강 열풍이 일고 고급화 바람이 불었다. 이러한 바람을 타고 저가의 피부미용 전문점이 등장해 젊은 여성층에게 큰 인기를 끌기도 했다. 포화된 아이템으로 틈새시장을 뚫기 위한 새로운 아이템들이 시장에 진입했는데, 죽 전문점이나 요구르트아이스크림 전문점, 반찬 전문점 등이 때를 잘 타 호황을 누렸다.

그러나 경기 불황이 계속되기는 마찬가지여서 스트레스 해소에 좋은 '매운 음식' 열풍이 불기도 했다. 그 중에서도 특히 불닭의 인기는 최고였다. 또한 경기 불황과 관련해 로또 대박 영향으로 인터넷 경마 등 사행성 아이템

당시에 선풍적인 인기를 얻었던 매운 닭 요리들

이 유행했다. 한편, 해물 음식에 대한 관심이 증가해 낙지수제비나 찜 전문점 등이 리딩 아이템으로 등장했다.

2005년 – 불황과 웰빙이라는 양극화 시대

다슬기를 이용한 웰빙 요리가 등장해 중장년층에게 인기를 얻었다.

2005년의 화두는 '불황'과 '웰빙'이었다. 소득 양극화로 창업 시장도 무점포와 점포형으로 나눠지고, 특히 외식업은 초저가와 유기농으로 크게 양분되었다. 저가 돼지갈비 전문점이나 유기농산물 전문점 등이 대표적인 예이다.

이 시기 트렌드나 마케팅에 '웰빙'은 빠지지 않는 요소가 되었다. 무엇이든 '좋은 것'을 추구하는 웰빙 열풍은 창업 시장 전반에 영향을 미쳐 유기농산물 전문점을 출현시켰고, 이미 진출한 외식업체들의 식단까지 '웰빙' 메뉴로 바꿔놓는 힘을 발휘했다.

불황과 웰빙의 공존 속에 여성 소비자가 주를 이루는 시장이 주목 받기도 했다. 저가 화장품 전문점이나 저가 생활용품 전문점 등이 이에 해당한다. 한편, 창업에 대한 위험 요소를 줄이기 위한 숍인숍 등 복합 매장이 대거 등장하고, 매출 증대를 위한 '즐마케팅', '펀마케팅' 등 다양한 마케팅이 창업 시장에 본격적으로 시도되었다.

2006년 – 매스티지 · 복합화 창업 대세

2000년대 초반부터 강세를 보여왔던 웰빙 열풍이 '웰루킹(well looking)'으로 확대되면서 이에 대한 관심이 높아졌다. 복합 멀티숍이나 기능성 찜질방도 웰루킹을 돕는 아이템으로 소비자에게 인기를 끌었다. 또한 소비자의 가치 만족을 높여주는 매스티지 트렌드로 일식 퓨전 요리나 복고 음식 전문점 등이 유행하는 양상을 보였다.

이와 함께 창업에 실패할 위험을 줄이기 위한 복합형 창업이 대세를 이뤘다. 대표적인 외식 프랜차이즈 업체들이 한 점포에 여러 가지 선택이 가능한 멀티 브랜드 또는 믹스 앤 매치(mix & match)를 택했다. 서비스업들도 동일한 간판과 이미지로 기존의 점포를 전환하는 등 채널 파워를 만드는 데 주력했다.

2007년 – 스마트 업종 · 가격 지향적 아이템의 업그레이드 창업 대세

리딩 아이템 부재에 따른 아이템 난립과 업그레이드 현상이 창업 시장에 두드러지게 일어났다. 업그레이드 현상은 표적 고객층을 구체화하거나 환대하기 위한 전략 중 하나인데, 대부분의 아이템들이 여성 고객과 중장년층을 잡기 위한 고객층 환대에 전략을 맞추고 있다. 또한 독과점 지위의 멀티 아이템과 합리적인 가격을 지향하고, 적정한 가격대와 마진 확보가 필요한 선에서 품질과 요소거리를 활용해 고객의 기억 속에 파고드는 전략이 대두되었다.

예비 창업자들이 버려야 하는 생각 10가지

예비 창업자들을 많이 만나는 소상공인지원센터 상담사, 프랜차이즈 본사, 창업컨설턴트, 창업보육센터 매니저, 벤처기업 직원, 기타 창업 전문가 등 창업 전문가들을 대상으로 예비 창업자들이 잘못 생각하고 있거나 버려야 하는 생각들에 대해 조사한 결과 가장 많이 지적하는 10가지 사항이 다음과 같이 나왔다.

창업을 너무 쉽게 생각한다

창업을 너무 쉽게 생각하고 있으며, 거의 공짜로 하려는 경향이 많다. 예를 들면, 많은 예비 창업자들이 돈은 있는데 무엇을 하면 좋겠느냐는 식으로 물어온다. 이것은 많은 사람들이 돈만 있으면 누구나 쉽게 창업을 하여 성공할 수 있다고 생각하고 있으며, 창업에 대해 지나친 자신감 혹은 망상을 가지고 있다는 것을 말해준다.

안 되면 다른 것으로 바꾸면 된다고 생각한다

창업을 한 후에 원하는 만큼 수익을 얻지 못하거나 기대에 미치지 못하면 다른 아이템으로 업종 전환을 하면 된다고 생각한다. 즉, 한 가지 분야에서 반드시 성공하겠다는 의지 혹은 노력이 부족하다.

본사가 다 알아서 해 줄 것이라고 믿는다

정작 자신은 준비도 제대로 하지 않고, 본사만 믿고 창업을 하는 사람이 많다. 창업에 대한 지식도 습득하고 준비도 제대로 한 후에 해야 하는데, 빨리 돈을 벌어야 한다는 생각으로 무작정 일을 벌이는 사람이 많다. 또한 가맹점 계약을 할 때도 본사가 알아서 해 줄 것이라는 막연한 기대를 가지고 있다.

단 기간에 지나치게 높은 수익을 기대한다

창업을 하는 순간 단 시간에 많은 수익이 오를 것이라고 기대하고, 그렇지 않을 경우에는 조급해 하거나 다른 사람(프랜차이즈 본사, 컨설팅회사 등)의 탓으로 돌린다. 또한 자신이 투자한 금액을 고려하여 수익을 기대해야 하는데, 투자 금액에 관계없이 매월 많은 돈을 벌겠다는 생각만 한다.

창업자로서 자질이 너무 부족하다

창업자로서 갖추어야 할 자질이나 능력이 부족한데도, 정작 본인은 준비된 CEO라는 착각을 한다. 예를 들어, 퇴사를 한 많은 예비 창업자들이 자신은 창업에 대해 상당한 경험과 노하우가 있다고 생각하지만, 사실은 그렇지 않다. 샐러리맨으로서 필요한 능력과 창업자로서 갖추어야 할 능력에는 큰 차이가 있기 때문이다.

노력도 하지 않고 안 된다는 생각을 한다

창업이 어려울 것이 뭐 있겠느냐는 생각에서 시작하다보니 좀 힘들고 귀찮다고 생각하는 업무도 악착같이 하겠다는 자세가 부족하다. 특히 많은 창업자들이 홍보나 영업은 직원들의 몫이라고 생각한다.

창업을 하면 자유로울 것이라고 생각한다

창업을 하면 직장 생활에 비하여 시간적인 여유도 많고, 여가를 자유롭게 활용할 수 있을 것이라고 생각한다. 이것은 대부분 일을 직원들이 다 알아서 할 것이라고 생각하기 때문인데 사실은 그렇지 않다.

고정관념에 사로잡혀서 다른 생각을 하지 못한다

창업컨설팅 회사 혹은 프랜차이즈 본사에 상담을 받으러 가도 이미 머리 속에 스스로 창업에 대한 답을 내리고 있다. 자기 생각을 확인하려고 하거나 합리화하려는 경향이 많다. 즉, 상담을 받으러 가는 것이 아니라 자기 생각에 대해 검증을 받으려는 태도를 보인다.

다른 사람의 돈으로 창업하려고 한다

많은 사람들이 다른 사람의 돈으로 창업을 하려고 한다. 자기는 창업에 필요한 기술이나 특허를 가지고 있으므로 돈만 있으면 된다고 생각한다. 그러다 보니 자기 사업 자금을 지원할 수 있는 기관이나 엔젤 투자가를 찾는 데에만 관심을 가지고 있다.

비판적이고 부정적인 선입관이 있다

창업 아이템을 추천하거나 상담을 하다보면, '이거 되겠나?' 하는 비판적이고 부정적인 생각을 먼저 하는 경향이 많다. 긍정적인 자세로 창업 아이템을 바라보고 평가해야 하는데, 비판적인 생각으로 대하다보니 그 아이템에 대한 장점을 제대로 보지 못한다.

성공 창업의 1차적인 중요 요소는 아이템(업종) 선택이다. 어떠한 아이템을 선택하느냐에 따라 자금, 상권, 표적 고객층, 마케팅 등이 달라진다.

그러나 하루가 다르게 변모하는 소비자들의 심리와 아이템의 라이프스타일 감소, 갈수록 치열해지는 자영업 생존 경쟁 가운데에서 성공 아이템을 선택하기란 쉽지 않다.

트렌드 분석부터 시작해야 한다

성공 아이템을 선택하면서 가장 기본적으로 해야 할 것은 트렌드 분석이다. 고객의 소비 성향은 목적성 구매 고객의 행동으로 이어지고, 일정한 소비 방정식을 가지고 있다. 따라서 사회의 트렌드, 즉 시대의 흐름을 분석해 이에 부합하는 제품(메뉴)을 고객에게 제공해야 한다. 고객의 필요조건과 충분조건을 동시에 만족시켜줘야만 성공 창업에 한 걸음 다가갈 수 있다.

최근에는 유행 주기가 짧아지고, 새롭게 분화된 아이템들이 생겨나고 있으며, 시대 흐름도 빨라졌다. 그만큼 소비자의 요구도 빠르게 변하고 있는 셈이다.

그 사회의 트렌드는 소비자의 대중성을 내포하고 있다. 따라서 미리 트렌드를 내다 볼 수 있는 지혜가 필요하다. 웰빙과 같이 오랜 시간 유지될 수 있는 트렌드에 맞는 아이템을 선택하면 안정적인 창업을 할 수 있다.

장사를 시작하면 적어도 2~3년은 유지해 나가야 한다. 결국 사업에 성공하는 것은 시대의 흐름과 변화, 틈새시장이 어디에 있는가를 찾아내는가에 달려 있다.

안정적인가, 수익성은 있는가

안정성이 있다는 말은 곧 시장 수요가 충분하다는 것을 의미한다. 신규 업종은 잠재 수요가 충분하면 손쉽게 성공할 수 있다. 새로 수요를 창출해야 하는 업종은 성공하기까지 오랜 시간이 소요된다. 따라서 신규 업종을 선택할 때는 숨어 있는 수요, 즉 그 상품을 필요로 하는 사람이 많은지를 따져봐야 한다.

안정성이 높다는 것의 또 다른 의미는 자금 회전속도와도 관련이 있다. 곧 투자비 회수 등의 수익성 문제 해결과 연관된다.

수익성을 평가하는 기준 중 첫째는 마진이다. 마진이 클수록 수익성이 높은 것은 사실이다. 하지만 매출의 지속성을 배제한 채, 마진율만 높은 업종을 선택하는 오류를 범해서는 안 된다.

둘째는 투자비 문제이다. 아무리 장사가 잘 될 만한 업종도 투자 비용 부담이 너무 크면 수익성이 높다고 할 수 없다. 투자 비용이 크면 결국 전체 수익률을 낮추는 결과를 가져오기 때문이다.

셋째는 운영의 경제성이다. 월세, 인건비, 재투자비, 홍보 및 접대비 등이 얼마나 들어가느냐 하는 것이다. 지출 비용이 크다면 수익률이 떨어진다. 운영상 지출 비용에 대한 점검이 필요하다.

또한 '3. 5. 2. 12. 8.'이라는 창업 법칙도 점검해 보아야 한다. 전체 운영 경비 내역과 일별 매출과의 호환성이 중요하다. 3(월세), 5(인건비), 2(부대잡비), 12(원·부재료비), 8(이익)과 같이 한 달을 30일을 기준으로 하여 해당일의 매출로 경상비 내역에 부합할 수 있는 아이템이 유망하다.

표적 고객에 맞는 특화된 아이템을 찾아라

최근 창업 시장에는 트렌드에 부합하는 아이템 런칭(launching : 개업)이 빠른 속도로 이어지고 있다. 이들 아이템 중 일부는 특정 고객을 타깃으로 틈새시장에 새로운 블루오션 차별화와 저비용으로 경쟁이 없는 새로운 시장을 창출하려는 경영을 뜻한다. 또한 경쟁 없는 시장 공간을 창출하여 경쟁을 의미없게 만드는 성공 전략을 가리킨다 을 창출했다는 평도 듣고 있다.

따라서, 일방적인 불특정 다수보다는 특정 고객을 타깃으로 차별화된 경쟁력을 갖춘 아이템을 찾는 것이 좋다. 또한 인테리어, 이벤트, 고객 관리 등에 창업자 자신의 역량이 부합하는지도 검토해 봐야 한다. 자신의 취미, 특기, 기술 등을 고려한 아이템 선택이 중요하기 때문이다.

위험하고 어려운 일을 피하면서 창업으로 성공하기는 어렵다. 창업자는 주위의 눈치에도 아랑곳하지 않고, 육체적 고단함도 이길 수 있는 정신이 필요하다.

각자의 창업 아이템에는 주 소비층인 표적 고객이 있다. 그들은 주로 매출을 올려 주는 핵심 소비군을 의미한다. 소비자들이 해당 아이템을 선호하는 이유는 분명히 있다. 충성 소비군들의 소비 성향_{구매 이유, 가격, 구매 주기, 구매 요령, 주안점, 이동 경로, 구매 수단 등}을 철저히 수치로 분석해야 한다. 또한 소비 패턴을 수치화한 후 사업 타당성을 분석하거나 사업 계획을 명확히 설정해야 한다.

아이템 선택의 10가지 성공 요소

❶ 아이템 선정이 사회, 경제적 흐름은 물론, 소비자의 요구와 일치해야 한다.

❷ 아이템이 취미, 특기, 기술 등과 같은 적성에 맞아야 한다.

❸ 아이템 시장이 도입기나 성장기인지를 살펴야 한다.

❹ 투자 비용이 아이템과 비례해 적당해야 한다.

❺ 만약을 대비해 폐점이나 업종 전환이 쉬워야 한다.

❻ 경험이나 지식을 활용할 수 있어야 한다.

❼ 자금 조달 범위 안에서 선정해야 한다.

❽ 가족의 동의나 협업이 가능해야 한다.

❾ 아이템의 회전 주기를 파악해야 한다.

❿ 표적 고객의 소비 지향점을 수치로 파악해야 한다.

　벤처 사무실이 밀집되어 있던 지역에 소자본으로 샌드위치 가게를 오픈했던 신 모 씨는 1년 만에 가게를 접어야 했다. 벤처 직원을 대상으로 간단한 식사거리로 샌드위치를 판매하면 장사가 될 것이라는 확신과는 달리 영업에 어려움을 느꼈기 때문이다.

　손님들이 어느 정도 가게를 방문해 단골이 되려는 순간 사무실이 망하곤 했다. 새로운 회사가 들어오고, 또 망해서 나가는 과정을 거치면서 단골을 확보할 수 없었다. 신 씨는 결국 어려움을 이기지 못하고 폐업을 결정했다. 오피스 상권이라는 특성만 생각했지, 지속성과 유동성에 대해서는 고려하지 못했던 결과이다.

　이처럼 상권이나 입지의 단면만을 보고 창업한 후 폐업하거나 업종을 전환하는 사례가 빈번해지고 있다.

　서울 숭실대 인근에서 치킨 전문점을 운영하던 박 모 씨도 15개월 만에 퓨전 주점으로 업종을 전환했다. 치킨점은 대학가와 주택가가 어우러져 있어 수요가 충분할 것이라는 기대와는 달리, 경쟁 업종들이 많아 매출이 기대에 미치지 못했다. 또한 배달직원 관리에도 어려움이 많았다.

　박 씨는 다시 한 번 상권을 분석했다. 인근에 퓨전 주점이 2~3

개밖에 없었고, 가족 고객의 주말 이용이 늘어나고 있다는 것을 확인하고 업종을 전환했다.

예비 창업자에게 창업 성공 요소를 물어보면 흔히 자본, 아이템, 경영자 마인드, 음식 맛, 상권 등을 꼽는다. 그러나 자본, 아이템, 경영자 마인드, 음식 맛은 창업에 기본적인 요소이지 성공 요인이라 보기는 어렵다.

따라서 상권(입지)이 창업을 성공하는 중요 요소라 할 수 있다. 상권이 좋아야 좋은 상점들이 모이고, 좋은 상점들이 모여야 좋은 상권을 유지하는 것이 당연하다.

그러나 좋은 상권에 있다고 해서 선택을 잘 한 것이라고만은 볼 수 없다. 왜냐하면 투자 비용이 많이 들어가기 때문이다. 이러한 점에서 종로, 명동, 강남 등은 꼭 좋은 상권이라고 표현할 수 없다.

이들 상권 안에서도 한 해 30% 정도가 업종 전환을 하고 있다. 이것은 상권(입지)을 따지기보다 주먹구구식으로 창업을 하여 나타나는 현상이다. 이런 현상은 주요 상권 이외에도 전국적으로 나타나고 있다.

상권을 조사하는 방법은 다양하다. 통행량, 접근성, 가시성, 경쟁점 등은 물론, 향후 나타날 수 있는 상권의 쇠퇴와 번성까지 세세한 면을 살펴야 한다. 그러나 실제 아이템을 선정하고 창업 비용을 따지다보면 자신이 바라는 점포를 구하기란 쉬운 일이 아니다. 점포를 구해본 사람이라면 누구나 이 말에 공감할 것이다.

그렇다면 좋은 상권이란 무엇이며, 선정 기준은 무엇인지 살펴보자.

창업을 위해 입지를 선택할 때 고려해야 할 사항은 대략 다음과 같다.

첫째, 유동 인구에 의존하면 곤란하다. 유동 인구가 창업에 중요한 요소이기는 하나, 유동 인구의 흐름만 믿고 창업을 했다가는 낭패를 보기 십상이다. 유동 인구의 흐름보다는 자신이 하고자 하는 유사한 아이템들의 접객 수를 체크하는 것이 바람직하다.

둘째, 상권(입지) 접근성이 용이한지를 살펴야 한다. 고객은 걷기를 싫어하여, 일부러 찾아다니는 것은 극히 소수에 지나지 않기 때문이다. 고객은 항상 게으르다는 것을 명심해야 한다.

셋째, 현재 상권이 성장 가능성과 잠재 능력이 있는지를 파악해야 한다. 성장 가능성과 잠재 능력을 찾으려면 입지 주변의 인구 증가와 접객 시설의 규모를 파악하는 것이 정확하다. 현재 운영되는 점포들의 평균적인 운영 기간이 길고, 매물로 나와 있는 점포 수가 적다면 좋은 상권이라고 보아도 된다.

넷째, 경쟁 점포의 규모와 수를 파악해야 하며 향후 경쟁점이 들어설 여지도 감안해야 한다. 현재 영업을 하는 경쟁 점포가 브랜드력이나 규모면에서 자신보다 앞선다면 아무리 좋은 상권이라도 포기하는 것이 바람직하다.

다섯째, 가시성도 꼼꼼히 따져 보아야 한다. 보통 점포를 알리는 데는 최소 3개월 이상이 걸린다. 대부분 사람들이 점포 운영 비용을 많이 가지고 창업하지 못하기 때문에 가시성이 떨어진다면 그만큼 많은 홍보 기간이 소요된다. 이것은 자금력에서 상당한 위험 요소가 따른다.

　여섯째, 임대료를 지불할 수 있느냐 계산해 보아야 한다. 3일 판매하여 얻은 수익금을 임대료로 지급할 수 있느냐가 중요하다. 주 5일제 근무가 정착되면서 영업 일수가 줄어들고 있는 현실을 감안하며 이 점을 꼼꼼하게 따져 보아야 한다.

철저히 준비하고 장점을 최대한 활용해야 한다

제조업 생산 기반이 해외로 빠져나가고, 첨단 기술의 발달로 노동 의존도가 낮아지면서 청년 실업이 갈수록 심각해지고 있다. 또한 어렵게 취업해도 평생직장이라는 보장이 없어지면서 직장 근무 기간도 줄어들고 있다.

이에 따라 실업을 극복할 수 있는 유일한 대안으로 창업이 새로이 각광받고 있다. 일반적으로 청년 창업에 해당하는 연령은 20대 후반부터 30대 초반까지를 말한다. 창업 전문가들은 20대 창업을 모험 창업이라고도 한다.

청년 창업의 장점은 톡톡 튀는 아이디어와 식을 줄 모르는 패기와 열정이 있다는 점을 꼽을 수 있다. 뿐만 아니라 인터넷 활용이나 정보 수집, 현실 적응 능력 등이 기성 세대보다 월등히 뛰어난 점도 그러하다. 힘든 일도 감당할 수 있는 체력과 모험을 두려워하지 않는 도전 정신, 실패해도 다시 일어설 수 있는 강한 의욕 등도 장점이다.

반면, 청년 창업은 경험이 부족하고 자본이 빈약하다는 단점이

있다. 특히 20대는 직장 생활이나 사회 경험을 한 적이 적다보니 쌓아놓은 인맥도 거의 없다. 따라서 주변에 도움을 기대할 버팀목이 적어 위험한 상황을 맞기도 한다.

2000년 초 벤처 열풍이 불면서 많은 청년들이 인터넷 창업에 뛰어들었다. 현재도 인터넷 쇼핑몰은 청년 창업 1순위 아이템으로 꼽힌다. 그러나 인터넷 창업에 성공한 경우는 극소수에 지나지 않는다. 초기 창업비는 적게 들지만, 마케팅 등 신경 써야 할 부분은 무척 많기 때문이다. 이에 대한 충분한 검토가 이뤄지지 않은 경우 대부분 창업에 실패했다.

독립 창업보다는 프랜차이즈 창업이 안정적이다

어찌되었건 창업은 자본을 투자해야 하기에 사람들이 일반 독립 창업보다는 프랜차이즈 창업을 선호하는 경향이 강하다. 프랜차이즈 창업은 독립 창업에 비해 상대적으로 운영이 수월하고 안정적이며, 자본금이 덜 들어 간다. 자본 대신 발로 뛰는 성실함과 인적 자원을 바탕으로 전개할 수 있는 프랜차이즈 서비스형 사업이 2030세대에게는 유리하다. 대표적인 것으로는 무점포 소자본 아이템이 있다.

2030세대에 어울리는 창업에는 또 아이디어와 기술을 결합한 벤처 소자본 형식 아이디어형 서비스 사업이 많다. 실제로도 대학교 창업 동아리 등이 활성화되면서 그때부터 축적해 두었던 아이템들로 사업을 시작하는 경우가 종종 있다.

2030세대 창업의 또 다른 특징은 인터넷 관련 체인이 많다는 것이다. 이것은 PC 한대만 있으면 되므로 자본이 많이 들지 않고 특별한 장소도 필요하지 않다. 게다가 중년층에 비해 급속하게 변화하는 인터넷 속도를 감당할 수 있기 때문에 온라인 창업은 2030세대의 주요 관심 사항 중 하나이다.

2030세대의 예비 창업자들은 외국 아이디어 사업에도 많은 관심을 가지고 있다. 이 분야는 인문 계통 대학생이나 대졸자들이 손쉽게 도전해 볼 수 있다. 외국에서 이미 검증된 아이디어에 동기를 얻고 국내 현실에 맞게 적용하는 것이 일반적이다.

시장 공략 포인트

같은 세대이자 소비 주체인 2030세대를 공략 포인트로 잡는 것이 중요하다. 우리나라 전체 인구 중 2030세대는 약 1,000만 명 정도나 된다. 이들의 특징은 소득 수준에 비해 소비 성향이 매우 높고, 자기 자신을 위해서라면 투자를 아끼지 않는다는 것이다. 그렇다고 이들이 대책없이 소비만을 추구하는 세대는 아니다. 이들은 나름대로 안정된 생활을 하며, 직업, 경제, 소비 철학을 지니고 있다. 특히 P세대, 코보스족, 듀크족 등의 다양한 계층으로 분류되며, 오늘날 마케팅 타깃이 되고 있다.

P세대

사회 전반에 걸친 적극적인 참여(Participation) 속에서 열정

(Passion), 잠재력(Potential Power)을 바탕으로 사회 패러다임의 변화를 일으키는 세대이다. 이들은 과거 '386세대'의 사회 의식, 'X세대'의 소비 문화, 'N세대'의 라이프 스타일, 'W세대'의 공동체 의식과 행동이 모두 융합되어 나타나는 집단으로, 17~39세 연령층에 속해 있다. 제일기획의 〈대한민국 변화의 태풍 – 젊은 그들〉이라는 보고서에서 명명한 이들의 특징은, 주로 인터넷을 이용하고 의류와 외식에 목숨을 거는 것으로 나타났다. 특히 물건을 살 때 이들의 51%가 충분한 사전 검색을 한다고 대답했다.

코보스(Kobos ← Korean＋Bobos)족

물질적 풍요와 보헤미안의 정신적 자유를 함께 누린다는 미국의 신상류층인 보보스(Bobos)와 유사한 한국형 보보스를 일컫는 신조어다. 개성과 감성을 중시하는 전문가 그룹이 주류를 이루고 있다. 따라서 엘리트로서 물질적인 성공과 수준 있는 소비 성향을 보인다. 정보통신비, 외식비, 문화, 레저, 건강 등 자신에 대한 투자에 돈을 아끼지 않으며 인터넷 쇼핑을 즐기는 것으로 나타나고 있다. 자식 교육에 누구 못지않은 투자를 하는 것 또한 이들의 특징이다.

듀크(DEWK : Dual Employed With Kids)족

자녀를 둔 맞벌이 부부를 말한다. 이들은 20대 후반에서 30대 초반의 맞벌이 부부로 자녀를 위해 돈을 아끼지 않는다. 자식과 많은 시간을 함께 하지 못하는 공백을 물질적인 것으로 채우려고 한다. 따라서 이들을 겨냥한 키즈마케팅, 맘스마케팅 등이 뜨고 있다.

듀크족은 인터넷 쇼핑, 24시간 쇼핑의 주도자들이기도 하다. 특히 교육 수준이 높고 상품을 구입할 때에도 정보 검색, 커뮤니티를 통한 의견 교환 등으로 까다로운 선택을 한다.

- 필요한 물건이라면 비싼 가격도 마다하지 않는다.
- 정보를 검색해 보고 물건을 산다.
- 제품을 사용하고 난 후 동호회나 업체 홈페이지에 의견을 게시하는 등 적극적인 자세를 보인다.
- 대부분 교육 수준이 높고 정보 교환으로 상품 구입이 까다롭다.
- 자신을 위해서라면 투자를 아끼지 않는다.
- 건강은 곧 자신의 경쟁력이라고 생각한다.
- 직장인이 대부분이기 때문에 야간에도 쇼핑을 하는 24시간 쇼핑족이 많다.
- 레저, 여행, 문화생활 등으로 여가를 즐긴다.
- 자식 교육을 위해서라면 아낌없이 투자한다.
- 감성에 민감하다.

청년 창업 성공 전략

❶ 경험 부족을 커버할 수 있도록 충분한 정보를 수집하라.

청년 창업 최대 단점은 경험 부족이다. 따라서 아이템을 선정했다면 사전에 충분한 시간을 갖고 정보를 수집해야 한다. 경우에 따라서는 방문, 시장 조사, 아르바이트 등으로 실무 경험과 이론적

지식을 쌓아야 한다.

❷ 업종 선택은 취미나 적성을 고려하되 가까운 곳에서 찾아라.

현실적인 수익이 예상되는 아이템을 선택해야 한다. 수익성이 낮거나 전망이 불투명한 업종은 예상치 못한 변수 등장으로 실패 확률도 높다. 어느 정도 검증된 아이템을 선택하는 것이 바람직하다. 물론, 자신의 적성과 장기 비전을 고려하는 것은 기본이다.

❸ 무리한 창업 투자는 금물이다.

청년 창업은 자금이 충분치 못한 경우가 대부분이다. 이런한 이유로 동업을 하거나 가족과 공동으로 창업하여 자금을 확보하기도 한다. 그러나 공동 창업을 하든, 1인 창업을 하든 무리하게 대출하여 자금을 마련하는 것은 나중에 큰 어려움을 초래할 수 있다. 따라서 상환 능력 등을 검토한 후 자금에 맞는 아이템을 선정해야 한다.

군이 창업 자금이 필요하다면 소상공인지원센터나 지자체 등에서 운용하고 있는 창업정부지원자금을 활용해 보는 것도 좋은 방법이다.

❹ 수익 창출을 위한 사업 로드맵을 그려라.

사업의 일차적인 목표는 수익 극대화다. 따라서 오랫동안 수익을 낼 수 있는 단계적인 실행 사항들을 명시한 사업 로드맵을 그리고 있어야 한다. 무리하게 큰 수익을 추구하기보다는 내실을 다지면서 수익을 꾸준히 늘려갈 수 있는 전략이 필요하다.

❺ 가지고 있는 장점을 최대한 활용하라.

청년 창업자들은 기성세대보다 인터넷 활용 능력이나 패기, 감각, 스피드 등이 월등하다. 이러한 장점을 최대한 살릴 수 있는 전략이 필요하다. 모자란 창업 자금을 보충하기 위해 강인한 체력과 빠른 스피드를 활용하여 아이템을 선정하거나, 오프라인 사업을 운영하면서 온라인과 연계하여 사업 다각화를 꾀할 수도 있다.

2030세대 창업 10계명

❶ 최소한의 경험을 쌓고 창업하라.

❷ 혼자 애쓰지 말고 동료나 동업자를 구하라.

❸ 선배나 경험자의 의견을 경청하라.

❹ 최소한 1년을 버틸 자금과 뒷돈을 준비하라.

❺ 아이디어보다는 실속형 창업에 눈을 돌려라.

❻ 기성세대보다 2배 이상 뛸 각오를 하라.

❼ 젊음과 열정으로만은 창업을 할 수 없다.

❽ 감각보다는 철저한 전략이 우선이다.

❾ 작은 것부터 시작해서 한 계단씩 올라가야 한다.

❿ 잘 될 때 더욱 겸손하고 끊임없이 지식에 투자하라.

제2장 ● 나는 이렇게 창업했다

나는 이렇게 창업했다

청년 실업, 고령화 사회, 불안정한 직장 생활 등에 따른 경기 불황 타개책으로 '가족 창업'이 새로운 트렌드로 각광받고 있다.
창업 전문가들도 신뢰와 사랑을 바탕으로 시너지 효과를 기대할 수 있다는 점에서 가족 창업을 긍정적으로 평가하고 있다.
가족 창업에는 부부 창업, 형제 창업, 부자 창업, 부녀 창업, 모자 창업 등이 있다. 그러나 실업 문제 해결과 한 가족의 생계 수단을 마련할 수 있다는 점에서 부모와 자식이 함께 하는 부자 창업이 의미가 더 크다. 부자 창업은 부모의 경험과 자본, 신세대 자녀의 아이디어와 적극성이 더해져 시너지 효과가 발생한다는 장점이 있다.

부모의 권유로 창업에 뛰어든 박경렬 사장

젊은 자녀가 창업을 할 때 경험이 짧아 종업원 관리나 고객 접대에 미흡한 부분이 발생할 수 있다. 이럴 경우 부모가 옆에 있다는 것은 큰 힘이 된다.

분당에서 퓨전해물포차를 운영하고 있는 박경렬(27) 사장은 아버지의 권유로 창업에 뛰어들었다. 음식점 등 장사 경험이 많은 아버지 박래만(54) 씨는 새로운 사업을 구상하던 중 아들에게 함께 창업하자고 권했다.

박경렬 사장도 어릴 때부터 장사하는 부모님을 보면서 사업을 해보고 싶다고 생각하고 있었다. 2년 정도 후에 창업할 계획이었지만, 좋은 기회라 생각해 다니던 광고 회사를 그만두고 아버지와 일하기로 했다.

창업 준비는 아버지가 거의 다 했다. 장사 경험이 많아 모든 부분을 세세하게 점검하는 것이 가능했기 때문이다. 박 사장은 마무리 단계에 합류했다.

현재 경영에 대한 전반적인 것은 박 사장이 맡고 있다. 서비스업 경험은 노래방에서 1년 정도 아르바이트를 한 것이 전부여서 여러 면으로 아버지인 박래만 씨에게 장사의 기본 원칙을 배워가고 있다.

박래만 씨는 매일 매장에 나오면서 오픈 준비 등을 점검해준다. 또한 직원 관리에 어려움을 겪고 있는 아들에게 나이 많은 직원 대하는 법 등 경험에서 나오는 도움을 주고 있다.

박경렬 사장은 "아버지와 공동으로 매장을 운영하면서 가족 관계가 더욱 돈독해졌다."며 "이전에는 깊은 대화를 나눌 기회가 적었는데, 지금은 공통 화제가 있어 많은 이야기를 나눈다."고 말하였다.

불안한 직장 생활보다는 창업을 선택한 김종훈 사장

군대를 제대하거나 대학을 졸업한 후 불안정한 직장 생활을 하는 것보다는 창업을 권하는 부모가 늘고 있다. 서울 불광동에서 퓨전치킨 전문점을 운영하고 있는 이희덕(49)·김종훈(24) 모자가 그렇게 창업한 경우이다.

조그만 상가에서 분식집을 운영하던 이 씨는 아들이 군대에서 제대하자 창업을 권유했다. 이 씨는 "불안정한 직장 생활을 하는 것보다는 장사를 배우는 것이 낫다 생각했고, 다행히 아들도 찬성했다."고 말했다.

닭고기를 좋아했던 김 씨는 가격은 중간 대이면서도 맛은 뛰어나다는 평을 듣고 있는 '치킨매니아'로 창업을 결정했다. 세계의 다양한 닭 요리를 선보인다는 것도 김 씨가 이 업종을 선택한 이유 중 하나이다. 주방은 어머니 이 씨가, 홀서빙과 배달은 김 씨가 맡기로 했다. 김 씨가 배달을 가면 이 씨가 주방과 홀을 번갈아 가며 일을 한다. 손님이 많은 주말에는 아버지 김두귀(54) 씨도 한 몫 거든다. 김정훈 씨는 "주택가이면서 동네 상권이라 조금만 실수해도 입소문이 금방 퍼진다."며 "양심 있게 원칙에 충실한 결과 손님의 90% 이상이 단골이 되었다."고 말했다.

03

　서울 쌍문역 인근에서 바비큐 전문점을 운영하고 있는 태민숙(51)·전지혜(25) 씨 모녀의 경우 어머니가 딸의 경제적 뒷받침을 위해 공동 창업을 제안했다.

　어머니 태 씨는 학교를 졸업한 후 직장 생활을 하고 있는 딸을 위해 창업을 결심했다. 태 씨는 말하기를, "딸이 배짱이 있고 포용력이 커서 장사에 수완이 좋다고 판단했다. 그리고 딸에게 경제적으로도 어려움을 겪게 하고 싶지 않아서 먼저 창업을 하자고 제안했다."고 했다.

　어머니의 제안을 들은 전 씨는 처음에는 많이 망설였다. 창업을 쉽게 생각하는 것은 아닌지 걱정이 앞섰다. 그러나 어머니의 고집을 꺾을 수는 없었다. 모녀는 신중하게 창업 아이템을 검토하기 시작했다. 처음에는 칵테일바 전문점을 생각했다.

　그러던 중 우연히 모 바비큐 전문점을 알게 됐다. 태 씨는 "본사 직원을 여러 번 만나면서 신뢰가 쌓였고 인테리어도 신선했다."며 "무엇보다 맛이 좋다는 점이 아이템을 선택한 가장 큰 이유이다."라고 말했다.

　지난해 11월, 1억 원 정도 창업 비용을 들여 매장을 오픈했다. 모

자란 돈은 본부에서 대출하여 충당했다. 그리고 주방은 태 씨가, 홀은 전 씨가 맡는 것으로 업무를 분담했다. 전 씨의 낙천적인 성격이 매장 관리에 큰 도움이 됐다. 항상 밝고 명랑하게 손님을 접대하여 단골도 늘었다.

태 씨는 이 바비큐 전문점 전체 가맹점 중 처음으로 포인트 카드제를 실시하고 있다. 태 씨가 본사에 제안해 시범으로 하고 있는 중이다. 현금으로 계산하면 5%, 카드로 지불하면 3%를 적립해 준다. 시행한 지 10여일 밖에 지나지 않았지만 반응은 좋다.

태 씨는 "매장 인근 상권이 주거 지역이다. 멀리서 오는 손님도 끌어들이고, 한 번 방문한 고객에게 타 매장에서 얻을 수 없는 이점을 주자는 생각에 실시하게 됐다."고 말했다.

창업자가 직접 매장에서 가게를 운영하는 경우 개인 시간을 갖기가 힘들다. 특히 20대인 전 씨에게는 힘든 부분이다. 그래서 어머니 태 씨는 한 달에 2번 전 씨에게 개인 시간을 가질 수 있도록 허락했다. 친구도 만나면서 스트레스를 풀도록 한 것이다.

"맛있게 조리해서 고객에게 인정받는 것이 현재의 목표"라고 말하는 태민숙·전지혜 씨 모녀는 성공 창업을 위해 지금도 바쁜 발걸음을 재촉하고 있다.

부자 창업 성공 5선

1. 사랑과 신뢰가 경쟁력이다.

성공에 대한 기대와 실패에 대한 두려움을 가족끼리 공유해 힘을 얻고 부담을 덜어야 한다. 부자간에 단합과 신뢰가 바탕이 되어야 한다.

2. 철저한 업무 분담은 필수이다.

부자간에 철저한 역할 분담을 한다. 가장 잘 할 수 있는 일을 나누어 업무가 중복되지 않게 하고, 책임 소재를 분명히 해야 한다. 부자 창업도 손발이 맞아야 성공할 수 있다.

3. 철저한 시장 조사와 아이템 선정이 중요하다.

부자 창업은 아버지와 아들이 서로에게 사장이자 종업원이다. 따라서 부자가 함께 운영할 수 있는 아이템을 선정하는 것이 중요하다. 부자간의 취미나 적성을 고려하되 철저한 시장 조사를 한 후 회전 주기가 긴 것으로 아이템을 선정한다.

4. 자기 관리를 철저히 하라.

부자 창업은 자칫 서로에게 일을 떠넘기는 상황이 벌어져 마찰이 일어날 수 있다. 게으름을 피우거나 창업을 할 마음을 잃어버리는 경우도 있다. 효율적인 사업 운영을 하면서 서로에게 인격적으로 배려하는 노력이 필요하다.

5. 매출과 수익을 철저히 기록하고 배분하라

창업은 전쟁이다. 매출과 수익을 장부에 철저히 기록하여 배분하고 입출금을 투명하게 관리하는 것은 기본이다. 업무 범위에 따라 공정하게 수익을 배분하여 노동에 대한 대가를 나눠야 한다.

스승의 도움으로 창업한 김배경 사장

스승을 부모처럼 대하라는 옛말이 있다. 그 이유는 성장과 성공에 큰 영향을 미치기 때문이다.

'퐁스' 대구 칠성점을 운영하고 있는 김배경(23) 씨는 고등학교 선생님의 도움으로 창업하였다. 퐁스는 스위스의 퐁듀와 독일의 함박스테이크를 5,000~5,500원의 저렴한 가격에 제공하는 퓨전 레스토랑이다.

김 씨는 지난해 8월 군대를 제대한 후 고등학교 때 자신을 가르쳤던 이상철(39) 선생님을 만났다. 그동안 꾸준히 연락을 해왔지만, 군대라는 특수성 때문에 자주 찾아뵙지 못했기 때문이었다.

김 씨는 말한다. "선생님과 이야기를 하던 중 자연스럽게 창업이 거론됐다. 선생님께서 소유하고 계신 땅과 매장을 제가 맡아서 창업해 보고 싶다고 말씀드렸다. 선생님께서 흔쾌히 승낙하셔서 창업을 하게 됐다."

창업에 들어가는 모든 비용은 선생님이 부담했다. 선생님은 교직 생활에 몸담고 있어서 매장 운영은 전적으로 김 씨가 맡게 되었다. 수익은 일정 비율로 나누기로 하고 지난해 12월 가게를 오픈했다.

초보 창업자인 김 씨는 매장을 오픈하면서 마케팅에 중점을 두었다. 열심히 한 만큼 성공할 수 있다고 생각하며, 인근 매장보다 홍보와 서비스에 중점을 두었다.

그러나 사업은 김 씨의 생각대로 이뤄지지 않았다. 김 씨는 말하기를, "매장을 몇 달 운영하면서 새로운 것들을 많이 느꼈다. 홍보도 중요하지만 유동 인구가 매출에 영향을 주는 것도 알게 됐다. 지금은 유동 인구를 잡기 위한 마케팅 전략에 고민하고 있다."고 했다.

이상철 선생님은 주로 주말에 매장을 방문한다. 함께 매출에 대해 고민도 하고, 전단지를 제작하거나 컴퓨터 작업을 해야 할 때는 도움도 준다.

현재 김 씨는 몇 달간 운영한 것을 토대로 고객의 선호도를 분석해 주문이 거의 없는 메뉴를 정리하는 중이다. 새로운 메뉴도 추가할 예정이다. 종업원 서비스 교육도 다시 하고, 최대한 깨끗하고 깔끔하게 고객을 접대한다는 방침을 세웠다.

김 씨는 "선생님의 도움으로 창업할 수 있어 선생님께 늘 감사하다."며 "부지런히 더 많이 노력하여 반드시 성공해서 선생님께 보답하고, 개인적으로도 더 큰 매장을 운영해 보고 싶다."고 말했다.

1,500만 원 투자해
월 400만 원 이상 버는 이재철 사장

"창업을 하려고 하니 경험이나 자본이 부족해 걸림돌이 되었다. 그래서 자본이 적게 들고 경영 능력을 키울 수 있는 소자본 창업부터 도전해 보기로 결정했다."

침대, 소파 등에서 기생하는 집 먼지 진드기를 주기적으로 제거해주는 알레르기 클리닝 업체로 창업한 이재철(28세) 사장의 말이다. 그는 창업한 지 1년 정도 되는 청년이다.

이재철 씨는 대학교 재학 시절부터 창업 동아리에서 활동하며, 조금씩 '청년 사장'의 꿈을 키워왔다. 그리고 실제로 대학을 졸업한 뒤 취업이 아닌 창업을 선택했다. 좁은 취업문을 뚫고 입사해도 이른 나이에 직장에서 내몰릴 바에야 조금이라도 젊었을 때 창업을 해서 자리를 잡자고 생각했기 때문이다.

최근 '사오정', '오륙도'라는 신조어가 생겨났는데, 그 뜻은 45세면 정년이 되고, 56세까지 직장에 다니면 '도둑놈' 소리를 듣는다는 것이다. 경쟁이 치열해지고 정년도 갈수록 짧아진 시대상을 자조적으로 표현한 것이다.

막상 창업을 생각하니 이 사장에게는 자본과 경험이 문제였다. 그래서 선택한 업종이 침대 청소다. 업종 선택을 할 때는 웰빙이 사회, 경제의 중요한 소비 트렌드로 자리 잡고, 서구 생활 방식이 보편화된 것에 초점을 맞췄다. 창업 비용은 총 1,480만 원이 들었다.

이재철 사장은 "무점포·소자본 창업이라는 점도 좋았지만, 일반 청소업체와 달리 알레르기 전문가로서 세분화된 시장을 파고들 수 있다는 점이 더욱 좋았다."고 아이템 선택 이유를 밝혔다.

그는 처음 사업에 뛰어들면서 일 잘하기로 소문난 지사를 찾아 다니며 한 달간 무보수로 일을 배웠다. 또 전문성을 갖추기 위해 알레르기, 침대, 집 먼지 진드기에 대한 정보를 하루도 빼놓지 않고 수집했다.

그 결과 현재 연회원 40명을 관리하며, 월평균 400~500만 원 정도 매출을 올리는 일 잘하는 젊은 사장이라는 평판을 얻었다. 순이익률은 90% 정도에 이른다.

현재 그는 사업 영역을 넓히고자 알레르기 전문 병원과 이삿짐 센터와 제휴했다. 전단지를 배포하는 홍보 방식에서 벗어나 침대와 침구를 클리닝해야 하는 곳과 제휴하는 것이 효과적이라는 판단이 들었기 때문이다.

이재철 사장은 프랜차이즈 창업을 고려하는 청년들에게 본부가 건실한 곳을 선택하는 것이 무엇보다 중요하다고 말한다. 특히 본부 이미지가 고정 고객을 확보하는 데 큰 역할을 하기 때문에 본부가 브랜드 홍보에 얼마나 힘을 쏟고 있는지 파악해야 한다고 강조했다. 본부가 지원하는 연예인 집 방문 클리닝이 그에게도 효과적인 홍보 수단이 되었다고 귀띔했다.

서울 상도동에서 생맥주 전문점을 운영하고 있는 진현아(29) 사장은 창업 비용의 80% 정도를 대출받았다. 진 사장은 무역 회사 중국 지사에서 근무하던 중 그 지역에 편의시설이 부족하고 치안이 허술하여 퇴사를 결정했다.

처음에는 독립 점포 창업을 생각했지만, 창업 박람회와 인터넷 등을 살피면서 모 생맥주 프랜차이즈 업체로 아이템을 결정했다. 미혼이고 나이가 어리다는 이유로 주위에서 반대도 했지만, 진 사장의 고집을 꺾지는 못했다.

"매장을 네 군데 이상 둘러보고 메뉴나 시스템 등을 참고했습니다. 영업 사원이 아닌 가맹점 점주들과 상담을 했죠. 이것이 선택에 큰 믿음을 준 것 같아요."

그러나 턱없이 부족한 창업 비용이 문제였다. 점포 임대료 등을 포함해 모아둔 돈은 창업 비용의 20%에도 미치지 못했다. 진 씨는 여성인력개발센터를 수료하고 이를 통해 일정액을 대출받았다. 나머지는 친척들에게 도움을 받았다.

진 사장의 성공 전략은 이벤트나 파티를 접목해 낮 시간에는 주부들을, 저녁 시간에는 젊은 층을 공략한 것이다. 매장 안에 파티

용품 등을 비치해 특별한 날에 즐길 수 있도록 했다.

"남자들도 사진 찍는 것을 좋아해요. 개인 블러그나 싸이월드 등에 사진을 올리지요. 인터넷으로 입소문이 퍼졌죠. 지금은 생일이나 특별한 날을 즐기기 위해 먼 곳에서도 찾아와요."

대출금도 거의 갚았다는 진 사장은 고객을 위해 더 다양한 이벤트를 궁리하고 있는 중이다. 즐거움이 있어야 고객이 모인다는 확신을 갖고 있기 때문이다.

자금 문제는 모든 예비 창업자들의 가장 큰 고민 중 하나이다. 이러한 결과는 창업경영연구소(www.icanbiz.co.kr)가 지난해와 올해 초에 실시한 설문 조사 결과에도 나타나 있다. 조사 결과에 따르면 예비 창업자 3명 중 2명이 1억 원 이하의 창업을 희망했다. 창업을 망설이는 이유도 자금 때문이라는 응답이 가장 많았다.

특히 20대 창업자에게 자금은 가장 큰 문제로 꼽힌다. 이에 대한 해결책으로 부모에게 손을 벌릴 수도 있지만, 공동 창업도 하나의 대안으로 거론되고 있다. 자금 문제를 해결할 수 있을 뿐 아니라 위험 부담도 줄일 수 있는 장점이 있기 때문이다. 2명 이상이 수시로 의견을 교환하여 문제점을 해결할 수 있다는 것도 그러하다.

친구와 공동으로 창업하는 것은 가족과 창업하는 것에 비해 결속력이 떨어진다. 따라서 무엇보다 친구 사이에 신뢰가 우선되어야 한다.

반면, 창업자가 비슷한 또래여서 공감대를 형성하기는 쉽다. 나이와 경험에 맞는 아이템으로 승부한다면 고객과 유대감을 쌓을 수도 있다.

충북 제천시에서 세계요리주점을 오픈한 조영학(26)·이범국

(27) 사장은 초등학교 때부터 친한 친구 사이다. 두 사람은 군대도 함께 갔을 정도로 절친하다.

조 씨가 창업을 한 이유는 가족의 생계 때문이다. 그는 일찍 결혼해 아내와 아기가 있어 군대를 제대한 후 바로 창업에 뛰어들었다.

"제대하기 바로 전에 창업을 결심했고, 자금이 부족해 친구와 동업하자고 먼저 제안했습니다. 초·중·고등학교를 함께 다녔고, 군대도 같이 갈 정도여서 믿을 수 있다는 생각이 들었거든요."

창업 비용은 1억 원 정도가 들었다. 두 사람은 50%씩 각각 5,000만 원을 투자했다. 조 씨가 오뎅바를 컨셉으로 하는 요리주점을 선택한 것은 지역 상권에 비슷한 업종이 없기 때문이었다. 깔끔한 젠 스타일 인테리어도 마음에 들었다.

조 씨와 이 씨는 각자 특성을 고려해 업무를 분담했다. 조 씨가 홀을 맡고, 이 씨는 주방을 담당했다. 조 씨는 서비스에 대해 공부한 적이 있고, 별도로 생각한 전략도 있다. 서로가 좋아서 나눈 업무이므로 불만은 없다고 한다.

조 씨는 "고객에게 메뉴를 제공하는 서비스보다는 고객에게 중점을 두는 서비스를 펼치고 있다."고 했다. 그리고 "고객 테이블에 항상 신경을 써 부르기 전에 기본적인 서비스를 제공하는 데 중점을 두었다."고 말했다. 인사와 정겨운 대화는 덤이다. 조 씨는 한 번 방문한 고객이라도 기억에 담아두려 노력한다고 한다.

조 씨는 친한 친구가 항상 곁에 있어 힘이 된다고 말한다. 혼자 창업을 했다면 생각 폭이 좁아 힘들었을 것이라고 했다. 아울러 "매장 문을 닫기 전에 친구와 대화로 하루를 마감한다."며 "문제점 해결 방안도 대화를 하는 과정에 나오고 있다."고 덧붙였다.

08

형은 끌고, 동생은 밀고…
김성식, 김경식 형제

자유와 낭만을 즐기는 20대, 그러나 현실은 그렇지 못하다. 취업이라는 큰 고비가 20대 앞에 떡하니 버티고 있기 때문이다. 이에 따라 최근에는 취업보다 창업을 선택하는 20대가 증가하고 있다. 특히 그들은 빈약한 자금 때문에 공동으로 창업하는 경향을 보인다.

베트남쌀국수 의정부점을 운영하고 있는 김성식(29), 김경식(27) 사장은 형제이다. 그들은 2006년 3월 매장을 열었다.

형제가 창업 시장에 뛰어든 것은 지난 2003년이다. 그들은 공동으로 PC방을 창업했다. 당시 형 김성식 씨는 직장에 다니던 중이었고, 동생 김경식 씨는 군대를 제대하고 대학 복학을 기다리던 중이었다.

김경식 씨는 "사촌형이 PC방을 운영하고 있었는데 장사가 잘 되었다. 그것을 보고 나도 PC방을 창업하려고 했다. 그런데 부모님이 혼자보다는 둘이 함께 창업하는 것이 좋지 않겠냐고 조언해서 형에게 공동 창업을 제안했다."고 말했다.

동생은 대학 복학을 포기하고 형은 과감히 직장을 나왔다. 초보 창업자인 형제는 경험자인 사촌형에게 많은 도움을 받았다. 부족한 창업 비용은 부모님이 도움을 주셨다. 형제는 2년여 동안 PC방을 운영한 후 처분했다.

김경식 씨는 "PC 사양이 떨어지면 고객이 줄어드는 것이 PC방의 생리이다. 이를 방지하려고 재투자를 했지만, 매출이 오르지 않아 형과 의논 끝에 정리하게 됐다."고 했다.

형제는 6개월 정도 쉬면서 새로운 아이템을 찾았다. 그러던 중 김경식 씨가 군대 가기 전에 1년 정도 주방에서 일했던 경험을 살려 베트남쌀국수집을 열어 재창업하기로 결정했다.

두 사람은 지난해 3월 베트남쌀국수로 제2의 창업을 했다. 동생은 서비스와 고객 접대 그리고 주방 관리 등의 운영을 전담하고, 형은 매출, 매입 등 금전적인 사항을 맡기로 업무를 분담했다. 형은 일에 대한 추진력이 강한 반면, 동생은 꼼꼼해서 작은 일을 잘한다는 장점을 살린 것이다.

매장을 운영하면서 메뉴 결정이나 가격 등과 관련해 의견이 엇갈릴 때는 대부분 동생이 형의 의견을 따른다. 두 사람은 평소에도 많은 대화로 감정의 골이 깊어지는 것을 막고 있다. 창업 비용으로 형제가 50:50으로 투자했기 때문에 수익도 절반씩 나누고 있다.

김경식 씨는 "아무리 형제라도 공동으로 창업을 하면 금전적인 문제로 다툴 수 있다."며 "처음부터 수익 배분을 조율해야 하며, 상대방에게 솔직해야 하는 것이 공동 창업에서 가장 중요한 것 같다."고 말했다.

09

공통 관심으로 창업한
정연오, 임대현 사장

자동차에 유난히 관심이 많았던 정연오(27) 씨와 임대현(26) 씨는 관심사가 같아서 공동으로 창업을 했다. 이들은 지난 3월 자동차 광택 전문서비스업체인 모 프랜차이즈 논현점을 오픈했다.

정 씨와 임 씨는 창업 전에는 회사를 다니고 있던 샐러리맨이었다. 임 씨가 아이디어를 제공하고 정 씨가 공동 창업을 제안해 의기투합했다. 정 씨가 창업을 생각한 것은 지난해 결혼을 하면서 회사원 월급으로는 생활이 빠듯하다는 것을 느꼈기 때문이라고 한다.

이들이 선택한 브랜드는 세계 최고의 자동차 외장 관리 업체인 미국 맥과이어스사의 시스템을 적용한 새로운 개념의 아이템이다. 맥과이어스사는 1901년부터 자동차 외장 관리 제품을 개발, 생산하면서 기술 교육의 선구자적 위치를 지켜오고 있는 회사이다.

정 씨는 "미국 맥과이어스사 제품은 자동차 분야에서는 유명해 오래 전부터 알고 있었다."며 "임씨와 창업에 대해 말하다가 맥과이어스사를 이야기하면서 뜻이 맞아 함께 창업하게 되었다."고 말했다.

초기 투자 비용은 정 씨가 70%, 임 씨가 30%를 부담했다. 수익금은 6:4로 나누었다. 투자를 더 했다고 해서 수익금을 그만큼 더 가져가는 것은 옳지 않다고 판단해서였다.

정 씨는 "똑같이 일을 하고 함께 어려움을 헤쳐 나가면서 조금씩 양보하는 것이 서로를 위한 배려라고 생각한다."며 "수익금을 누가 더 많이 가져가느냐보다는 어떻게 하면 사업을 더 성장시킬 수 있을까를 함께 고민하고 있다."고 말했다.

정 씨와 임 씨는 앞으로 자동차와 관련한 공부와 연구를 열심히 해서 자동차의 모든 분야로 사업을 확대하겠다는 꿈을 갖고 있다. 월 평균 순이익은 800~1,000만 원 정도이다.

공동 창업 성공 포인트

❶ 투자에 따른 수익 배분 비율을 정하라.

❷ 각자의 업무 분담을 구체화하라.

❸ 회계 운영은 이해할 수 있도록 투명하게 하라.

❹ 운영 계획, 인력 채용 등 운영과 관련된 사항을 미리 의논하라.

❺ 상호 이익을 줄 수 있는 역할 수행에 대해 고민하라.

❻ 장기적인 비전을 공유하라.

❼ 친한 사이라도 업무는 조심하라.

10

기본 원칙 고수로 고객 불편 최소화한 박재희 사장

60여 가지 다양한 세계 요리를 제공하는 퓨전요리주점 영등포점 박재희(28) 사장은 직장 생활을 포기하고 창업에 뛰어든 여걸 중 한 명이다.

박 사장은 대학을 졸업한 후 결혼이라는 평범한 일상에서 벗어나 자신만의 사업을 꿈꿔왔다. 그리고 지난해 그 꿈을 실행에 옮겼다.

아이템은 젊은 층을 대상으로 하는 퓨전주점으로 결정했다. 자금은 그동안 모아둔 여윳돈에다가 부모님께 지원금을 받고, 여성부의 창업교육 등을 이수한 후 대출을 받아 마련했다.

박 사장은 "저렴하면서도 다양한 60여 가지 요리, 원팩시스템으로 단순화한 조리 과정, 소주와 정종 등 다양한 주류 제공으로 확보하고 있는 폭넓은 고객층 등이 돋보여 이 아이템을 선택하게 됐다."고 말했다.

그러나 특별한 이벤트를 하거나 서비스 메뉴를 제공하는 등의 전략은 사용하지 않는다. 그의 전략은 고객이 부르기 전에 먼저 달려가 서비스를 제공하는 것이다. 박 씨는 "고객이 맛을 인정하고 불편함이 없다면 단골이 될 것이라는 믿음이 있었다."며 "종업원에게 이 점을 인지하도록 교육한 결과, 개업 이후 현재까지 월 순이익 1,000만 원 정도를 유지하고 있다.”고 말했다.

외식업의 기본이면서도 소홀하기 쉬운 원칙, 박 사장은 이를 지킴으로써 대박의 길로 가고 있다.

11

부족한 창업 자금
이곳을 이용하자

2030세대 예비 창업자에게 창업 자금 마련은 무엇보다 중요하다. 이들에게는 모아둔 자본이나 대출받을 수 있는 담보물도 부족하다. 따라서 대부분은 소자본 아이템에만 관심을 기울이고 있는 형편이다. 그러나 소상공인지원센터나 신용보증기금 또는 지자체 등을 잘만 이용하면 창업 교육도 받고 낮은 이자로 대출 받을 수 있는 혜택이 있다.

소상공인지원센터에서는 최고 5,000만 원까지 대출을 해준다. 대출을 받을 수 있는 자격은, 제조업, 건설업, 광업, 운송업 등의 업종은 상시 종업원이 10명 미만이어야 하고, 도소매업 등 서비스업은 상시 종업원이 5명 미만이어야 한다. 주점과 숙박업, 중개업 등은 지원 대상에서 제외된다.

대출 금액은 1년은 거치 据置 : 공채, 사채 따위의 상환 또는 지급을 일정 기간 하지 않는 일하고, 4년 동안 균등하게 분할하여 갚으면 된다. 4년간 대출 금액의 70%를 3개월마다 균등 분할 상환하고 나머지는 만료 시에 한꺼번에 갚으면 된다.

장기 실업자나 실직 여성 가장은 근로복지공단의 창업 지원 제도를 이용해 볼만하다. 점포형 창업에 한해서 서울과 광역시는 1억 원, 기타 지역은 7,000만 원의 점포비를 지원한다. 1~2년 단위로 계약하며, 최장 6년까지 연장할 수 있다. 단, 전세권 설정이 가능한 점포이어야 한다.

여성경제인협회와 여성가족부 등은 여성 가장의 창업을 지원한다. 여성경제인협회는 가구당 월 소득 117만 원 이하, 재산규모 6,000만 원 이하의 저소득 여성 가장을 대상으로 점포 임차금 3,000만 원을 지원한다. 융자 기간은 2년이며 1회에 한해 2년 연장이 가능하다. 금리는 연리 4% 정도이다.

지자체에서 실시하고 있는 지원제도도 활용할 수 있다. 서울신용보증재단은 서울시 거주 자영업자와 예비 창업자 중 일정 교육을 이수한 사람에게 최고 5,000만 원까지 창업 자금을 대출해 준다.

서울산업진흥재단도 창업 후 1년 이내의 소상공인 대상으로 운용 자금을 대출해 준다. 경기도도 예비 창업자가 경기도소상공인지원센터의 교육을 12시간 이상 수료하면 운영비 2,000만 원, 임차보증금 5,000만 원 등 최고 7,000만 원까지 자금을 지원한다.

은행권도 신용 보증 상태가 양호한 자영업자를 대상으로 저리의 창업 자금 대출 제도를 운용하고 있다. 신한은행은 서울시 소재 저소득자나 실직자 중 자활 의지가 가능한 사람들을 심사하여 2,000만 원 이내에서 자금을 지원한다. 국민은행도 자체 선정한 우수 브랜드를 대상으로 최고 1억 원까지 대출해 준다.

이밖에 국가보훈처는 국가 유공자나 제대 군인을 대상으로 최고 2,000만 원까지, 한국장애인고용촉진공단은 창업을 희망하는 모든 장애인에게 최고 5,000만 원까지 대출해 주는 제도를 운용하고 있다.

창업 준비 대학생은 여기로 오라

대학생만을 위한 특화된 창업 교육도 마련되어 있다. 서울산업통상진흥원이 운영하는 대학(원)생 창업 지원 사업이 그것이다.

이곳에서는 매년 200명 내외의 대학(원)생들을 대상으로 경영, 세무회계, 마케팅 등 예비 창업자로서 갖춰야 할 창업 전문 지식, CEO 리더십, 기업가 정신 함양 등을 위한 교과 과정을 구성하여 성공 창업화를 위해 교육하고 있다. 수업은 중소기업 창업반(50명), 프랜차이즈 창업반(50명), 대학거점 창업반(100명) 등 총 3개 반으로 진행한다.

교육을 이수한 후에는 서울산업통상진흥원 소개로 신용보증기금에서 대출도 가능하다. 대출금은 개인의 신용 여부에 따라 최고 5,000만 원 이내에서 받을 수 있다.

프랜차이즈 창업 상식

외식업을 비롯한 프랜차이즈 창업이 증가하는 이유는 크게 5가지 정도로 생각해 볼 수 있다. 첫째, 실패의 위험성이 독립 창업에 비해 상대적으로 낮다. 둘째, 가맹 본부에서 저렴한 가격으로 재료를 공급하므로 원가가 절감된다. 셋째, 창업자와 종업원에 대한 교육 훈련을 지원받을 수 있다. 넷째, 본사의 공동 광고 효과를 얻을 수 있다. 다섯째, 매출 하락이나 위기를 이겨내는 것이 독립 창업보다 용이하다.

프랜차이즈 창업, 왜 대세인가

프랜차이즈 창업이 해를 거듭할수록 늘고 있다.

1972년 국내에 프랜차이즈 산업이 첫선을 보인지 약 30여 년이 지났다. 그동안 프랜차이즈 산업은 양적, 질적으로 성장을 거듭해 왔다. 전반적인 창업 시장은 1996년 아시안 게임, 1988년 올림픽, 2002년 월드컵 등 국제적인 행사를 치루면서 비약적인 성장 동력의 시기를 맞았다.

그러나 사업형 창업과 부업형 창업으로 대변되던 창업 시장이 1998년 IMF 환란 이후 변화를 보였다. 고용에 대한 불안 심리와 상시 구조 조정이라는 사회적 변화를 거치면서 생계형 창업이라는 현실 창업이 더욱 증가할 수밖에 없는 환경이 되었다. 특히 프랜차이즈 창업은 창업에 대한 막연한 불안감을 현실 창업으로 실행하는 동력으로 인식되면서 자리를 굳건히 하기 시작했다.

창업은 전쟁이다. 같은 업종뿐 아니라 다른 업종 간 치열한 경쟁에서 살아남으려면 아이템, 입지, 마케팅, 홍보 등에 노하우가 반드시 필요하다. 이러한 사항을 현실적으로 제공해 준다는 점이 예비 창업자들이 프랜차이즈를 선택할 수밖에 없는 이유 중 하나이다.

지난해 산업자원부가 한국갤럽을 통해 조사한 결과를 보면, 2005년 9월 말 기준 전체 프랜차이즈 가맹점 수는 28만 4,182개로 추정되었다. 이는 2002년도 11만 9,623개에 비해 137.6%나 증가한 수치이다. 매출액도 전체 61조 3,000여억 원으로 2002년도의 41조 6,000여억 원에 비해 47% 증가했다.

2002년도에 비해 외식업, 소매업, 서비스업 등 모든 업종에서 가맹점 수가 크게 증가했다. 특히 외식업의 성장률이 179.1%로 가장 높았다.

이와 같이 외식업을 비롯한 프랜차이즈 창업이 증가하는 이유는 크게 5가지 정도로 생각해 볼 수 있다.

첫째, 실패의 위험성이 독립 창업에 비해 상대적으로 낮다. 자영업에 대한 경험이 없는 사람도 가맹 본부의 경험과 노하우를 지원받아 손쉽게 창업할 수 있다. 다양한 경영 노하우와 전문 경영 지도, 세무법률 서비스 등을 지원하므로 어려움에 처할 때 도움을 받을 수 있다.

둘째, 가맹 본부에서 저렴한 가격으로 재료를 공급하므로 원가가 절감된다. 가맹 본부는 원·부재료를 대량 구매하여 비교적 저렴한 가격으로 가맹점에 공급한다. 따라서 신뢰할 수 있는 가맹 본부를 선택하면 신선하고 품질이 높은 원료를 큰 걱정 없이 공급받을 수 있다.

셋째, 창업자와 종업원에 대한 교육 훈련을 지원받을 수 있다. 가맹 본부는 본부만의 독특한 경영 노하우를 교육이나 매뉴얼 형태로 가맹점에 전수한다. 초보 창업자라도 종업원 관리를 효율적으로 할 수 있도록 도와준다. 또한 창업자에게 경영에 대한 기초

지식을 심어줌으로써 상대적으로 경영 리스크를 줄이는 효과를 얻게 해준다.

넷째, 본사의 공동 광고 효과를 얻을 수 있다. 가맹 본부는 가맹점 확대와 매출 증진을 위해 광고 홍보를 한다. 그러므로 가맹점은 별도로 광고 비용을 지불하지 않아도 홍보 마케팅 효과를 누릴 수 있다. 이와 함께 기존 가맹점주들의 신뢰성까지 이어받을 수 있어 개업 초기부터 소비자에게 신뢰를 확보하기가 용이하다.

다섯째, 매출 하락이나 위기를 이겨내는 것이 독립 창업보다 용이하다. 2006년도에도 AI pathogenic avian influenza : 조류인플루엔자나 광우병 등에 대한 사회적 문제가 발생했다. 많은 치킨전문점들이 어려움을 겪었지만, 본부의 홍보와 지원에 힘입어 2002년과 같은 심각한 문제는 발생하지 않았다.

프랜차이즈 창업이 이러한 장점도 있지만 단점도 존재한다. 따라서 모든 프랜차이즈 가맹점이 성공하는 것은 아니다. 프랜차이즈 창업은 계약 중도에 탈퇴가 곤란하거나, 초기 가맹비나 로열티를 지불해야 하는 부담이 있다.

또한 본사 능력에 따라 가맹점 매출이 상이할 수도 있으며, 계약서 내용이 불평등할 수도 있고, 프랜차이즈를 악용한 사기 등의 문제점도 있다.

우리나라에서 프랜차이즈 창업 시 발생하는 문제 사항 중 대표적인 것은 가맹 계약서의 공정성과 정보공개서의 제공 여부 등이다. 정부는 2002년부터 이러한 문제 사항을 해소하고 프랜차이즈 창업의 올바른 정착을 위해 '가맹사업 공정화에 관한 법률'을 제정, 시행에 들어갔다. 그 덕분에 과거에 비해 프랜차이즈 시장이 정화되고 있는 분위기이다.

　이러한 공정한 법률 제정과 시행, 프랜차이즈 가맹 본부의 의식 변화 등이 프랜차이즈 사업의 발전을 가속화하는 요인이며, 예비 창업자들이 프랜차이즈 가맹을 선호하는 이유라 할 수 있다.

독립 창업인가, 프랜차이즈 창업인가

　예비 창업자가 개업을 준비할 때 가장 먼저 고민하는 것은 무슨 분야가 안정적으로 수익을 계속 올릴 수 있겠는가 하는 것이다. 창업 분야를 쉽게 결정하지 못하는 이유는 창업 비용과 향후 점포 운영에 관한 직접적인 영향을 미치는 중요한 사항이기 때문이다.

　흔히 창업 전문가들은 창업 성공 확률을 개인 창업의 경우 20%, 프랜차이즈 창업의 경우 30% 정도로 보고 있다. 그러나 이 수치는 업종이나 창업 조건에 따라 다를 수 있다.

　창업을 준비하면서 정보를 취득하여 점포를 열기까지는 약 7단계를 거친다. 그러나 이러한 창업 과정 중 어느 것 하나 소홀히 할 수 있는 사항은 없다.

　개인의 힘으로 모든 사항을 점검하기보다는 전문적인 창업 집단인 프랜차이즈에 가맹하면 이러한 문제를 훨씬 쉽게 해결할 수 있다. 그런데도 우리나라 상당수 예비 창업자들이 독립 창업을 선호하고 있는 것은 국내 프랜차이즈 본사를 신뢰하지 못하는 경우가 많기 때문이다.

프랜차이즈 창업

프랜차이즈 창업을 도식화하면 다음과 같다.

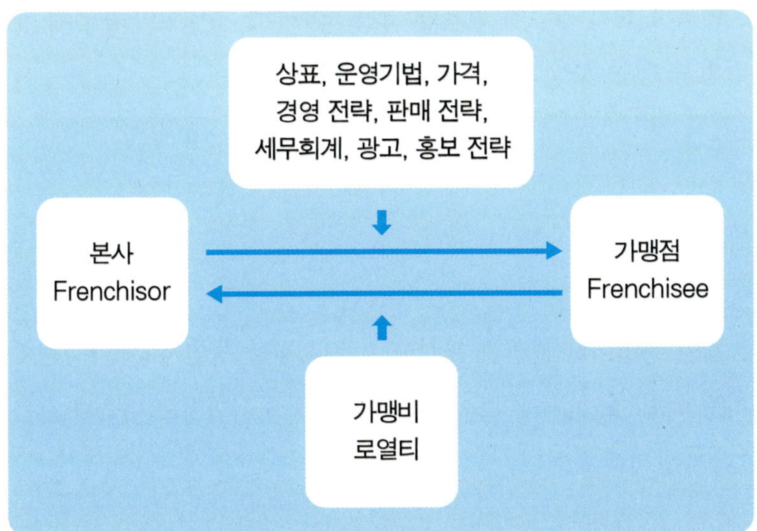

가맹비

브랜드 사용과 더불어 운영기법, 경영 전략, 판매 전략, 세무회계, 광고 홍보 전략, 점포 관리, 인력 관리 등을 제공받음으로써 창업자에게 발생하는 비환급성 비용을 말한다.

로열티

가맹 이후 발생하는 관리, 머천다이징 merchandising : 제조업자나 유통업자가 시장 조사 결과를 바탕으로 적절한 상품을 개발하거나 가격, 분량, 판매 방법 따위를 계획하는 일, R&D Research & Development : 일반적으로는 기업에서 이전에 없었거나 더 나은 제품과 기술을 만들기 위한 연구 개발 활동을 말하며, 정부기관이나 대학에서의 연구 개발 활동을

, 노하우를 지속적으로 공급받기 위한 약정 금액을 말한다. 각 브랜드별로 로열티 징수 제도로는 면적 비례제, 매출 비례제, 일시급제, 고정지급제가 있다.

이상과 같이 창업에 필요한 모든 노하우를 제공받아 손쉽게 개업할 수 있는 것을 프랜차이즈 창업이라고 한다.

개인 창업

개인 창업이란 창업관 관련한 모든 사항을 창업자 자신이 준비하는 독립 창업을 의미한다. 독립 창업을 하기까지는 다음과 같은 7단계를 거쳐야 한다.

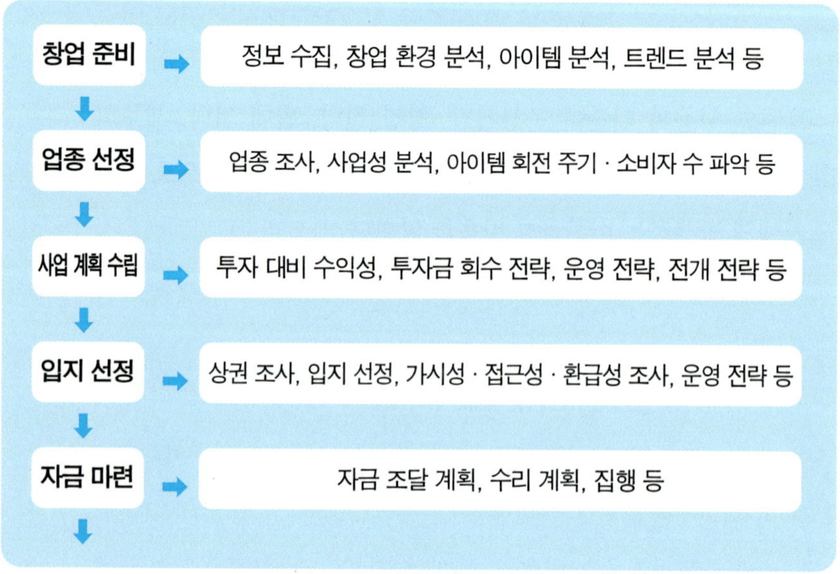

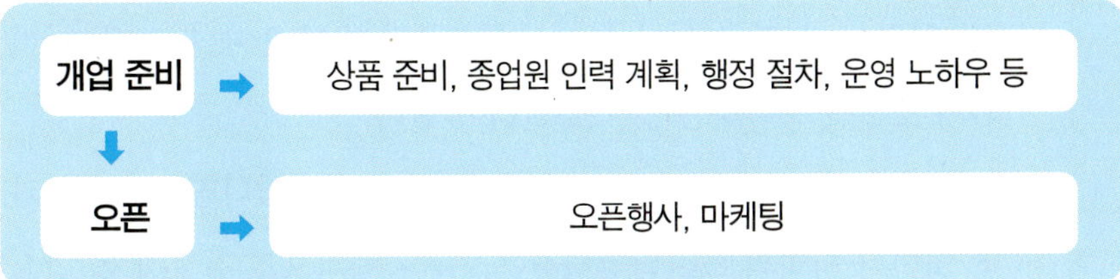

상기 일정별 세부 사항은 다음과 같이 준비해야 한다.

❶ 창업 준비

창업자는 사업 주체로서 모든 창업 과정에 핵심적인 역할을 한다. 그는 사업 착수와 운영에 대한 책임을 지고, 리스크에 대한 부담을 안고, 그에 상응하는 보상을 기대하며, 가치있는 새로운 것을 창조하는 사람이다.

창업을 결심했다면 첫 번째로 해야 할 일이 경영 이념을 설정하는 것이다. 이것은 무엇 때문에 사업을 시작하려고 하는지와 어떻게 사회에 기여할 것인지를 검토함으로써 창업을 보다 의미있는 출발점으로 삼는 일이다.

그 다음에는 창업 환경에 대해 이해해야 한다. 이를 위해서는 외부적으로 어떤 기회 요소와 위협 요소가 있는지 외부 환경을 분석하고, 창업자 자신의 장점과 약점을 검토하며 내부 환경을 분석해야 한다.

❷ 업종 선정

창업 환경과 자신에 대한 객관적인 검토를 거쳐 시대 흐름과 자신에게 맞는 업종을 찾아낸다. 성공적인 업종을 선정하려면 수익성, 안정성, 성장성 등이 높고, 자금 조달 범위 안에 있으며, 여러 가지 조건을 충족하는 것으로 골라야 한다.

이러한 기준을 충족하는 후보 업종이 선정되었다면, 그것이 과연 얼마나 사업적으로 타당하겠는가를 구체적으로 검토해 볼 필요가 있다.

이를 위해서는 우선 시장 조사를 하여 시장 규모, 예상 시장 점유율 및 매출액 등 유용한 데이터를 수집해야 한다. 그리고 이들 자료를 기초로 하여 사업 타당성이 가장 높게 나타난 업종을 최종 확정하면 된다.

❸ 사업 계획 수립

사업성을 분석하여 업종 선정이 끝난 후에는 구체적으로 사업 계획서를 작성해야 한다. 사업 계획서는 사업의 개념과 구체적인 실행 계획을 담고 있으므로 사업의 추진 방향과 성공 여부를 결정하는 매우 중요한 문서이다.

사업 계획서에는 업종과 제품, 시장 현황에 대한 조사와 분석 결과를 토대로 하는 마케팅 계획, 운영 계획, 자금 및 수지 계획 등을 기록해야 한다. 이 중에서도 가장 중요한 부분은 시장에서 성공을 거두기 위해 효과적인 마케팅 전략을 수립하는 것이다. 그러므로 우선 마케팅 목표를 설정하고 제품, 가격, 유통, 홍보 등 다양한 마케팅 수단을 활용하여 경쟁 우위를 확보하지 않으면 안 된다.

❹ 입지 선정

업종 선정을 먼저 할 것인가, 아니면 입지 선정을 먼저할 것인가에 대한 논쟁은 의미가 없다. 창업자가 사정에 따라 적절하게 대응하면 된다. 업종을 먼저 선정했다면 선정한 업종의 주고객층이 많이 모여드는 곳에 입지를 정한 다음 상권을 분석하면 된다. 점포 사업을 할 경우 상권 분석은 사업의 성패가 결정될 만큼 중대한 문제가 된다.

상권 분석의 핵심은 유동 인구를 파악하는 것이다. 연령대별, 성별, 시간대별로 유동 인구를 조사하고, 해당 상권의 현재 상황 뿐만 아니라 전망도 분석하는 것이 바람직하다.

❺ 자금 마련

창업 자금의 50% 이상은 자신의 자본으로 해야 하는 것이 원칙이다. 외부에서 자금 조달을 과하게 하면 창업 초기부터 무리수를 두게 되는 경우가 많고, 예측하지 못한 사태가 벌어질 때 대응 능력이 떨어진다. 사업을 벌이다 보면 뜻하지 않은 곳에 자금 수요가 발생하는 일이 많기 때문에 사업을 시작하기 전부터 은행 등 금융 기관의 자금, 정부 지원 자금에 대한 정보를 수집해 자금 마련과 수지 계획을 세워두어야 한다.

❻ 개업 준비

창업 준비를 잘해 여러 가지 과정을 원만히 처리했다 하더라도 창업의 마무리 단계인 영업 준비를 철저히 하지 않으면 헛수고를 하는 결과가 된다. 이 단계에서는 판매할 상품을 준비하고 종업원을 채용하여 훈련하는 일이 가장 중요하다. 그리고 영업 허가나 신고 등과 같은 행정 절차를 밟아야 한다.

❼ 오픈

창업 과정의 마지막 단계는 실제로 사업을 착수함으로써 시장으로 나아가는 것이다. 이제부터는 연습이 아니라 실전에 들어간다. 그러므로 특정 시장을 놓고 다투는 경쟁자를 이겨내지 못하면 자신이 희생되는 냉엄한 현실을 직시해야 한다.

프랜차이즈(체인사업, 가맹사업) 시스템은 다양한 업종과 업태에 적용할 수 있으며 많은 유형과 사업 방식이 존재한다. 예비 창업자들이 이와 같은 프랜차이즈 시스템을 잘 이해한다면 나름대로 새로운 형태의 사업을 창출해내는 데 별 어려움이 없을 것이다.

다시 말하지만, 독립점 창업은 창업 초기 단계인 입지 선정부터 업종 선정, 점포 건설, 상품의 구입과 판매, 운영, 홍보 등을 스스로 판단하고 개업하는 것이다. 초보 창업자보다는 경험자에게 유리한 사업 형태로 최대 장점은 창업 비용을 절감할 수 있다는 것이다.

독립점을 열면 업종에 따라 다소 차이는 있겠지만, 창업 비용을 5백만 원에서 3천만 원 정도(가맹점 가입 시 본부에 지불하는 가맹비, 보증금, 로열티, 인테리어 비용과 같은 부대 비용) 줄일 수 있으며, 마진율을 더 높일 수 있다.

그리고 고객 욕구나 시장 변화에 발맞추어 빨리 대처할 수 있으며, 창업자의 능력에 따라 창의적인 경영 노하우를 최대한 빨리 마련할 수 있고, 성공할 경우 프랜차이즈 본사를 세울 수도 있다는 장점이 있다.

반면, 단점은 경영 노하우가 없으므로 초보자는 창업하기가 어렵다는 것이다. 노하우가 필요한 패스트푸드 업종이나 기계 설비가 있어야 하는 일부 업종은 창업이 불가능할 뿐 아니라 창업에 필요한 많은 정보와 경험이 있어야 하는 만큼 창업하기까지 시간이 오래 걸린다.

창업자의 선택과 의지가 성공의 열쇠

21세기 정보화 시대를 맞아 정보는 프랜차이즈 본부나 예비 창업자를 가릴 것 없이 공개되어 있다. 따라서 얄팍한 상술로 피해를 주거나, 간단한 노하우로 가맹비를 많이 받거나, 적절하지 않은 갖가지 옵션으로 이익을 얻으려는 본부를 가려내는 것도 어려운 일만은 아니다.

프랜차이즈 가맹점으로 창업할 때는 본부에 관한 충분한 정보를 수집하고 분석해 보아야 하며, 독립점으로 창업할 경우에는 관련 업종의 충분한 정보를 수집하고 전문가나 선배 창업자의 도움을 받는 것이 무엇보다 중요하다.

사업이란 프랜차이즈에 가입하거나 독립 점포를 차리는 것에 관계없이 자신의 책임 아래 있다. 가맹점의 건전한 미래상을 제시할 수 있는 본부가 나타나지 않거나, 창업자가 많은 노력과 철저한 준비를 하였다면, 독립점 창업으로 비용을 절감하고 자신의 의지를 담아 고객들에게 사랑받는 점포로 키워나가는 것이 바람직하다.

프랜차이즈 가맹 본부와 가맹점 사업자는 각자 개별 사업자등록을 한 독립된 사업자이다. 그러나 가맹점 사업자는 자신이 모든 것을 임의적으로 결정하거나 행동할 수 없다. 즉, 일정 부분에 대해 가맹 본부로부터 지도와 통제를 받게 된다.

가맹점 사업자는 가맹 본부로부터 가맹 본부의 브랜드(상표, 상호, 서비스표 등)를 사용해 영업해도 된다는 허락을 받고, 지원과 통제를 받겠다고 약정하는 가맹 계약을 체결한다. 이 계약에 의해 가맹 본부는 가맹사업의 통일성을 유지하고 성공을 위해 가맹점 사업자의 영업 활동에 대해 지원과 통제를 한다. 이러한 지원과 통제는 사업 경험이 부족한 창업자들에게 가장 큰 장점이기도 하지만, 가맹 본부의 통제에 일방적으로 따라야 하므로 단점이 되기도 한다.

신뢰가 우선되어야 한다

가맹 본부와 가맹점 사업자의 관계는 신뢰를 기본으로 한다. 이러한 신뢰 관계는 가맹 본부와 가맹점 사업자가 자신의 의무와 권리를 다할 때 유지될 수 있다.

그러나 가맹 본부와 가맹점 사업자는 철저한 계약 관계에 있음을 명심해야 한다. 가맹 본부와 가맹점 사업자는 각자 이익을 추구하는 사업자이므로 순진함은 가장 큰 위험 요소이다.

우리나라 사람들은 '빨리빨리' 또는 '좋은 게 좋은 것'이라는 식으로 생활하다 보니, 정확하고 꼼꼼하게 가맹 계약을 해야 하는데도 그렇지 못하여 나중에 상호 불신하는 시발점을 만들기도 한다. 프랜차이즈 가맹점 창업을 원한다면 어느 누구도 믿지 말고 정보의 사실 유무를 확인하고 또 확인해야 한다.

정보공개서 제도

'가맹 사업 거래의 공정화에 관한 법률'은 가맹 본부로 하여금 가맹점 희망자(현행 가맹 사업법상 정보공개서의 제공을 서면으로 신청하여야 가맹점 희망자가 될 수 있음)에게 가맹금 수령일 또는 가맹 계약 체결일 이전에 정보공개서를 제공하도록 하고 있다.

정보공개서는 가맹점 창업을 하려는 희망자들에게 해당 회사의 중요 정보(재무제표, 사업 경력, 법위반 사실 등)와 주요 계약 내용(계약 기간, 영업 지역의 보호, 위약금, 계약 체결 또는 계약 체결 후 발생하는 비용)에 대해 기재한 문서이다.

현행법상 가맹 본부는 가맹점 희망자에게 정보공개서를 제공한 후 5일 동안 가맹 계약을 체결하거나 가맹금을 수령할 수 없다. 그러나 개정안에서는 그 기간을 14일로 늘리고 있다. 이는 가맹점 희망자로 하여금 충분한 시간을 주어 검토할 수 있도록 기회를 제공하는 것이다.

적지 않은 사람들이 가맹 본부의 과장된 선전에 현혹되어 창업에 실패하곤 한다. 무조건 빠르다고 좋은 것은 아니다. "돌다리도 두드려 보고 건너라."라는 속담을 명심하기 바란다.

내역은 반드시 확인해야 한다

많은 예비 창업자들과 가맹 본부 모두가 가맹금이라는 용어의 정확한 뜻을 이해하지 못해 혼란을 일으키는 경우가 종종 있다. 가맹금이라 함은 명칭이나 지급 형태가 어떠하든 다음에 해당하는 금전을 말한다(가맹사업법 제2조 제6호).

> **가.** 가맹점 운영권을 부여받을 당시에 영업 표지의 사용 허가와 영업 활동에 관한 지원·교육 등의 대가로 가맹 본부에 지급하는 금전
>
> **나.** 상품의 판매 대금 등에 관한 채무액 또는 손해배상액의 지급을 담보하기 위하여 가맹 본부에 지급하는 금전
>
> **다.** 가맹 본부와의 계약에 의하여 승낙 받은 영업 표지의 사용과 영업 활동에 관한 지원·교육 등의 대가로 가맹 본부에 정기적으로 지급하는 금전

가 항목은 쉽게 말해 일반적으로 가맹점 사업자가 가맹점을 열기 위해 가맹 본부에 최초로 지급하는 금액으로서 가맹비, 입회비,

가입비, 그리고 인테리어비, 기타 설비비, 초도물품비, 부동산의 임차료 중 적정한 도매 가격을 초과하는 금전들을 말한다.

나 항목은 계약 이행을 전제로 하는 계약이행보증금, 물품 담보에 대한 물품보증금 등 가맹 본부가 가맹점 사업자에게 지급받는 보증금들을 말한다.

다 항목은 가맹 본부가 가맹점 사업자에게 정기적으로 지급받는 로얄티, 지도 관리비, 광고 분담비, 판촉 분담비 등을 말한다.

이렇듯 일반적으로 잘못 인식하여 사용하고 있는 가맹금은 가맹비 또는 입회비라고 불러야 정확한 표현이다. 예비 창업자들은 가맹비 또는 입회비나 교육비 등을 가맹 본부에 지급할 때 어떤 이유로 그 금액을 지불해야 하는지 충분히 확인하고 내역을 상세히 확인해야 한다.

정보공개서제도 사전에 숙지해야 한다

가맹 사업법에 따르면 가맹 본부는 가맹점 희망자에게 계약금(가맹금)을 받기 전에 정보공개서를 5일 전에, 가맹 계약서를 하루 전에 제공하도록 하고 있다. 정보공개서에는 가맹 본부가 가맹금을 반환하지 않을 경우에는 그 조건과 사유에 대하여 명시해 가맹점 희망자에게 미리 알리고 계약을 체결하도록 하고 있다. 이는 가맹 본부와 예비 창업자가 충분한 사전 검토를 거쳐 분쟁을 최소화하려는 방안이다.

다음 사례를 한번 보자.

예비 창업자 이 모 씨는 자신이 창업을 원하는 잠실 지역에 우선권을 확보하려면 계약금 500만 원이 필요하다는 가맹 본부 Y의 영업 사원이 하는 말에 현혹되어 그 금액을 지급했다. 그리고 Y측의 직원과 함께 점포를 구하러 다녔으나, 마땅한 장소를 얻을 수 없었다.

이 씨는 Y측에 계약을 해지하고 가맹금 500만 원을 반환 받겠다고 했다. 그러나 Y측은 상권 조사를 이미 했으므로 반환할 수 없다며 거부했다.

이 씨는 가맹사업거래분쟁조정협의회에 분쟁 조정을 신청했고, 분쟁조정협의회에서는 이 씨와 Y측이 가맹 계약을 해지하게 하고, Y측은 가맹비 중 실 손해액을 공제한 잔액을 이 씨에게 반환하도록 조정안을 제시했다.

위 사례를 예비 창업자와 가맹 본부의 입장에서 살펴보자.

이 씨가 정보공개서의 제공을 가맹 본부에 서면으로 신청했다면 계약금을 지불하기 전에 정보공개서와 가맹 계약서를 받아 볼 수 있었을 것이다. 그 절차를 밟아 가맹금 반환에 관한 내용을 사전에 숙지하였다면 조금 더 심사숙고해서 계약금을 지급했을 것이다.

가맹 본부 입장에서 살펴보면 가맹 본부는 상권 조사 등을 한 경우 소요된 경비를 반환하지 않을 수 있으며, 가맹점 희망자의 일방적인 계약 해지로 발생하는 손해액에 대한 손해배상을 받을 수 있다.

그러나 가맹 본부가 이러한 권리를 주장하려면 정보공개서를 제공하여 가맹점 희망자에게 사전에 내용을 알리고 계약서에 기재하여야 한다. 즉, 이 사건에서 Y측이 계약금을 반환하지 않으려면 정보공개서와 가맹 계약서를 통해 계약금 반환에 대한 규정을 확실히 명시했어야 한다. 이 모 씨와 Y측은 이 사건으로 분쟁하느라 많은 시간과 노력을 낭비했다. 정보공개서제도를 활용했다면 이러한 손실은 서로가 사전에 예방할 수 있었을 것이다.

10년간 보장 가능

사적 자치 원칙에 따라 가맹 본부와 가맹점 사업자 간에 체결하는 가맹 계약 기간에 관한 것은 법으로 규정되어 있지는 않다. 이것은 가맹 본부가 임의로 정할 수 있다는 말이다.

계약 기간이 만료한 후 연장 여부에 대해서도 현행법에 규정되어 있지 않다. 그러나 가맹 본부가 계약 만료 90일 전에 종료 통지만 하면 계약을 종료할 수 있다. 따라서 가맹점 희망자들은 가맹 본부와 가맹 계약 체결 시 자신이 투자한 자금을 회수할 수 있을 정도의 기간을 최초 계약 기간으로 보장받아 둘 필요가 있다.

그러나 대부분의 가맹점 희망자가 계약 기간을 바꿔달라고 가맹 본부에 요청하는 것은 현실적으로 불가능한 일일 수도 있다. 때문에 이러한 현행법상의 규정은 초기 투자 자금을 회수해야 하는 가맹점 사업자들에게 불리한 내용으로 작용한다.

이 때문에 2008년부터 시행되는 개정 가맹 사업법에는 최초 가맹 계약 체결 후 10년 동안 가맹점이 본부에 로열티를 지급하지 않거나, 통상적인 영업 방침 또는 중요한 영업 방침을 지키지 않은 사유가 없는 한 가맹점 사업자가 계약 갱신을 요구할 수 있도록 한다.

가맹점 사업자는 가맹 계약이 만료되기 전 180일부터 90일 사이에 갱신을 요구할 수 있다. 그러나 가맹 본부가 이에 대한 거절 의사나 계약 조건이 변경된 것을 통지하지 않은 경우에는 다시 동일한 조건으로 계약이 자동 연장된다. 다시 말해, 2008년 1월부터는 가맹점 사업자는 일정한 규정을 위반하지 않을 경우 10년의 가맹 계약 기간을 보장받을 수 있다.

계약 기간 내 겸업 금지 조항 검토 필요

가맹 계약서를 살펴보면 계약 기간 내 또는 계약 기간 만료 후 몇 년 동안 동일하거나 유사한 업종으로 개업하지 못하도록 하는 겸업 금지 조항이 있을 수도 있다. 그 경우 가맹점 희망자들은 겸업 금지의 범위가 어디까지이며, 몇 년간인지 세심하게 검토해야 한다.

가맹점을 열고 본부와 계약 관계를 계속 유지한다면 상관없지만, 투자한 금액를 회수하지 못한 상태에서 부득이한 사유로 중도에 계약이 해지되거나, 계약 기간이 연장되지 않는다면 창업자는 더 이상 그 자리에서 똑같은 업종으로 사업을 못 할 수도 있다.

그렇다면 이러한 겸업 금지 조항은 무조건 유효한가? 꼭 그렇지만은 않다. 공정거래위원회 심결을 살펴보면 가맹 본부가 가맹점 사업자의 겸업 금지 범위를 인정할 수 있는 정도가 어디까지인지를 알 수 있다.

공정거래위원회는 가맹 본부의 상호, 상표, 판매 기술이나 방법 등은 상당한 노력에 의해 습득한 것이므로, 경제적 · 재산적으로 보호할 만한 가치가 있는 영업 비밀로 보호해야 한다고 판단했다. 또한 가맹 계약의 특성상 가맹 본부만이 가지고 있는 노하우나 영업 비밀 등을 보호하기 위해 가맹 계약이 종료된 후에는 일정한 기간과 지역 범위에서 종전 영업을 제한하는 겸업 금지 의무를 가맹점주에게 지울 수 있다고 덧붙였다.

그러나 가맹점주의 영업 자유 등이 제한되는 점을 고려해 겸업 금지 기간과 지역 범위 등의 제한 정도는 가맹 본부의 이익과 가맹점주의 권리 제한 사이에 형평성이 유지될 수 있는 한도에서 이루어져야 한다고 심결했다.

가맹 사업법 개정의 영향

　가맹 사업법 개정안이 국회 본회의를 통과해 빠르면 2008년 2월 4일부터 시행된다. 주요 개정 내용은 정보공개서 등록제, 정보공개서 제공 범위 확대, 가맹금예치제 도입, 가맹점 사업자의 권리 보호 강화, 가맹금 반환 범위 확대, 가맹 계약 해지 절차 간소화, 가맹 거래사 제도 활성화, 한국공정거래진흥원에 분쟁조정협의회를 설치하는 것 등이다.

　그렇다면 이러한 법 개정이 가맹점 희망자와 가맹점 사업자에게 어떠한 영향을 미치는지 살펴보자.

　첫째, 종전에는 정보공개서 가맹 본부의 사업 현황, 사업 경력, 재무제표, 가맹점 사업자의 부담과 영업 활동 조건 등이 기재되어 있는 문서를 제공받으려면 정보공개서 제공을 서면으로 신청해야 했다. 그러나 가맹사업법의 홍보 부족 등으로 이러한 신청을 하는 예비 창업자도 거의 없었으며, 가맹 본부 또한 정보공개서를 예비 창업자에게 알아서 공개하는 일은 거의 없었다. 때문에 가맹점 희망자들이 정보공개서를 제공받아 활용하는 일이 거의 없었다.

　이러한 문제점을 해결하기 위해 이번 법 개정안은 정보공개서를 서면으로 신청하지 않더라도 상담 시 받아 볼 수 있도록 했다. 또한 가맹점 희망자들의 정보공개서 숙고 기간을 종전 5일에서 14일로 연장함으로써 충분한 검토 기간을 가질 수 있게 했다. 이는 가맹점 희망자로 하여금 자신이 계약하게 될 가맹 본부에 대한 정확한 정보, 계약 조건 등을 계약을 체결하기 전에 꼭 받아 보고 충분히 검토할 수 있도록 하여 피해를 예방할 수 있도록 한 것이다.

둘째, 가맹 본부가 가맹점 희망자에게 예상 매출액 등을 제공 할 때 이를 반드시 서면으로 제공하도록 하고 그 근거가 되는 자료를 가맹 본부의 사무실에 비치하도록 했다. 또한 정보공개서에 가맹점들의 매출액을 기재하게 함으로써 가맹점 희망자들이 허위 과장된 예상 매출액에 현혹되는 것을 예방하게 했다. 그동안 일부 가맹 본부들이 허위 과장된 매출액을 제시하여 분쟁이 종종 발생했었다.

셋째, 가맹 본부가 가맹점 희망자로부터 받은 가맹금(개시 지급금, 보증금에 한함)을 계약 체결 후 2개월 또는 가맹점을 오픈할 때까지 제3의 기관에 의무적으로 예치하도록 함으로써 가맹 본부의 사기, 기만적인 모집 행위를 예방했다. 이에 따라 가맹 본부들은 가맹점 희망자에게 받은 가맹금을 가맹점 오픈 전에 임의로 사용하지 못하게 됐다. 이는 일부 사기성이 짙은 가맹 본부들의 모집 행위로부터 가맹점 희망자들을 보호할 수 있게 하였다는 데 의의가 있다.

넷째, 가맹점 희망자들이 정보공개서를 제공받지 못하거나 14일의 검토 기간을 얻지 못하면 가맹 계약 체결 후 2개월 이내에 가맹금을 반환받을 수 있도록 했다. 가맹 본부의 허위 과장된 정보가 계약 체결에 중대한 영향을 미친 경우 계약 체결 후 2개월 이내에 가맹금을 돌려받을 수 있다. 하지만 가맹점 희망자들은 계약 체결 후 2개월 이내까지만 이러한 보호를 받을 수 있으며, 가맹 계약의 특성상 계약을 체결하여 점포 인테리어 공사 등을 시작한 후에는 계약을 해지할 수 없다.

다섯째, 최근 가맹 본부들은 다(多)브랜드 전략을 펼치면서 비슷한 아이템을 가지고 제2, 제3의 브랜드를 출시하곤 한다. 때문에 기존에 제1브랜드로 영업을 하던 가맹점들의 피해가 속출하고 있다. 따라서 이러한 피해를 예방하고 가맹점 사업자들을 보호하기 위해, 가맹 본부가 가맹 계약 내용을 위반하면서 계약 기간 중 가맹점 사업자의 영업 지역 안에서 동일한 업종의 자회사 또는 계열 회사의 직영점이나 가맹점을 세울 경우 시정 조치하거나 과징금을 내도록 했다. 단, 가맹점 희망자들은 계약서에 명시된 영업 지역에 대해서만 보호받을 수 있지, 무제한적으로 영업 지역을 보호받을 수 있는 것이 아니다. 그러므로 최초 가맹 계약 체결 시 영업 지역에 대해 확실히 표기하여 피해를 예방하는 지혜가 필요하다.

여섯째, 일부 가맹 본부들이 계약 갱신 시에 가맹점 사업자들에게 부당하게 내용을 추가하도록 하고 이를 따르지 않으면 갱신을 거절하는 경우가 종종 발생했다. 이에 따라 억울함을 호소하는 가맹점 사업자들이 많았다.

이러한 피해를 없애고자 가맹 본부가 90일 전에 서면 통보만으로 계약 갱신을 거절할 수 있다고 했던 종전의 조항을 바꾸어 가맹점 사업자에게 갱신 요구권을 부여했다. 또한 원칙적으로 정당한 사유가 없는 한 그 갱신을 10년간 가맹 본부가 거절할 수 없게 개정했다. 이는 가맹 본부의 갱신 거절 통지 남발로 가맹점 사업자가 겪는 투자 자본 회수의 어려움을 해결하기 위함이다.

일곱째, 가맹점 희망자와 가맹점 사업자들은 분쟁이 발생해도 대부분 소액 사건이므로 변호사에게 돈을 지불하면서까지 해결하기가 어려웠다. 이 점은 가맹 거래사의 업무 영역에 분쟁 조정 신청 대행 업무를 추가함으로써 가맹 거래사 제도를 활용하여 문제를 해결할 수 있도록 개정했다.

"법은 권리 위에 잠자는 자를 보호하지 않는다."라는 말이 있다. 가맹사업법 개정으로 가맹점 희망자와 가맹점 사업자들에게 많은 혜택과 보호장치가 마련됐다는 평을 듣고 있다.

그러나 이러한 법과 제도를 알고 적극 활용하여야 혜택을 누릴 수 있다. 현재 프랜차이즈 가맹점 창업을 희망하는 예비 창업자들이라면 변화하는 법 내용을 미리 알고 창업을 준비해야 할 것이다.

우수 프랜차이즈 선정 요령

가맹점 사업자 입장에서 볼 때 프랜차이즈 체인 사업의 성공 여부는 어떤 본사를 선택하느냐에 성패가 달려있다 해도 지나친 말이 아니다.

일반적으로 프랜차이즈 사업 성공 요소는 상품력, 브랜드 파워, 서비스 시스템의 3요소라 할 수 있다. 그러나 우수 프랜차이즈 본사를 선정할 때에는 먼저 대상 희망 업종의 본사에 대해 '가맹 사업 거래의 공정화에 관한 법률 시행령' 제2조(가맹점 희망자의 정보 제공 신청)에 의거해 정보공개서를 제공받을 수 있다.

이 규정에 의해 가맹 본부는 가맹점 희망자에게 가맹금 최초 지급일로부터 5일 전, 또는 가맹 계약을 체결하는 날로부터 5일 전에 정보공개서를 제공해야 한다.

정보공개서에는 가맹 계약에 대한 조건이 명시되어 있다. 또한 종전에 본부와 가맹점간에 빈번하게 발생한 분쟁 가운데 본부의 지원 사항 부분, 가맹점 사업자가 안던 부담, 영업 활동 조건, 영업 지역 설정 등에 대한 과장된 정보나 중요 사항을 누락할 수 없도록 되어 있다. 따라서, 계약에 문제가 될 소지가 있는 사항이나 계약 내용에 관한 종합적인 검증이 정보공개서로 가능하다.

이제 본격적인 우수 프랜차이즈 본부 선정을 위한 구체적인 방법을 알아보자.

브랜드파워 상품력·서비스 수준 부문

❶ 프랜차이즈 본부 업종과 아이템이 열정을 바쳐 사업할 가치
가 있는 분야인지를 우선적으로 살펴보아야 한다.

❷ 유사 경쟁사에 비해 상품과 서비스가 경쟁력이 높고 소비자
로부터 인기를 얻고 있는지 확인한다.

❸ 원·부재료 공급처는 믿을 수 있는 회사인지 확인한다.

❹ 상표, 서비스, 특허 등이 관련 기관에 등록되어 있으며, 법적
보호를 받을 수 있는지 확인한다.

❺ 소비자 보호 정책의 보호 및 보험 가입 여부를 확인한다.

❻ 품질인증제(ISO) 기준에 적합한 상품인지 확인한다.

❼ 광고와 홍보를 지속적으로 하고 있는지 확인한다.

❽ 환경친화적이며 사회적으로 건전한 사업인지 확인한다.

❾ 수명이 길고 고수익성이 보장되는 업종인지 확인한다.

❿ 원·부재료 공급이 원활하고 가격 변동이 심하지 않는지 확
인한다.

시장성과 사업 전망 부문

❶ 취급하고자 하는 아이템이 라이프 사이클과는 어떤 관계가 있는지 검토한다.

❷ 대중적 대량 수요가 있는 상품인지 검토한다.

❸ 상품 품질 대비 가격 경쟁력은 어느 정도인지 검토한다.

❹ 취급하려는 상품이 유행과 계절에 민감한지 검토한다.

❺ 고정 투자비용을 최소화해도 투자 효율이 높은 유망 업종인지 검토한다.

프랜차이즈 본부의 신용 부문

❶ 본부의 신뢰도, 자금력은 어느 정도인지 사전에 조사해본다.

❷ 경영진과 간부진의 경력과 경영 수준이 어느 정도인지 알아본다.

❸ 브랜드 이미지와 소비자 인지도는 어느 정도인지 알아본다.

❹ 경영 실적은 어느 정도이며, 양호한 편인지 확인한다.

❺ 본부가 업무상 민 · 형사상의 소송에 관련되어 있지는 않은지 확인한다.

❻ 본부의 장 · 단기 사업 전략과 비전이 명확하게 설정되어 있는지 확인한다.

❼ 분야별 전문 기술 보유 여부와 전문가를 확보하고 있는지 파악한다.

❽ 상품 공급 체계와 물류 시스템은 갖추고 있는지 확인한다.

❾ 정보 시스템 구축이 어느 정도 수준인지 알아본다.

❿ 가맹점포수와 업계 시장 점유율을 조사한다.

⓫ 점포당 평균 매출액과 수익은 얼마정도 되는지 파악한다.

⓬ 상품과 기술에 대한 연구 개발에 지속적 투자가 이루어지는
   지 확인한다.

⓭ 가맹점의 폐점 비율은 어느 정도인지 조사한다.

⓮ 법인사업자인지 개인사업자인지 알아본다.

⓯ 가맹점 확장 전략을 검토한다.

프랜차이즈 본부를 선정할 때 신문, 뉴스 등에 소개된 창업 성공 사례를 전적으로 믿어서는 곤란하다. 프랜차이즈 본부는 고도의 유통 시스템으로 가맹점을 확장하여 영리를 추구하는 것이 목적이다. 가맹점 확보가 관건인 체인 본부에는 유감스러운 이야기이지만, 가맹점 사업자는 창업에 앞서 정확한 검증으로 본부에 대해 의심할 여지가 없을 때까지 주의를 소홀히 해서는 안 된다.

이를 위해서는 앞에서 밝힌 바와 같이 '정보공개서'에 기재한 내용을 다시 한 번 충분히 살펴보아야 한다. 그래도 판단을 내리기 힘들면 관련 전문가의 의견을 들어볼 필요도 있다.

08

우수 가맹 본부 선택과 정보공개서

지금까지는 프랜차이즈 가맹점 희망자들이 가맹점 본부를 선택하면서 영업 사원의 말이나 겉으로 보이는 허위·과장 광고에 현혹되는 일이 많았다. 사실 유무를 정확하게 판단하기보다는 눈에 보이는 것만 믿고 계약을 하는 사례가 비일비재했다. 때문에 프랜차이즈 창업은 그만큼 피해 사례도 많았고 탈도 많았다. 이러한 피해를 예방하고자 제정한 것이 가맹 사업법이고, 정보공개서제도이다.

그렇다면 정보공개서에는 어떤 내용이 담겨 있으며, 가맹점 희망자들은 이를 어떻게 이용하고 해석해야 할까?

첫째, 정보공개서는 가맹점 본부의 일반 현황(가맹 본부의 제무제표, 상표권 등), 가맹 본부 임원의 법 위반 사실, 가맹점 사업자의 부담 내용, 영업 활동에 대한 조건 및 제한, 가맹 본부의 가맹 사업 현황, 가맹점 개설 절차와 소요 시간, 교육과 훈련 프로그램에 대한 설명이 기재되어 있어야 한다.

이러한 사항들이 정보공개서에 포함되어 있지 않거나 이중 하나라도 숨기는 가맹점 본부가 있다면 다시 한 번 가맹 여부를 생각해

보아야 한다.

　둘째, 정보공개서 내용이 실제 이루어지는 계약 내용과 일치하는지 살펴보아야 한다. 만약, 일치하지 않는다면 정보공개서의 의미는 유명무실해 질 수 있다.

　정보공개서와 가맹 계약서의 내용이 같지 않으면 가맹점 본부는 허위 · 과장 광고로 처벌을 받을 수 있다. 하지만 양 당사자의 계약은 정보공개서 내용이 아닌 가맹 계약서에 근거한다. 즉, 양 당사자의 계약은 변함이 없다는 이야기이다. 소 잃고 외양간 고쳐 봐야 아무 소용이 없다. 피해가 생기기 않도록 언제나 사전 점검을 해야 한다.

　셋째, 가맹점 사업자의 부담을 지나치게 강요하고 있는지를 살펴야 한다. 가맹점 본부가 가맹점 사업자에게 브랜드(영업표지) 사용 허가와 가맹점 운영권 등을 부여하는 대가로 요구하는 가맹금은 적당한지, 광고 분담비, 로열티, 교육 훈련비 등을 제공하는 대가로 지원하는 서비스도 합당한지, 그리고 그 대가로 내야 하는 금전은 적정한지 등도 알아보아야 한다.

　넷째, 영업 활동에 대한 조건과 제한이 가맹사업의 통일성 유지를 위한 것인지를 따져 보아야 한다. 얼마 전 대기업 프랜차이즈 브랜드와 관련해 '노예 계약'이란 이슈가 대두된 적이 있다. 가맹점 사업은 통일성과 표준화를 위해 가맹점 본부가 가맹점 사업자를 통제하는 경우가 많기 때문이다.

이러한 통제 내용을 가맹점 희망자들은 사전에 분명히 알고 계약해야 한다. 사전에 알지 못하여 자신도 모르게 불공정한 계약을 하여 피해를 보아서는 안 된다.

다섯째, 교육 · 훈련 · 지원 프로그램과 프랜차이즈 시스템이 제대로 정비되어 있는지 살펴보아야 한다. 가맹점 희망자가 독립 창업이 아닌 프랜차이즈 창업을 하는 가장 큰 이유는 해당 아이템에 대한 경험 부족 등을 본사의 프랜차이즈 시스템으로 대처하기 위함일 것이다. 그러므로 본사 시스템을 똑같이 활용할 수 있도록 교육 · 훈련 프로그램과 그 시스템이 얼마나 잘 정비되어 있는지를 알아야 한다.

마지막으로 정보공개서 내용을 종합해 장기적인 사업 의지가 있는 가맹점 본부인지를 분석해야 한다. 우리나라 프랜차이즈 시장은 양적으로는 크게 성장했지만 질적인 성장은 아직 미흡한 실정이다.

우리나라 가맹 본부의 영업 기간은 평균 3.8년으로 매우 짧다. 이는 가맹 본부가 장기적인 사업 의지보다는 가맹점 확장을 목적으로 경영하는 일이 많기 때문이다. 즉, 장기적인 사업 계획없이 단순히 개설하는 가맹점만을 주 수입원으로 하기에 더 이상 개설할 곳이 없으면 폐업을 하거나, 제1브랜드를 포기하고 제2브랜드로 개장하는 가맹점 본부들이 많다. 그러므로 이러한 피해를 예방하려면 본사의 장기적인 사업 의지에 대하여 점검해야 한다.

가맹 계약과 점포 계약 요령

각기 다른 두 남녀가 하나가 되어 결혼을 하고 혼인신고를 하는 것은 평생을 함께 살겠노라고 약속하는 것이다. 프랜차이즈 가맹 계약을 할 때 사업 시작의 기초가 되는 본사와 가맹점간의 관계 구도를 설정하는 것도 혼인신고를 하는 것과 흡사하다고 할 수 있다.

가맹점 계약을 할 때 참고해야 할 사항과 점포 계약 요령을 살펴보자.

프랜차이즈 가맹점 계약 요령

- 고소득 보장 등 광고 선전에 현혹되어서는 안 된다.
- 계약을 서두르거나 계약금을 일부라도 요구하는 업체는 가급적 피한다.
- 계약 체결 전 가맹 본부에 요구할 수 있는 정보와 자료를 최대한 요청한다.
- 가맹 본부에 대해 철저히 사전 조사를 한다.
- 계약서를 충분히 검토하고, 계약 시 미비한 특약 사항이나 구

두 약속 등을 반드시 서면으로 기재한다.

- 보증금, 가맹비, 로열티, 인테리어, 설비 등에 관해 강제적으로 관여하거나 과다한 비용을 요구하는 업체는 피한다.
- 가맹비, 로열티, 보증금이 없다는 등의 파격적인 조건을 내거는 체인 본부를 조심한다.
- 본부가 지정해 준 시범가맹점 외에 다른 가맹점도 직접 선택 방문하여 현장을 파악, 분석해본다.
- 본부가 직영하는 점포가 있는지를 확인한다.
- 가맹점 수가 너무 적거나 지나치게 많은 곳은 피한다.

점포 임대차 계약 요령

- 권리유무의 확인에 대해 면밀히 살펴본다(등기부등본, 도시계획 확인원, 보증금, 관리금 등).
- 건물 용도가 계약 후 사업하고자 하는 업종과 맞는지 확인한다. 용도가 맞지 않으면 낭패를 보게 된다(건물주의 임대 의도 파악 등).
- 현장에서 철저히 관찰하여 목적물을 확인한다(점포 구조와 건물 노후 상태, 출입문 방향 등의 접근성 등).
- 점포가 위치한 층수와 업종의 상관 관계를 확인해본다. 예를 들어, 같은 건물 1층에 주 5일 근무를 하는 은행 등이 입점해 있다면 주말 영업에 지장을 받을 수 있기 때문이다.
- 채권 확보에 대한 대책과 관련 서류를 확인한다(공증 또는 전세

권 설정 등).

- 건물주와 직접 계약하고 세부 내용까지 정확하게 계약서로 작
  성한다(중도해약 조건, 권리금 양도 여부, 건물 하자 보수 조건, 계
  약 갱신 조건 등).

차질 없는 계약을 성사하기 위해 '가맹사업거래공정화에 관한
법률'과 '상가건물 임대차 보호법'에서 체크해야 할 핵심 내용을
사전에 숙지한다. 특히 부동산과 관련한 부정적 관행 사례에 대해
서도 주의를 기울인다. 그렇게 하여도 계약에 자신이 없으면 전문
가에게 조언을 구하는 것이 바람직하다.

프랜차이즈 가맹점 창업에 성공하려면 무엇보다 자신의 능력과 현재 위치를 냉정하게 판단하고, 충분한 준비 기간 동안 창업에 대해 철저히 검증하는 것이 필요하다.

일반적으로 20대 창업자의 대다수는 지나치게 서두르는 경향이 있다. 개점 시기나 일자가 조금 지연되는 것은 문제가 되지 않는다. 오히려 준비가 부족한 상태에서 창업을 하면 많은 시행착오를 낳는다. 주변 정보를 충분히 활용하여 완벽하게 준비하는 것이 곧 절반의 성공임을 명심해야 한다.

- 창업에 대한 열정적인 마인드와 기업가 정신으로 무장한다.
- 의사 결정과 위기 관리 능력을 갖춘다.
- 사업이 정착될 때까지 역경과 고통을 이겨내리라 각오한다.
- 자신의 경험과 관리 능력 수준을 파악한다.
- 본부와 원만한 유대 관계를 지속적으로 유지할 수 있도록 섭외력을 갖춘다.
- 창업으로 꿈을 이룰 수 있다고 확신한다.
- 창업 준비 자금과 운영 자금을 충분히 확보한다.
- 자신이 사회적으로 건전하며 도덕성이 있는지 확인한다.
- 창업주의 정신과 육체가 모두 건강한지 판단해본다.
- 경영 책임자로서 통찰력과 리더십이 있는지 반문해본다.
- 법률적 지식에 대한 이해는 어느 수준인지 알아본다.
- 판단과 생각이 일관성을 유지하여 흔들림 없는 성격인지 반문해본다.
- 종업원을 가족처럼 진정으로 사랑할 마음을 가진다.
- 서비스 정신으로 새롭게 태어날 각오를 한다.
- 눈앞의 이익보다 장기 비전에 비중을 두고 사업 메커니즘을 이해한다.
- 돈과 양심 중 어느 쪽을 택할 것인가의 기로에서 기꺼이 양심을 택한다.

흔히 프랜차이즈 사업은 본부에서 개발한 시스템과 매뉴얼로 특별한 경험 없이도 누구나 할 수 있다고 잘못 인식하고 있다. 그러나 업종과 지역 여건에 따라 본부의 운영 매뉴얼만으로는 해결이 안 되는 부분이 많다.

따라서 본부의 운영시스템에 대해 과신해서는 안 된다. 이를 보완하기 위해 본부에서 하는 교육을 받는 것에 그치지 말고 창업 업종 관련 분야에 관해 지속적으로 연구하고 배워야 한다. 이러한 자세와 노력이 성공을 가져다 줄 수 있다.

특히 소자본으로 창업이 가능한 특성상 2030 젊은 벤처 정신과 좋은 아이디어만 있으면 어느 사업보다 쉽게 성공할 수 있는 분야가 바로 프랜차이즈 사업이다.

지나친 의욕만을 앞세우고 성공에 대한 환상만을 가진 채 창업에 임한다면 프랜차이즈 업계의 치열한 경쟁 속에서 살아남기는 힘들다. 사업 자금은 물론, 창업에 관해 확실하고 충분하게 준비해야 한다. 적정한 자금 없이 아이디어와 의지만으로 사업이 되는 것은 아니기 때문이다.

창업에 성공하려면 개인 역량도 중요하지만, 각종 정보 채널을 이용해 주변 정보를 수집하고, 예상치 못한 리스크에 대한 대비책을 마련하며, 사업 활성화를 위해 부단하게 노력하는 것이 무엇보다 가장 필요하다.

제4장 ● 업종 분석 및 성공 전략

업종 분석 및 성공 전략

보편적으로 돈을 잘 벌 수 있는 업종은 무엇인가? 그 답을 얻으려면 먼저 후보 아이템과 관련된 여러 가지를 조사해야 한다. 실제 운영 사례를 수집해야 하며, 얼마를 투자하고 얼마 정도의 수익을 기대할 수 있는지 등을 과학적으로 분석해야 한다. 그리고 이를 토대로 유행 업종이나 사양 업종이 아닌 유망 업종을 선택해야 한다. 유망 업종의 조건은 결국 안정성과 성장성, 그리고 수익성 보장이다. 아울러 업종과 운영자의 여건도 반드시 점검해야 한다.

창업 시장에서 간단히 많은 돈을 벌 수 있는 장사는 없다. 똑같이 창업을 해도 누구는 돈을 벌고 누구는 망한다. 그 이유는 무엇일까? 창업 전문가들은 무엇보다 업종 선택이 중요하다고 말한다. 이것은 보편적으로 돈을 벌 수 있는 업종을 잘 살펴야 한다는 이야기다.

그럼 보편적으로 돈을 잘 벌 수 있는 업종은 무엇인가? 그 답을 얻으려면 먼저 후보 아이템과 관련된 여러 가지를 조사해야 한다. 실제 운영 사례를 수집해야 하며, 얼마를 투자하고 얼마 정도의 수익을 기대할 수 있는지 등을 과학적으로 분석해야 한다. 그리고 이를 토대로 유행 업종이나 사양 업종이 아닌 유망 업종을 선택해야 한다. 유망 업종의 조건은 결국 안정성과 성장성, 그리고 수익성 보장이다. 아울러 업종과 운영자의 여건도 반드시 점검해야 한다.

유망 업종 판별법
❶ 성장 가능성이 있어야 한다.
❷ 투자 대비 수익성이 높아야 한다.
❸ 자금과 상품 회전율이 높아야 한다.
❹ 경기 영향이 가급적 적어야 한다.
❺ 몸집이 작아야 한다(시설비 투자가 적어야 한다).

본 장에서는 최근 2~3년 전부터 현재까지 창업 시장에 나름대로 자리를 잡아가고 있는 일부 유망 업종에 대해 거론했다. 일부 업종에 대한 평가는 아직도 논란 소지가 있으나, 앞으로 시장 방향을 가늠해 볼 때 성장 가능성이 있어 유망 업종으로 분류했다.

　우리나라 창업 시장에 나타나는 가장 큰 폐단 중 하나인 따라 하기식 창업 현실을 다시 한 번 보여준 대표적인 아이템이다.

　초기 우리나라 주점은 독립적 형태의 사업체로 시작됐다. 흔히 대포집으로 불려지던 것이 우리나라 간이주점업의 효시라 볼 수 있다.

　국민들의 애환을 담았던 정감어린 간이주점은 시대 흐름에 따라 많은 변화를 거듭했다. 그리고 상품의 다양화와 고급화가 이루어지고, 소비자 기호에 맞는 많은 종류의 술과 안주가 개발되며, 인·아웃테리어가 고급화되고 멀티화가 이루어지면서 지금은 창업 시장에서 주목받는 대표적 업종으로 성장했다. 이 중 최근 2~3년 전부터 급격하게 대두한 것이 청송얼음막걸리를 필두로 하는 막걸리 전문점이다.

　청송얼음막걸리는 프랜차이즈 본사 수만도 10여 개를 넘어서면서 치열한 경쟁을 펼쳤다. 그러나 막걸리 전문점은 차별된 서너 가지 메뉴와 노란색 주전자에 양푼 대접으로 막걸리를 마신다는 것을 빼고는 색다른 요소가 없다는 것이 문제점으로 대두되면서 하향세를 보였다.

기존의 오뎅바나 이자가야 전문점들의 막걸리 시장 진출도 막걸리 전문점의 성공에 걸림돌이 되고 있다. 다시 말해 기존의 오뎅바나 이자가야 전문점들이 약간의 메뉴와 막걸리를 추가하면 언제라도 막걸리 전문점 시장에 진출이 가능하다는 이야기이다. 이럴 경우 막걸리 전문점의 경쟁은 더 치열해질 것이며, 성장기나 성숙기도 거치지 않고 쇠퇴기 업종으로 접어들면서 몰락할 수도 있다.

따라서 현재 막걸리 전문점을 운영하고 있는 창업자나 프랜차이즈 본부에서는 자신만이 가지고 있는 색깔로 주류 틈새시장에서 현존할 수 있는 시스템 보안을 급선무로 해야 한다. 또한 막걸리 전문점들의 주 수익이었던 막걸리가 아닌 다른 주류의 매출 비중이 높아질 것이라는 점을 염두에 두는 사업 전략도 세워야 한다.

막걸리 전문점은 분명 도입기 업종이다. 하지만 다른 아이템들과는 다르게 도입기 아이템의 특징인 관망이라는 시기 없이 성숙기 아이템으로 접어들면서 경쟁으로 이어졌다. 창업의 성공 요소라 할 수 있는 지식과 재능도 중요하지만, 그 무엇보다도 중요한 것은 열의와 성의이다.

유의 사항 – 기본, 차별, 변화가 중요

막걸리 전문점 창업은 극심한 과다 경쟁이 이루어질 것이라 예상된다. 따라서 자신만의 가치 전략을 세우고 실천하는 동시에 모든 역량을 집중하면서 남과 다른 요소를 접목해야만 생존과 번영을 도모할 수 있다. 구체적인 방안은 다음과 같다.

첫째, 동절기 메뉴와 점심 식사 메뉴를 보완한다. 아울러 특성상 유행에 크게 민감하지 않은 성인남녀를 대상으로 사업하는 만큼 서비스에 최선을 다해 충성 고객 확보에 열과 성을 기울여야 한다.

둘째, 모든 아이템이 그러하듯 입지 선정만큼은 많은 시간이 걸리더라도 조급함을 버리고 신중하게 해야 한다. 막걸리 전문점은 고객 연령, 성별, 소비 수준에 따라 수익성이 현저하게 극과 극을 달릴 수 있기 때문이다.

셋째, 따라하기식 영업 전략은 금물이다. 우리나라 창업자 대부분은 누가 사업이 잘된다고 하면 앞뒤 안 보고 무작정 따라하느라 안간힘을 쓴다. 그러나 따라하기식 영업에 중점을 두지 말고 창업자 스스로 경쟁력을 기르는 데 주력해야 한다. 경쟁력은 곧 수익으로 이어지므로, 수익을 창출하기 위해서는 전문가가 되어야 한다.

넷째, 메뉴 선정과 가격 결정은 소비자 성향에 근거하여 신중하게 결정한다. 메뉴를 기존, 변동, 정책 등의 단계로 세분화하여 경쟁점과 차별화를 꾀한다.

메뉴는 열 가지 정도로 선정하는 것이 바람직하다. 막걸리 전문점은 대부분 소자본 창업 형태이기 때문에 이러한 메뉴 선정은 인건비를 줄일 수 있는 항목이다. 막걸리 전문점에 어울리는 빈대떡과 두부를 즉석에서 만들고, 테이크아웃 시스템까지 겸비하며, 즉석 기계를 이용해 비지찌개 또는 콩국수와 칼국수를 점심 메뉴로 추가하고, 소주에 적합한 메뉴를 곁들이는 것이 바람직하다.

그리고 무엇보다 점심 메뉴는 가격을 4천 원 미만으로 하고 빈대떡을 메뉴로 추가하는 등 객단가(客單價)를 5천 원대 이상 나올 수 있도록 판매가를 정해야 한다.

저가형 해산물 전문점

소비 심리가 위축되면서 창업 시장에 떠오르는 키워드는 저가형 아이템이다. 여기에 건강이 사회적 논점으로 부각하면서 웰빙 관련 업종 또한 창업 시장에 붐을 이루고 있다. 그리고 이 두 가지를 종합한, 즉 저가와 웰빙을 혼합한 다양한 아이템들이 현재 창업 시장에 활력을 불어넣고 있다.

해산물계란탕 – 해산물 전문점들이 내세우고 있는 메뉴

해산물 아이템은 지난해에 낙지요리 · 곰장어 · 초밥 요리 전문점 등의 브랜드들이 한꺼번에 출시되면서 양적인 팽창을 이루었다. 해산물 브랜드들의 성장은 올해도 지속되고 있다.

최근에는 프랜차이즈 주점에도 해산물 바람이 거세게 불고 있다. A브랜드는 개업 1년 만에 해산물 아이템으로 대성공을 거두면서 유사한 해산물 전문 주점 브랜드들을 올 초에 잇따라 출시했다. 이에 따라 해물 중심의 화이트 미트(white meat)가 레드 미트(red meat)로 대변되는 육류 시장의 아성을 위협하고 있는 추세이다.

모듬생선 – 구이 형태의 메뉴를 갖춘 해산물 전문점도 대거 등장했다.

해산물 전문점들은 대부분 저가형을 표방하고 있지만 다양한 메뉴와 뒤떨어지지 않는 맛으로 고객의 가치 만족을 이끌어 내고 있다는 평을 얻고 있다. 가치 만족이 크다는 것은 고객이 상품(메뉴)에 지불하고 느끼는 만족감이 상대적으로 높다는 것을 말한다.

그러나 이러한 저가형 해산물 전문점들이 모두 성공하는 것은 아니다. 일부 아이템 중에는 생각한 만큼 수익을 내지 못하여 힘들게 운영하는 곳도 있다.

남이 해서 잘되니 나도 하면 잘될 것이라는 기대 심리 속에 경쟁 업소가 산발하자, 이에 따른 공급 부족으로 원가가 상승하고, 수익률이 떨어지면서 배앓이를 하는 아이템이 많다. 모든 저가형 창업이 그렇듯이 저가 해산물 전문점도 생산성, 소비성, 수익성 등을 동시에 충족해야만 살아남을 수 있다.

저가형 창업은 낮은 가격으로 고품질을 유지하여 고객의 만족도를 높이는 정책을 펴느냐, 수익을 창출할 수 있는 경영시스템이 얼마나 잘 보안되어 있는가가 사업 성패를 좌우할 수 있는 기본적이면서도 핵심이 되는 요소이다.

하루가 다르게 변모하는 소비자 심리와 창업 시장의 생존 경쟁을 감안할 때 창업자나 예비 창업자들은 명심해야 한다. 개인의 노력, 원가 절감, 고품질로 고객이 만족해야 저가형 시장에서 살아남을 수 있다는 사실을.

유의 사항 – 저가형만이 불황을 이기는 수단은 아니다

현재 우리나라 경기 침체의 심각성은 계속되고 있다. 경기 불황과 더불어 나타나는 것이 저가형 아이템들의 등장과 성장이다. 그러나 이러한 것은 외부 상황일 뿐이므로 수익성에 근거한 내부 상황이 창업 성공에 영향력을 발휘하도록 하여야 한다.

첫째, 생산성 증대에 주력하라. 이는 인건비와 쓸데없이 지출되는 비용을 절감하라는 이야기이다.

생산성 증대가 제품의 질을 떨어뜨리면서 마진율을 높인다는 말은 결코 아니다. 생산성 증대의 의미는 매출액 대비 인건비를 최소화하는 것을 말한다. 다른 의미로는 저장 관리, 원가 관리 등과 같은 비용 관리로 이익을 실현하는 외식 경영 구조를 확립하는 것이다.

특히 저가형이라는 것이 사업의 핵심이라는 점을 감안한다면 손익분기점을 생각해야 한다. 이를 고려한 인적 구성을 점검하는 것은 사업의 성공 요소를 결정하는 가장 큰 요건이다.

둘째, 차별화해야 살아남을 수 있다. 마케팅에서 아이디어 개발까지 부지런함은 기본이다. 마케팅과 아이디어로 이익 창출에 고심해야 한다. 이것은 이윤을 얻기 위해 고객이 원하는 것이 무엇인가를 예측하여 만족시키는 데 필요한 관리 절차라고 생각하면 된다.

소비자들의 욕구는 겉으로 드러나지 않으면서도 빠르게 변한다. 따라서 소비자의 욕구를 제때 파악할 수 있는 능력을 키워야 한다. 고객의 욕구는 오늘 다르고 내일이 다르다. 시시각각 달라지는 고객에게 다가가서 이윤을 극대화하려면 자신만이 가지고 있는 영업 전략이 있어야 한다. 신선함을 유지하는 것도 중요하다.

셋째, 메뉴 선정과 가격 결정은 소비자 행동에 근거하여 신중하게 한다. 메뉴를 결정할 때 주의 깊게 살펴볼 사항으로는 시장 환경에 따른 고객 동향과 경쟁 동향이다. 고객에게 인기를 끌 수 있는 메뉴인가를 파악하고, 창업자 자신이 소화할 만한 것인지를 분석한 다음 이를 토대로 향후 나아갈 방향을 심도 있게 정해야 한다.

저가형 소고기 전문점

우리나라 육류 소비량은 해마다 빠른 속도로 증가하는 것으로 나타나고 있다. 국민 1인당 육류 소비량을 볼 때, 1995년경 27.45kg에 지나지 않던 것이 2003년에는 33.45kg으로 증가했다. 2006년은 2003년 기준으로 볼 때 10~12% 성장할 것으로 전망되고 있다.

육류 소비량 증가는 창업 시장에도 영향을 주고 있다. 외식업 창업 아이템 중 가장 높은 분포를 보이고 있는 종류가 고기와 관련된 것이다. 고기 전문점은 서울시에만 줄잡아 1만 6,000여 개로 추산된다. 서울시를 522개 동으로 나눠 계산해 보면 1개 동에 30여 개의 고기 전문점이 열띤 경쟁을 벌이고 있다.

아이템 또한 다양하게 변하고 있다. 육류 소비 시장 중 대표라고 할 수 있는 삼겹살 전문점만 하더라도 생삼겹살뿐만 아니라 와인 숙성·녹차·솔잎·된장·고추장·마늘숙성 삼겹살 등을 다루고 있다. 최근에는 무항생제 삼겹살, 까먹는 삼겹살, 벌집삼겹살에 이르기까지 다양한 메뉴가 등장하여 고객 유치에 열을 올리고 있다. 여기에 4년여 전에 선보인 저가형 삼겹살까지 수많은 아이템이 나타나고 사라지기를 반복하면서 고객에게는 사랑을, 창업자에게는 관망의 대상이 되기도 했다.

우삼겹, 모듬구이 – 1인분에 5천 원부터 1만 원 대까지 다양한 가격의 메뉴를 선보인 소고기 전문점이 등장했다.

이러한 추세를 감안할 때 저가형 소고기 전문점은 고기 시장의 새로운 다크호스 로 등장 할 것이라 예상된다.

아직까지 소고기 전문점은 다른 고기 전문점들에 비해 작은 소비 시장을 형성하고 있으나, 미국산 소고기 수입 재개로 고기 전문점들은 현재 시장보다 더 치열한 경쟁을 해야 할 것으로 예상된다. 지나친 경쟁으로 저가형 소고기 전문점 또한 제 살 깎아먹기식 영업을 하여 창업에 실패할 수도 있다는 점을 주의해야 한다.

유의 사항 – 점심, 저녁 메뉴 구성 필요

저가형 소고기 전문점의 매력은 기타 고기 전문점처럼 식사나 주류 고객을 동시에 사로잡을 수 있어 특정 시간대별 매출에 의존하는 기타 외식업종과는 다르게 영업을 활성화하여 수익을 배가시킬 수 있다는 점이다. 따라서 소고기 전문점은 맛과 더불어 가격,

등심 샤브샤브 – 소고기 전문점들이 낮 시간대 고객을 잡으려고 개발한 소고기 메뉴

메뉴, 분위기, 서비스 등 모든 것을 조화롭게 구성해야 한다. 구체적으로 말하면 다음과 같다.

첫째, 차별화된 전문 메뉴 개발, 메뉴에 어울리는 분위기 조성, 체계적인 종업원 교육과 복리후생, 고객을 만족시키는 서비스, 목표 고객을 겨냥한 영업 전략 등에 신경써야 한다. 고정 관념을 깨는 다양한 상품을 개발하여 새로운 고객을 끌어들어야 하며, 이로써 수익 창출을 배가할 수 있어야 한다.

소비자들이 소득 수준이 높아지고 건강과 비만에 대한 관심이 높아지면서 육류 소비 패턴도 달라지고 있다. 최근 들어 고정관념을 깨는 다양한 상품 개발로 다양한 조리법이 주목을 받고 있는 것을 감안하여, 남들과 다른 자신만의 전략으로 경쟁 우위를 지속하기 위한 조리 방법, 메뉴 구성과 함께 지역에 맞는 홍보, 마케팅, 서비스 등에 모든 역량을 집중해야 한다.

둘째, '낮은 가격'은 여전히 고객을 끌어들일 수 있는 최고의 조건이다. 그러나 단순히 저가로만 승부하는 시대는 지났다. 소비자들은 가격에 걸맞은 혹은 그 이상의 맛과 서비스를 원한다. 때문에 질 낮은 상품을 공급했다가는 당장 외면받기 십상이다. 그러므로 품질은 높이고 저가로 판매하는 것이 바람직하다.

셋째, 정체성 대한 연구 개발에 중점을 두어야 한다. 창업에서 정체성이란 주 고객에 대한 파악이라고 할 수 있다. 다시 말해, 아이템에 따른 주 고객층의 연령, 성별, 기호, 구매 동선, 호환 메뉴, 객단가, 회전 주기 등 다각적인 면을 이용한 수리적 분석을 의미한다. 정체성을 고려할 때 고객과 밀착하여 특별한 욕구를 충족시킬 수 있는 맞춤형 영업 전략이 성공 창업을 위한 최선의 방법이다.

퓨전요리주점

퓨전주점 창업에 대한 관심은 최근 3~4년 전부터 높게 나타나고 있다. 예비 창업자를 대상으로 설문 조사를 한 결과에도 선호 업종으로 퓨전주점이 첫째 자리를 달리고 있다. 그러나 포화 상태와 과열 경쟁에 대한 우려도 나타나고 있다. 예비 창업자들의 의견도 상반되고 있다.

주점 시장은 2002년도부터 급성장하기 시작했다. 지갑이 얇아진 소비자를 잡기 위해 저렴하면서도 다양한 메뉴를 구비한 가격 파괴형 퓨전요리주점이 등장했고, 기존 주류전문점과는 다른 인테리어와 메뉴로 소비자들에게 큰 환영을 받았다.

초기에는 일본 선술집 형태의 퓨전요리주점이 시장을 점령했다. 이후 세계 각국의 다양한 요리와 색다른 인테리어를 갖춘 퓨전요리주점이 잇따라 개업했다. 최근에는 우리나라 전통주인 막걸리를 내세운 퓨전요리주점이 등장해 대학가 상권을 중심으로 세력을 넓히고 있다. 지금은 퓨전요리주점 브랜드만 국내에 100여 개에 이를 정도로 많다.

퓨전요리주점도 경쟁이 치열해지면서 변화를 거듭하고 있다. 저렴한 가격과 다양한 메뉴를 구비하고, 판매 초기 모습에서 벗어나

퓨전주점

분위기와 콘셉트(concept)를 강조하는 방향으로 바뀌고 있다.

또한 저가형이 아닌 중가형 퓨전요리주점도 등장하고 있다. 중가형 퓨전요리주점은 메뉴와 인테리어를 과감하게 변화시키고, 매장 크기도 대형화를 추구하며, 가격을 벗어나 질을 높이는 전략을 도입하고 있다. 고객의 소비 트렌드 변화를 따라가기 위한 거듭나기이다.

퓨전요리주점은 각종 주류에 어울리는 저렴하고 다양한 안주 메뉴를 구성하여 고객층을 폭넓게 확보할 수 있다는 장점이 있다. 다양한 개성과 입맛을 가진 소비자를 끌어들일 수 있고 요리와 술을 함께 판매할 수 있다. 세련되고 개성 있는 인테리어도 고객의 발길을 잡는 요소 중 하나이다.

퓨전요리주점은 주 5일제 근무가 확산되면서 오피스가뿐만 아니라 주택가에서도 성공 가능성이 높다. 가족들의 주말 외식 장소로 식사와 술을 한 번에 해결할 수 있기 때문이다.

퓨전요리주점은 인기가 있는 만큼 경쟁도 치열하다. 주요 상권마다 일본 선술집, 세계 요리주점, 막걸리·탁주 전문점 등이 자리를 잡고 있다. 이들 요리 주점들은 메뉴가 크게 다르지 않고, 가격도 비슷하다. 단지, 인테리어는 조금 차이가 있지만, 이마저도 고만고만하다고 말할 수 있다.

05

경쟁력 있는 기술력 보유가 성공의 관건이며, 서비스로 승부하는 업종이다.

불경기에는 어떤 사업이 잘 될까? 최근 몇 년 동안 불경기가 지속되자 소자본 창업 아이템이 인기를 얻고 있다. 그 중에서도 잉크 충전 아이템의 성장은 놀라울 정도이다.

방문 토너·잉크 충전업은 휴대용 장비를 들고 사무실이나 가정을 직접 방문하여 토너와 잉크를 충전해 주는 사업이다. 도입 초기에는 기술적인 문제 등으로 소비자

들에게 외면을 받았으나, 지속적인 품질 개선이 이루어지고 가격 면에서 이점이 부각되면서 인기를 모았다. 여기에 어려운 경기와 맞물려 일반 소비자들의 인식이 변하면서 수요가 크게 늘어나고 있다. 또한 무점포 소자본이라는 장점을 내세워 기존의 점포형 잉크 충전방을 대체하면서 빠르게 시장을 넓히고 있다.

잉크 충전업은 제품 원가와 차량 유지비 외에는 소요 비용이 별

도로 들지 않는다는 장점이 있으나, 최근에는 무분별하게 동종업이 늘어나면서 예년에 비해 수익이 못 미치는 현상을 보이고 있다. 지난 10월 대법원은 국내 프린터 카트리지 재생업체들이 일본 캐논사의 특허를 침해했다며 21억 원을 배상하라고 판결했다. 이유야 어쨌든 잉크 충전방 업체들은 그리 반가운 일이 아닐 것이다.

잉크 충전업과 같은 무점포 사업은 쉽게 창업이 가능한 만큼 쉽게 실패할 수도 있다는 것을 염두에 두어야 한다. 따라서 가능한 한 기술력을 보유한 프랜차이즈 본사를 선택해야 하며, 가맹점 관리 시스템도 잘 따져 보아야 한다.

그러나 무엇보다도 가장 중요한 것은 홍보이다. 가만히 앉아만 있어서는 고객을 끌어들일 수 없다. 뛰는 만큼 매출이 늘어난다.

전단지와 스티커 배포 그리고 지역정보지에 광고를 게재하는 등 처음부터 적극적이고도 다양한 방법으로 서비스를 홍보해야 한다. 한번 찾아온 고객은 단골로 만들겠다는 영업 마인드 또한 필요하다.

컴퓨터와 프린터의 대중적 보급으로 잉크 충전업의 성장은 한동안 지속할 것으로 보인다. 또한 소자본 창업자들의 관심도도 높아질 것이다. 성장세에 있는 잉크 충전업이 창업 시장에 정착할 수 있도록 업체의 성실한 노력이 필요하다.

유의 사항 - 고객 관리가 중요하다

독립형 창업보다는 기술 습득이 수월한 프랜차이즈 창업이 처음 사업을 하는 사람에게는 유리하다. 그러나 프랜차이즈형 창업을 할 때에도 주의해야 할 것이 있으니 바로 본사 선정이다.

유명브랜드라 할지라도 본사만 믿고 의존하는 것은 금물이다. 지역 특성에 맞는 자신만의 영업 전략이 필요하다.

첫째, 잉크 충전방 사업 확장에 중요한 부분을 들자면 상권 확보이다. 가장 이상적인 상권은 중소규모 사무실이 밀집된 지역이다. 독립형 창업이 아닌 프랜차이즈형 창업을 한다면 프랜차이즈 본사와 상권 보장을 명백하게 짚고 넘어가야 한다.

둘째, 창업을 성공하려면 첫째도 고객 관리, 둘째도 고객 관리, 셋째도 고객 관리이다. 고객이 중요하지 않은 업종은 없지만, 잉크 충전방 사업은 더욱 그러하다. 현재 경쟁업체만 해도 수없이 많으므로 이들과 경쟁에서 살아남으려면 더욱 고객 관리에 신경 써야 한다.

이와 함께 경쟁업체와 차별화하기 위한 서비스 경쟁력도 키워야 한다. 할인 쿠폰 행사나 사은품 증정같이 단순한 영업 전략 외에도 프린터 · 복사기 청소, 프린터에 맞는 용지 선정, 프린터에 관련한 정보 제공 등을 영업 전략으로 이용하는 것이 수익을 올리는 한 방법이다. 단순한 잉크 충전 차원을 넘어서 고객의 컴퓨터를 관리하며 책임진다는 서비스 정신이 필요하다.

셋째, 전략적으로 다른 사업과 병행하는 것도 권할 만하다. 컴퓨터 관련 제품을 판매하는 것은 기본이다. 이때 컴퓨터 관련 제품으로 많은 이윤을 남기려 하지 말고 최소 수익 범위 안에서 판매가를 정해야 한다. 쉽게 말해, 프린터 용지 등 일부 품목을 저렴한 가격으로 공급하면서 고객을 확보하는 것도 영업 방법의 하나이다.

품질로 승부하는 것도 중요하다. 보통 충전 방법(노하우, 품질)에 따라 서비스가 달라지기 때문에 고객에게 불만족감을 주어서는 안된다.

잉크 충전방 역시 소자본 창업이니만큼 영업 확장을 이루기 위한 어려움도 많다. 그러나 투자 비용 대비 단기간에 고수익을 올릴 수 있다는 기대 심리보다는 단계별로 수익을 올리는 영업 전략(사업계획서)를 세우고 체계적으로 실천하는 것이 중요하다.

커피 전문점 전성 시대이다. 강남, 종로, 명동, 신촌 등 번화가에 스타벅스, 커피빈, 할리스, 파스쿠치 등 대형 커피 전문점들이 줄지어 눈에 들어온다.

현재 커피 시장은 2000년도 초 테이크아웃 커피 전성 시대와는 달리 대형화 추세로 변모하고 있다. 또한 세계적인 브랜드들과 막대한 자본력을 앞세운 대기업들 간의 싸움터가 되었다. 스타벅스가 지난해 매출액이 1,100억 원에 육박할 정도로 성공을 거둔 것은 외국의 유명 커피 전문점들이나 국내 대기업들이 커피 시장에 문을 두드리는 계기가 되었다. 커피 시장 규모는 2007년 1조 8,000억 원대로 추정되고 있다. 앞으로도 성장세는 이어질 것으로 관망되고 있다. 이 가운데 커피 전문점을 중심으로 한 원두 커피 시장이 차지하고 있는 비율은 현재 20% 정도에 지나지 않아 성공 잠재력이 매우 높은 것이 사실이다.

이처럼 숨 막히는 경쟁 속에서 평범함으로는 살아남을 수 없다. 무엇인가 소비자의 머리 속에 각인될 수 있는 전략이 필요하다.

최근 직장인을 대상으로 퇴직 후 창업하고 싶은 아이템에 관해 조사를 해본 결과 커피 전문점이 3위 안에 들었다. 이는 커피가 치킨이나 삼겹살처럼 기호 식품으로 자리 잡고 있으며, 일반 외식업과 달리 깨끗하고 번거롭지 않게 영업할 수 있다는 인식 때문으로 보인다. 하지만 남이 한다고 무조건 뛰어들다가는 커피 본연의 향기를 느끼기 전에 쓴 맛을 보기 쉽다.

일단 커피 전문점 창업을 계획하고 있다면 테이크아웃 형태인지, 점포형인지, 고급화된 카페인지 등을 창업 자금 규모에 따라 꼼꼼하게 따져보아야 한다.

자영업 창업자는 입지 전략에 따라 맛과 서비스 그리고 분위기 연출에 신중해야 한다. 가격이 다소 비싸더라도 자신만의 영업 전략으로 중무장해야 한다. 예를 들면, 매장 안에서 생두를 직접 구워 원두를 판매(제조 허가를 받아야 한다)하거나, 커피 마니아를 대상으로 커피에 관한 교육을 병행하는 것도 좋은 방법이다. 자영업이 아닌 프랜차이즈 창업을 할 경우에는 브랜드 인지도, 맛과 메뉴에 대한 경쟁력, 본사의 관리 능력을 세밀하게 따져 보아야 한다.

커피 전문점은 해가 갈수록 고급화 전략을 내세우고 있는 프리미엄 커피 전문점으로 변모하고 있다. 따라서 커피 맛이라는 요소 외에도 단순하고 세련된 공간을 만들어야 한다. 또한 갓 뽑은 커피 향이 가득한 아늑함, 혼자서 조용히 사색할 수 있는 공간의 여유로움, 때로는 여러 명이 모여 이야기를 나눌 수 있는 자유로운 분위기를 연출을 할 수 있는 감성 마케팅이 필요하다.

마지막으로 우리나라는 사계절이 있으므로, 비수기에 대한 대비를 해야 한다. 테이크아웃 매장은 겨울을 대비한 영업 전략을, 점포형 매장은 여름을 대비한 영업 전략을 세워야 한다. 다시 말해, 메뉴의 보완 관계를 신중하게 검토하여야 한다.

유의 사항 – 상권에 맞는 영업 전략 필요

커피 전문점은 극심한 과다 경쟁이 이루어질 것이 예상되므로 자신만의 가치 전략을 계획하여 실천하는 동시에 모든 역량을 집중하면서 남과는 다른 요소를 접목해야만 생존과 번영을 도모할 수 있다. 자세한 내용은 대략 아래와 같다.

첫째, 커피머신은 고가 제품을 쓰지 않아도 된다.

중고나 저가 기계를 사용해도 되지만, A/S가 잘 되는지는 꼭 확인해야 한다. 커피에 비중이 크지 않은 가게라면 자동 기계를, 커피에 비중을 둔 매장이라면 반자동 기계를 사용하는 것이 적당하다. 자동 기계는 일정한 맛을 낸다는 장점이 있어 종업원이 많은 곳에서 사용하면 좋다. 반자동 기계는 다양한 메뉴를 만들 수 있다는 장점이 있어 커피에 비중을 크게 둔 매장에서 사용하면 효과적이다.

둘째, 입지 전략에 따라 메뉴, 가격 등을 달리 한다.

학교, 사무실 등이 밀집한 곳에서는 간단히 먹을 수 있는 샌드위치와 베이글과 같은 빵을 곁들인 식사 대용 메뉴를 선택하는 것이 좋다. 오피스가는 빠르고 간단하게 먹을 수 있는 메뉴를 다루는 것이 매상을 올리는 데 유리하다. 커피 외에도 계절별 음료는 반드시 취급하여야 한다. 또한, 메뉴가 안정적으로 자리 잡히면 기존 메뉴를 주기적으로 업데이트한다.

셋째, 매장을 찾는 고객들에게는 양과 질을 개선한 종합 서비스를 유지한다. 서빙이나 판매는 주 고객층과 비슷한 연령대가 하는 것이 바람직하다. 아울러 배너, POP, 플래카드 등을 이용하여 지속적으로 홍보한다. 예를 들어, 메인 메뉴를 주문하면 새로운 메뉴를 무료로 제공하거나 시식으로 홍보하는 방법도 권할 만하다.

　웰빙 열풍을 타고 떡 카페 등이 등장하여 떡 전문점 창업에 대한 관심이 높아지고 있다.

　떡은 천연 식재료를 사용하고 영양이 우수한 전통 음식이다. 그러나 만드는 데 손이 많이 가고 번거롭다는 선입견으로 대중화되지는 못했다.

　그러나 2007년부터 트랜스 지방에 대한 우려와 통계청의 6대 블루슈머(bluesumer) 발표, 젊은층의 수요 증가, 퓨전 떡집 등장 등에 힘입어 떡 전문점 창업이 새롭게 각광받고 있다. 통계청은 지난 1월 주목할 6대 블루슈머를 발표하면서 '아침 사양족'을 공략하기 위한 유망 아이템으로 떡 전문점을 거론했다.

　떡 전문점이 유망 아이템으로 거론된 것은 4~5년 전부터이다. 패스트푸드 반대 급부, 식사보완용, 선물용 등으로 떡 수요 확대, 다양한 떡 출시 등이 시발이 되었다. 떡 전문점은 제조 기술을 습득하기는 어렵지만, 창업 후에는 인건비 등이 거의 들지 않아 부부에게 적합한 창업 아이템으로 평가 받는다.

떡 카페 등 퓨전 떡집 등장

건강 중시 문화와 전통 먹거리에 대한 관심이 증가하면서 현대인의 입맛에 맞춘 다양하고 고급화된 떡이 등장하기 시작했다. 창업자들은 젊은 층의 기호에 맞도록 전통 떡을 퓨전화했으며 포장도 변화시켰다. 그 결과, 요즘은 낱개 구입이 가능하고 제과점 빵처럼 선물로 사갈 수도 있다.

20～30대 여성층의 수요가 증가하면서 전통과 현대가 어우러진 카페테리아 형태의 떡 전문점도 성행중이다. 떡집이 차와 같이 먹을 수 있는 문화공간으로 변모한 것이다. 기본적으로 테이크아웃 형태를 하고 있지만, 차와 함께 먹을 수 있는 별도 공간을 마련해 놓고 있어 기존 카페형 제과점과는 다르다.

떡 카페 프랜차이즈는 2004년부터 등장하였으며, 전국적으로 7～9개 정도의 프랜차이즈 업체가 활동하고 있다. '떡보의 하루' 라는 프랜차이즈는 현재 60여 개에 이르는 가맹점이 있으며, 2006년 삼립식품이 출시한 '빚은' 도 10여 개의 가맹점을 운영하고 있다.

삼립식품 관계자는 말하기를 "떡 시장은 연간 3조 원 규모로 추정되는데 반해, 영세업체들이 난립해 있어 베이커리형 카페 운영 노하우를 살려 시장을 선점하기 위해 상표를 출시했다."고 했다.

그러나 떡 카페는 밝은 성장 전망에 비해 성장 속도가 느리다. 떡은 유통 기한이 짧아 재고 처리가 어렵고, 소비 패턴이 아직은 제과점에 미치지 못 하며, 주식이라는 개념보다는 간식이라는 개념이 강하기 때문이다.

'떡보의 하루' 전재효 실장은 '떡의 유통 기한을 늘리려고 별도로 첨가물을 넣으면 맛이 떨어질 우려가 있다."며 "따라서 새벽에 떡을 만들어 매일 가맹점에 공급하고 있다."고 말했다.

전통 떡집, 대형화로 세력 확장

떡 카페 등 퓨전 떡집이 10평 소규모로 운영되는 데 반해, 기존 전통 떡집들은 대형화와 고급화로 세력을 확장하고 있는 추세이다.

두툼하고 커다란 떡을 한눈에 반할 정도로 아름답고 조그맣게 만들어 시장을 주도한 것도 전통 브랜드 떡집들이다. 이들은 동네 영세 떡집과 달리 과감한 차별화를 시도하며 떡의 다양화를 이끌어냈다. 그리고 자체 개발한 떡을 2,000~3,000원에 낱개로 판매하거나, 떡 카페를 운영하고 있다. 해외 수출을 위한 연구 개발도 꾸준히 하고 있다.

한국전통음식연구소는 유통 기한을 늘린 '레토르트 떡'을 개발했다. '햇반'처럼 전자레인지에 넣고 3분 만에 데워 먹을 수 있는 떡이다. 이것은 2006년 독일의 쾰른 식품박람회와 대만의 타이베이 식품박람회에 출품해 호평을 받았다. 연구소는 수출용 포장지에 'rice cake' 대신 'dduck'이란 고유 명사를 찍었다.

노동력 · 자금 등 충분한 검토 필요

떡을 이용한 떡볶이

식생활 변화로 가정에서 떡을 해 먹는 집은 별로 없다. 대부분 대량으로 생산이 가능한 전문 떡집을 이용하고 있다.

현재 떡 시장은 일부 대형 상표를 가진 전문 떡집을 제외하면 대부분 영세성을 면하지 못하고 있다. 거의 모든 떡집이 상대적으로 점포비가 적게 드는 곳에 있어 고객이 접근하기 어렵다. 또한 여러 제품을 한 데 묶어 스티로폼 상자에 포장하여 판매하는 수준이다.

떡집 창업은 결코 쉽게 생각해서는 안 되는 아이템이다. 노동력이 많이 들어가고, 기계 설비와 점포 구입비 등에도 자금이 많이 소요된다. 제조 기술을 습득하는 데도 시일이 오래 걸리고, 3D 업종 중 하나로 평가되고 있다. 또한 우수한 창업 아이템이 가져야 하는 필요 요소 중 접객(接客)에도 한계가 있다. 식사 개념을 활용한 대용식 시장에서 떡이 갖는 이미지가 보편적이지 못하다는 점과, 기존 패스트푸드에 길들여진 10대들이 떡을 즐겨먹지 않는 것이 탕 외식 아이템에 비해 떨어진다는 점도 단점으로 작용하고 있다.

그러나 웰빙과 건강에 부합하는 전통 요리라는 점과 식사 대용이 가능한 점, 개발과 변화로 아름답고 먹기 좋게 변모한 점 등 시대 흐름에 발맞춘 변화는 떡 시장의 성장을 돕고 있다. 그러므로 제과점이나 유명 패스트푸드 전문점처럼 신세대와 주부를 겨냥한 차별화한 마케팅 전략으로 승부하는 것이 필요하다. 다양한 외부 재료로 제품을 개발하고 취식 방법을 다양하게 하여 간식이 아닌 주식 개념으로 소비 기호를 변화시켜야 양적인 성장이 이루어질 것이다.

떡 전문점 창업 시 유의 사항

❶ 반드시 자신의 기술로 창업하라.

창업 후 안정이 되기까지는 자신의 노동력으로 점포를 운영해야 한다. 떡 기술자들은 인건비가 비싸다. 그러므로 충분한 기술을 습득하는 것이 곧 돈을 버는 것이 된다. 떡을 만드는 기술은 전문 학원에서 배우거나 전문가에게 전수받으면 된다.

❷ 맛을 위한 노력을 게을리 하지 마라.

떡 전문점 창업 성공을 좌우하는 것은 맛이다. 대부분 소비자가 기본적인 떡 맛을 알고 있으므로, 맛이 좀 더 나아지도록 노력을 게을리 하면 안 된다. 이를 위해 소상공인지원센터의 창업 도우미 업체에 도움을 요청하는 것도 좋은 방법이다.

❸ 프랜차이즈 창업 시 본부 조사는 기본이다.

아직까지 떡은 유통 기한이 짧고 대량 생산이 어렵다는 문제점이 있다. 따라서 프랜차이즈 창업을 생각할 때는 본부의 유통 시

스템, 떡 제조 기술, 맛, 종류, 재정 상태 등을 꼼꼼히 따져 보아야
한다.

❹ 기계와 원·부재료는 신중히 선택하라.

떡 기계는 사용 기간이 길고 바꾸기가 어려우므로, 처음 선택이
중요하다. 현재 떡집을 운영하고 있는 선배들의 조언을 듣는 것도
좋다. 원·부재료도 최상의 것을 선택해야 한다. 수입산 재료를 사
용하면 맛에 차이가 날 수 있다. 재료는 최상으로, 가격은 저렴하
게 판매해야 성공률이 높다.

❺ 고객의 신뢰를 확보하라.

고객 관리의 가장 중요한 요소는 신용이다. 맛과 서비스로 지역
에서 1위 자리를 지켜야 한다. 우수한 재료 사용 원칙과 차별화된
양질의 서비스 제공 등으로 고객을 감동시키는 점포를 만들어 나
가야 한다.

인터넷이라는 것은 기본적으로 일반 오프라인과 다른 특징이 있다. 온라인 창업을 오프라인과 똑같이 생각하면 낭패를 보기 쉽다. 이에 온라인 창업에 중요한 아이템 선정하는 것과 경쟁 업체를 분석하는 방법을 국내 대표적인 오픈마켓 '옥션(www.auction.co.kr)'의 도움을 받아 간단히 정리해 본다.

아이템 선정

❶ 가장 자신 있는 아이템을 선정한다.

아이템을 선정할 때 가장 중요한 것은 자신이 좋아하고 잘 아는 업종을 택하는 것이다. 자신이 좋아하고 잘 아는 것에 대해서는 자신감이 생기고 의욕도 넘치기 때문에 일을 추진해 나가는 데 많은 도움이 된다.

❷ 유행에 어울리는 아이템을 선택한다.

장사나 사업도 살아있는 생명체처럼 항상 변한다. 과거에는 별로 인기가 없었지만, 앞으로는 성황을 이룰 사업도 있고 그 반대 경우도 있다. 사업 아이템을 선정할 때는 과거에 잘나갔던 것보다는 현재와 미래에 발전 가능성이 큰 업종을 선택하는 것이 중요하다. 새롭게 주목받기 시작하는 아이템을 찾아 다양한 매체를 살펴보고 발품을 팔면서 많은 것을 보고 느끼는 것이 좋다.

특히 주의해야 할 것은 남들이 많이 창업하고 있는 아이템은 이미 포화상태인 것이 많으므로, 막차를 타는 경우가 되지 않도록 비전을 요목조목 따져 봐야 한다.

❸ 가격에 비하여 부피가 작고 가벼운 물건을 선정한다.

인터넷 특성상 모든 상품은 배송을 해야 하기 때문에 가능하면 부피가 작고 가벼운 물건일수록 좋다. 배송비는 물건의 부피와 무게에 따라 좌우하고, 상품 부피가 클수록 보관을 위한 창고 사용 비용도 많이 들므로 유의한다.

❹ 구입하기 쉽지 않은 물건을 선정한다.

주변에서 쉽게 구할 수 없는 아이템을 선정하는 것이 좋다. 동네 슈퍼마켓만 가면 쉽게 구할 수 있는 물건이라면 굳이 온라인으로 구입하지 않을 것이기 때문이다.

반면, 많은 시간과 비용이 드는 물건은 저렴하고 편리한 오픈마켓이나 쇼핑몰에서 구입하는 경우가 많다. 예를 들면, 그 지역에서만 생산되는 특산물이나 핸드 메이드(hand made) 제품 등과 같이 주변에서 구하기 어려운 물건을 파는 것이 좋다. 하지만 비정상적인 상품은 판매가 금지될 수 있으니 이런 점을 고려하여 아이템을 선정해야 한다.

인터넷 특성상 물건을 직접 만지거나 입어보고 살 수는 없다. 그렇기 때문에 일단 물건을 받고 맘에 들지 않거나 생각했던 것과 다르면 반품하거나 구매 만족도 조사에 소비자가 '불만'을 선택하는 경우가 있다. 하지만 판매하는 물건에 표준이 있다면 소비자가 맘에 안 든다고 반품이나 불만을 나타낼 가능성을 줄일 수 있다.

만약 판매하려는 아이템 표준이 없다면 설명을 보다 구체적으로 하며 사진 등 다양한 자료를 제공함으로써 자신만의 표준을 제시하는 것이 좋다. 특히 수입상품은 우리나라와 외국의 기준 단위가 다르므로 쉬운 단위로 고객이 혼돈하지 않게 설명하는 것이 바람직하다.

온라인 창업 가운데 오픈마켓의 가장 큰 경쟁력은 많은 물건과 저렴한 가격이다. 물론, 희소성이 높은 물건은 높은 가격에 낙찰을 볼 수 있지만, 대부분 사람들이 오픈마켓을 찾는 이유는 '저렴한 가격' 때문이다.

그러므로 아이템을 선정할 때 다른 업체와 비교하여 경쟁력을 높이는 것이 매우 중요하다. 물론, 경쟁력을 높이는 것으로는 가격, 희귀성, 판매자 신용도 등 많은 요소가 있지만, 기본적으로 저렴한 가격과 희소성은 확보하는 것이 좋다.

❼ 판매 수명이 긴 물건을 선정한다.

판매 수명은 아이템 선정 시 필수 조건은 아니지만, 길면 길수록 좋다. 어렵게 아이템을 개발하고 거래처를 뚫었는데, 얼마 팔지도 못하고 수명이 다한다면 이익을 조금밖에 남기지 못할 수도 있다.

하지만 판매 수명이 짧다고 하여 반드시 좋지 않은 것은 아니다. 짧은 시간에 높은 마진으로 많은 수량을 판매할 수 있다면 수명이 짧더라도 좋은 아이템이 될 수도 있다. 특히 계절용품은 일 년 중 한 계절만 이용하므로 저렴한 가격에 구입하려는 구매자들이 많다. 이러한 물건을 아이템으로 선정했다면 반드시 재고 관리에 역점을 두어야 한다.

❽ 판매가 금지되어 있지 않은 물건

오픈마켓에서는 법적으로 판매가 금지되어 있는 것을 제외하면 모든 물건을 판매하고 구매할 수 있다.

매매 불가 품목
제조 또는 유통이 허가되지 않은 물품으로 어떠한 경우에도 매매를 해서는 안 된다. 복제품, 비매품, 불법 영상물, 허가 받지 않은 의약품, 주류, 담배, 이미테이션 물품, 군용품(총포류, 대검류), 비정상적 성인물 등이 이에 해당한다.

매매 제한 품목
물품 자체는 하자가 없으나 판매에 관한 법적 제한으로 일정한 장소와 사람에게는 판매할 수 없는 것이다. 미풍양속을 위배하는 물품, 해킹 관련 자료, 기타 유통법 저촉 물품, 경매 방식 부적합 물품(직거래, 물물교환, 역경매 방식 등)이 이에 들어간다.

시장 조사하기

❶ 경쟁 업체 분석하기

현재 등록되어 있는 물품과 판매자 정보를 분석해 본다. 판매자별로 물품 등록 수, 판매자의 판매 등급, 소비자 만족도, 판매자 수, 파워셀러(power seller)의 수 등을 조사한다. 물품 목록에서 원하는 것을 선택하면 물품 상세 설명이 나오는데, 거기에서 판매자의 신용도, 판매 등급, 소비자 구매 만족도 등을 확인할 수 있다.

❷ 시장 가격 조사하기

가격 비교 사이트나 인터넷 쇼핑몰들을 조사해 시장 가격을 알아본다. 오픈마켓 판매자뿐만 아니라 대형 쇼핑몰과 소규모 인터넷 쇼핑몰까지도 경쟁 상대이기 때문이다.

요즘 소비자들은 매우 현명하고 정보를 얻는 데 익숙하기 때문에 여러 사이트를 돌아다니며 비교하면서 쇼핑한다. 특히 오픈마켓을 찾는 고객들은 충동적으로 물건을 구매하기보다는 여러 가지 정보를 분석하고 가격을 비교하여 구매하는 특징이 있다는 점을 늘 감안해야 한다. 경매 방식으로 운영하는 오픈마켓을 찾는 소비자들은 경매로 원하는 가격에 물품을 구입하는 것에 아주 익숙한 사람이 많다.

❸ 오프라인 시장 조사

인터넷을 이용한 시장 조사가 끝났다면 오프라인 시장 조사를 하는 것이 좋다. 물론, 아이템마다 차이가 있겠지만, 상품 공급을 위한 제조 및 도매업체를 조사하여 보다 싼 값에 매입해야 판매가를 낮출 수 있고, 그만큼 이익도 늘릴 수 있다. 공급업체를 통해서 시장 조사를 하면 상품에 대한 정확하고 자세한 정보와 지식도 함께 얻을 수 있어서 상품 상세 설명을 할 때 유용하게 사용할 수 있다.

이 밖에 사진기와 스캐너를 기본적으로 구비하고, 이를 잘 활용할 수 있도록 간단한 포토샵 기능 등을 익혀 놓으면 좋다. 예전에는 제품 이미지 촬영을 대행하는 업체들도 성행하였으나, 최근에는 판매자가 직접 양질의 사진 또는 동영상을 제작, 편집하고 있는 추세를 보이고 있다. 물건을 소개하는 상세 설명과 사진과 동영상 자료를 인터넷 사이트에 올리는 것은 제품 판매를 늘릴 수 있는 필수 요소이다.

오픈마켓 창업 성공 사례

낚시터 돌면서 손전등 홍보하는 '마니아 마케팅'
옥션 손전등 판매 1위 **박세원 사장**

손전등을 팔아 월 매출 4,000만 원을 올리는 당찬 20대가 있다. 옥션에서 손전등 전문몰 '엑스라이트'를 운영하고 있는 박세원 (27, 옥션 판매자 ID : xlite) 씨가 바로 그 주인공이다. 박 씨는 옥션에서 손전등 전문 판매자로 매출 1위를 기록하고 있다.

대학교에서 전자공학을 전공한 박 씨는 2005년 4학년 때부터 창업을 생각하고 있었다. 그러나 '취업을 하지 않으면 안 되는' 분위기 때문에 다른 친구들처럼 취업 원서를 몇 군데 넣었다. 하지만 극심한 취업난으로 취직이 어려웠다.

박 씨는 다른 친구들이 취업 준비에만 몰두할 때 재빨리 온라인 창업을 하는 쪽으로 마음을 고쳐 먹었다. 대학생들이 쉽게 뛰어들 수 있다고 생각한 의류나 패션 제품은 경쟁이 심해 다른 틈새 아이템을 찾아야겠다고 생각했다.

마침 초등학교 때부터 손전등과 조명 기구를 수집했던 터라, 손전등으로 창업 아이템을 결정했다. 주변 사람들에게 조언을 구했지만 돌아오는 반응은 싸늘했다. "길거리에서 천 원 정도면 값싸게 구입할 수 있는 손전등으로 수익성 있는 사업이 가능하겠느냐?"는 반문이 대부분이었다.

그러나 박 씨에게는 확신이 있었다. 해외에서 본 고성능 손전등 제품이라면 기능이나 품질로 국내에서 충분히 성공할 수 있으리라는 판단이 섰기 때문이다.

2001년 초 박 씨는 부모님에게 손을 벌려 마련한 단돈 몇 백만 원과 저금 그리고 컴퓨터 한 대로 옥션을 이용해 손전등 판매를 시작했다. 처음에는 판매가 지지부진했다. 당시 옥션에는 1만 원 대 이하의 값싼 중국산 손전등만 있었다. 당연히 3~4만 원이나 하는 고가의 손전등이 팔릴 리 없었다.

우선 고성능 제품을 일반 소비자에게 알리는 것이 시급했다. 박 씨가 취급한 것으로는 머리에 부착하는 낚시용 전등, 위폐 감지용 전문 손전등, 클립처럼 허리에 부착하는 전등, 인라인스케이트족이 사용하도록 만든 전문 헤드랜턴 등 무궁무진한 제품군이 있다.

박 씨는 일반인이 아닌 마니아층을 공략하기로 했다. 무작정 손전등을 싸들고 직접 등산객을 찾아 나섰다. 낚시 마니아들을 찾아 전국에서 유명하다는 낚시터는 다 돌아다녔다. 이렇게 2년 정도 '발로 뛰는 마케팅'을 펼치면서 조금씩 매출이 늘었다. 고성능 손전등을 사용해 본 사람들을 중심으로 입소문이 퍼져나갔던 것이다. 레저 산업이 확산되면서 등산, 낚시 등을 즐기는 인구가 늘어나는 데다가 점점 연령대가 낮아져 인터넷을 이용하는 젊은이들도 야외에서 사용할 수 있는 고성능 전등을 찾기 시작했다.

많은 올빼미족 고객들은 밤낮을 가리지 않고 박 씨에게 문의 전화를 했다. 조금은 귀찮고 손해보는 것 같아도 친절하게 답변했다. "진실은 온라인에서도 통하더군요." 박 씨의 전문성에 감탄한 고객들은 주저없이 등산, 낚시 동호회 사람들에게 입소문을 내줬다.

그 결과, 2003년 박 씨의 사업은 월 매출 4,000만 원대로 훌쩍 성장했고, 오프라인 매장까지 내는 쾌거를 이뤘다. 소비자들의 요구가 점점 다양해지면서 박 씨는 독일 등과 같은 레저 선진국에서 사용하는 제품군을 직접 수입하기 시작했다. 손전등뿐 아니라 쌍안경, 캠핑용 나이프, 나침반 등 고급 수입 야외 제품들로 제품군을 확대했다. 박 씨가 지금 취급하고 있는 제품은 손전등, 랜턴류만 해도 2백여 개 이상이고, 야외 용품들까지 합치면 4백여 종을 훨씬 넘는다.

사업이 안정기에 접어든 지금도 박 씨는 등산업체를 방문하거나, 낚시 물품 판매점 등에 이메일을 보내 제품을 소개하여 판매를 유도하는 '마니아 마케팅'을 꾸준히 하고 있다.

박 씨의 성공 창업 조언

❶ 자본이 적을수록 자신 있는 전문 용품 시장을 노려라.

❷ 시장이 작다 생각 말고 마니아, 얼리어답터_{early adopter : 제품이 출시될 때 가장 먼저 구입해 평가를 내린 뒤 주위에 제품 정보를 알려주는 성향을 가진 소비자군}를 잡아라.

❸ 전문 용품은 발로 뛰는 마케팅이 먹힌다.

❹ 제품에 대한 열정과 전문성이 있어야 판매도 잘 할 수 있다.

❺ 얼굴을 보지 않는 온라인 특성상 2배 이상 고객에게 더 친절하게 대하라.

로드비즈니스

09

　청년 실업인구가 지난해 48만 명을 넘어서고 '취업 고시'라는 말이 생겨날 정도로 취업난이 절정에 달하고 있다. 이에 따라 상대적으로 높은 관심을 받고 있는 것이 창업이다.

　이 중 로드비즈니스는 점포보다 적은 비용으로 창업이 가능하고 운영자의 의지와 노력, 그리고 사전 준비 등이 확실하면 적지 않은 수익을 낼 수 있는 틈새시장으로 20대들에게 큰 호응을 받고 있다.

　로드비즈니스란 상거래가 점포가 아닌 길거리에서 하는 사업을 말한다. 흔히들 '노점'이라 부르기도 한다. 노점은 우리 주위에 항상 존재하며, 유통되는 아이템도 액세서리에서 먹거리에 이르기까지 그 종류만도 수백 가지 이상이다.

　그러나 로드비즈니스 창업도 만만한 상대는 아니다. 로드비즈니스 창업 자체가 대부분 불법이고, 지자체마다 거리 환경을 미화하는 차원에서 단속하고 있기 때문이다.

　하지만 이런 상황 속에서도 로드비즈니스는 적은 비용으로 창업하려는 사람들에게는 관망의 대상이다. 투자비용 자체가 적다는 것이 가장 큰 이점이다. 보통 손수레와 일부 집기를 포함하여 적게는 200만 원에서 특수 제작을 하여도 1천만 원 미만이면 창업이 가능하다.

로드비즈니스형 창업도 아이템별로 다르기는 하지만 입지가 매우 중요하다. 종로, 신촌, 명동, 이대, 성신여대, 총신대, 대학로, 노량진 등이 대표적 상권이다. 이처럼 유동 인구가 많은 곳이 창업에 유리하다. 로드비즈니스 상권은 일반 점포형 상권과는 달리 유동 인구가 많으며 잠시 요기를 할 수 있는 곳이 적합할 수 있다.

로드비즈니스의 장점은 최소 창업 자금, 현금 장사, 업종의 빠른 전환, 쉽게 고객을 찾아 이동할 수 있는 기동성 등이다. 그러나 노점상 단속과 경험 부족으로 운영이 쉬운 것만은 아니다.

'무엇(what)' 보다 '어떻게(how)' 가 중요하다

업계 관계자들의 말에 따르면 길거리 창업을 준비하는 사람들 대부분은 아이템 선정에 큰 비중을 두고 있다. 아이템만 좋으면 고객은 저절로 찾아온다는 생각 때문이다.

창업 전문가들도 아이템 선정이 창업에 가장 중요하다는 점은 인정한다. 그러나 노점 먹거리로 전통적인 음식들이 인기를 얻고 있는 점을 볼 때 길거리 창업은 생소한 것보다는 고객에게 익숙한 아이템을 선정하는 것이 유리하다고들 말한다.

특히 중요한 것은 아이템 선정보다 마케팅을 어떻게 할 것인가이다. 기존 아이템은 점포별로 경쟁이 높다는 단점이 있지만, 고객은 노점에서 주로 친숙한 먹거리와 상품을 구매하기 때문에 단점을 장점화하려는 노력이 필요하다.

이를 위해 대표적인 방법으로는 기존 상품을 업그레이드하는 것이 있다. 예를 들어, 어묵이나 호떡은 가장 인기 있는 로드비즈니스 상품들이지만, 점포수가 많아 남들과 똑같은 운영방식으로는 성공하기 어렵다. 이러한 단점을 극복하고자 일부 길거리 어묵 점포들은 어묵 안에 치즈나 떡을 넣기도 하고, 빨간 소스를 발라먹는 '빨간 오뎅' 등을 만든 후 고유한 이름을 붙이기도 한다.

호떡도 웰빙 트렌드가 확산됨에 따라 녹차 호떡, 한방 호떡 등이 개발되어 선보였다. 뿐만 아니라 깨나 호박씨를 뿌린 호떡 범벅도 등장했다. 특히 한방 호떡은 감기에 좋다는 입소문이 돌면서 건강을 중시하는 소비자 요구와 맞아 떨어져 더욱 인기를 끌었다.

길거리 창업 아이템의 절대 다수가 먹거리에 치중되어 있지만, 양말과 같은 생필품과 액세서리도 좋은 아이템으로 주목받고 있다. 의류의 일종으로 여기던 양말을 디자인과 색을 다양화시켜 고객에게 패션 액세서리로 개념을 심어준 것이다. 현재 양말은 단순한 디자인과 색을 벗어나 의상과 소품에 따라 맞추는 패션 아이콘의 하나로 자리잡았다. 그리고 상품 가격을 낮춰 소비자 부담까지 줄이자 길거리 창업의 인기 아이템으로 떠올랐다.

일반 창업보다 더욱 철저한 준비가 필요하다

보통 노점상이라고 하면 가장 영세한 장사로 여기는 인식이 팽배했지만, 최근에는 사업가 마인드를 갖춘 젊은 창업자들이 속속 길거리 창업에 뛰어들면서 운영 형태가 다양해졌다.

최근 젊은이들은 인터넷을 이용한 정보 검색과 카페 활동 등으로 길거리 창업에 대한 풍부한 정보를 얻고 있다. 나아가 관련 서적으로 전문 지식을 습득한 후 다양한 마케팅과 서비스로 성공하여 상당한 매출을 올리는 사례도 증가하고 있다.

반면, 무작정 길거리 창업을 하려는 사람들도 많다. 준비가 철저하지 않으면 한두 달도 지나지 않아 점포 유지가 어려워지고, 또다시 영세한 다른 노점 아이템을 찾는 악순환이 계속되기 쉽다.

일반 점포형 예비 창업자들은 본부를 이용해 판매와 마케팅 기법을 배울 기회가 있지만, 길거리 예비 창업자들은 전문 지식과 실력을 함양하기 전에 사업에 뛰어드는 일이 많아 위험 요소가 클 수밖에 없다. 또한 교육 기회를 마련해도 자리를 비울 수 없는 현실 때문에 길거리 창업은 특히 신중하게 결정해야 한다는 것이 창업 전문가들의 공통적인 의견이다.

로드비즈니스 성공 전략

❶ 아이템별 입지 선택을 달리하라.

❷ 계절별로 발 빠른 아이템을 선정하라.

❸ 청결을 유지하라(유니폼 · 모자 착용).

❹ 현수막 POP를 이용해 상품 특이성, 가격 등을 알려라.

❺ 노점상연협회와 연계하라.

❻ 한 달에 1~2회 정도는 특정 지역 상권을 다니며 정보를 수집하라.

이동 차량 창업

이동 차량 창업 아이템도 시대가 변하면서 다양해지고 있다. 사진은 이동식 횟집의 모습이다.

로드비즈니스의 하나인 이동 차량 창업은 노점 창업에 비해 자본이 많이 드는 단점이 있는 반면, 고객을 직접 찾아 나서며 다양한 아이템을 활용할 수 있다는 장점이 있어 최근 새롭게 각광받고 있다.

이동 차량 창업은 과거에는 이동식 우동 전문점이나 커피 전문점 등을 중심으로 성행했지만, 최근에는 이동식 횟집까지 등장할 정도로 아이템이 다양해지고 있다.

이동 차량을 이용하여 창업할 때에는 시각적, 기능적으로 튀는 아이템을 선택하는 것이 성공을 위한 필수 요건이다. 이동 차량 장사는 고객을 찾아가는 것이지 기다리는 것이 아니므로, 그만큼 고객의 눈길을 사로잡는 아이템과 상품 진열이 필요하다. 또한 고객을 기다리는 수동적인 자세를 버리고 능동적으로 직접 찾아 나서야 한다.

체면을 과감히 던져 버리는 용기도 필요하다. 20대와 30대의 가장 큰 장점은 젊음과 과감성이다. 성공을 바란다면 체면이나 남의 시선을 의식하지 않아야 한다. 창업은 꿈을 위해 뛰는 것이다. 남들에게 보여지는 체면 등은 창업 성공에는 하나도 도움이 되지 않는다.

　고객의 소비 욕구를 활용한 마케팅도 필요하다. 고객들에게 직접 상품을 만져 보고 눈으로 확인하게 하는 등 여러 가지 방법을 동원하여 구매하려는 욕구를 즉흥적으로 이끌어내야 한다. 상품이 신선하고, 먹음직스러우며, 가치가 있어 보일 때 고객의 소비 욕구는 커지기 마련이다.

　아직까지는 우리나라에 법적 조치가 마련되어 있지 않아 이동 차량 창업 등 길거리 창업을 꺼릴 수도 있다. 일부에서는 불법이라고 문제 제기를 하기도 하지만, 미국이나 일본 등에서는 이미 합법화된 업종이다. 머지않아 우리나라도 길거리 창업이 합법화되고 활성화될 것으로 전망한다. 그러므로 틈새와 상권을 이용한 아이템 선정과 마케팅을 한다면 차량을 이용한 창업 시장은 더욱 커질 것으로 보인다.

이동 차량 창업 성공 전략

❶ 시각적, 기능적으로 튀는 아이템을 선택하라.

❷ 고객의 충동 구매 욕구를 자극하는 마케팅을 하라.

❸ 초보자도 쉽게 할 수 있는 아이템을 고르라.

❹ 고객의 눈길을 사로잡을 수 있도록 상품을 진열하라.

❺ 체면을 버려라.

상품을 극대화하는 인 · 아웃테리어

전 모 씨는 저녁 7시쯤 여자 친구와 이탈리아 요리 전문점 L을 방문했다. 입구에는 이미 많은 사람들이 좌석 배정을 기다리고 있었다. 30분 정도 기다려야 한다는 안내 직원의 말에 둘은 어떻게 해야 할지를 의논했다. 전 씨는 기다리는 시간이 너무 길어 다른 곳으로 갔으면 좋겠다고 했으나, 여자 친구는 밖에 나가서 헤매도 그 시간은 걸릴 것이라며 전 씨의 의견에 반대했다. 덧붙여 이곳 분위기가 마음에 들어 기다릴 가치가 있다고 했다. 결국 그 둘은 이곳에서 저녁 식사를 하였다.

이탈리아 요리 전문점 L에는 고객의 발길을 잡는 인테리어 구성 요소가 많다. 포인트는 이탈리아의 오래된 성을 연상시켜 현지에 와 있는 듯한 느낌을 주게 하는 것이다. 이 점을 중심으로 인테리어에 강약의 힘 조절을 잘 활용했다는 평을 주변에서 받고 있다.

눈에 잘 띄는 매장 중간은 높은 천장까지 이어지는 입체 벽면을 만들었다. 그리고 웅장함과 세련미를 더하기 위해 수백 개의 와인 병을 진열했다. 이에 반해 중심에서 먼 쪽에는 특별실을 만들어 독립성을 부각시켰다. 룸 형태의 이 공간은 고객의 사생활 보호에 중점을 두었다.

창가, 홀, 룸 형태 등의 각기 다른 공간은 이탈리아 풍의 빈티지 스타일을 연출해 통일성을 주었다. 조명은 전체적인 안정감을 유지하고자 어둡게 했다. 그러나 음식이 돋보여야 하므로 테이블마다 간접 조명과 플로팅 양초를 이용했다. 이러한 인테리어는 고객의 심미적 욕구를 채워주는 역할을 한다. 이것은 비용 지불에 대한 합리적인 이유를 단적으로 제공해 주는 대목이다.

상업적인 공간의 인테리어가 추구하는 최종 목표는 취급 아이템의 가치를 극대화하는 데 있다. 인테리어는 기능적으로는 편리함을 제공하고 심미적으로는 예술적 만족감을 느끼도록 해야 한다. 이때 주의할 것은 일정 공간 안에 통일된 이미지를 연출해야 한다는 점이다. 유행을 잘 타는 디자인, 소재, 소품 등을 중구난방식으로 진열하지 말아야 한다. 색상은 상품이 눈에 띌 수 있도록 적은 수를 사용한다.

화려한 상품이라면 배경을 단순하게 하거나 낮은 채도로 구성하는 것이 바람직하다. 조명은 전체적인 분위기를 주도하여 상품 구매 욕구를 자극시키므로, 간접조명, 양초, 포인트 조명 등을 이용하는 것이 좋다. 외식업은 음식 색깔에도 신경 써야 하므로 조명을 너무 어둡게 하는 것은 좋지 않다. 의류 매장은 적당히 밝고 은은한 조명이 구매율을 높이는 효과가 있다.

아웃테리어가 돋보이는 모 치킨 전문점은 외관을 테이크아웃 카페를 연상하도록 디자인했다. 아울러 고급스러운 목재로 외장 마감을 하고 폐쇄적이었던 주방을 오픈시켜 밖에서 조리하는 과정을 볼 수 있게 했다. 그 결과 지나가는 행인의 눈길을 붙잡는 효과를 얻고 있다. 또한 익살스러운 캐릭터를 크게 내걸어 친근감을 더함으로써 타 치킨 전문점에 비해 개성적이면서도 고객들의 인식에 오래 남는 요소를 지녔다.

이상과 같이 인·아웃테리어는 간접적인 홍보 효과를 극대화한다. 1차적으로는 충동 방문을 일으키게 하며, 2차적으로는 기억과 감성에 의해 재방문율을 높인다. 특히 외식업은 맛과 친절 서비스 그리고 분위기의 힘 조절을 균등하게 해야 한다. 소비자들이 한 가지만 만족해서 매장을 방문하던 시대는 이미 지났다.

인테리어의 정의

인테리어란 인간이 사용하는 실내 공간을 아름답고 능률적이며 효율적인 공간으로 창조해 내는 계획이며, 실행 과정으로 그 결과를 알 수 있다. 다시 말해, 주어진 공간을 디자인 하되 목적과 요구를 충족하면서 개성 있고 아름다운 공간을 창조하는 행위를 말한다. 이를 세대별 성향으로 분석하면 10대들은 사이버틱하거나 퓨전 스타일을 추구하는 경향이 높다. 20대들은 모던함과 미니멀리즘minimalism : 되도록 소수의 단순한 요소로 최대 효과를 이루려는 사고방식으로 깔끔함과 심플함, 그리고 컬러풀한 감각적 공간을 선호한다. 30대들은 일반적으로 네오클래식(neo classic), 내추럴, 모던함을 추구하며, 경제적 안정감을 원하는 세대인 만큼 안정적인 목재 느낌이나 베이지 색상을 선호한다.

고객의 '0.3초' 가 구매 심리를 사로잡는다

점포형 창업에서 고객의 구매 심리를 자극하고 서비스의 재화를 더욱 맛깔스럽게 구성하여 다양한 고객의 욕구를 충족시키는 접객력 중 제 1순위가 인테리어와 아웃테리어라고 해도 지나친 말이 아니다.

하지만 주 소비자들의 취향과 구매력 키워드를 집중 분석하지 않고는 고객에게 초점을 맞추는 인테리어를 구성하기가 쉽지 않다. 고객의 눈높이가 곧 인테리어의 생명임을 직시하며, 고객의 심리적 동선을 파악하여 소비의 접점을 찾도록 끊임없이 노력해야 한다.

❶ 인테리어 요령

가. 주제에 맞게 구성한다.

판매 제품이 무엇인지를 고객들이 파악하기 쉽게 색상, 조명, 시설, 설비, 이동 동선 등을 재화의 서비스 영역에 맞출 수 있도록 주제를 설정해야 한다.

나. 대표적 시계를 확보한다.

무엇을 판매하는지를 한눈에 파악할 수 있는 대표적 시각 접점은 필수 요소이다. 작은 것 하나도 철저히 하는 소품 관리가 중요하다. 판매 재화를 이용하거나 호환되는 단품을 이용하는 시각적 소품 관리는 매장을 흥미롭게 만든다.

다. 디자인과 편리성을 함께 추구한다.

최근 인테리어 경향은 젠 스타일(ZEN Style)이 유행한다. 젠 스타일이란 복잡함을 배제한 깔끔함, 편리함을 주제로 하는 구성을 말한다.

라. 고객에게 흥미 거리를 제공한다.

단순히 판매나 서비스의 목적만을 위한 인테리어는 고객의 흥미를 반감시킨다. 다양하고 흥미로운 요소가 인테리어 안에 스며있어 구매하면서 재미를 느낄 수 있도록 해야 한다.

❷ 아웃테리어 요령

소비자들의 구매 심리를 단적으로 보여주는 조사 결과에 따르면, 고객이 구매를 결정하는 제1단계인 흥미 유발(동기 부여) 시간은 겨우 0.3초라고 한다. 0.3초 동안의 시각적 차별화가 곧 매출을 결정하는 요소라고 말할 수 있다. 고객의 시각과 기대 소비 심리를 충족시키기 위해 최근 강조하고 있는 것이 아웃테리어이다.

아웃테리어란 매장 밖 외부 인테리어와 간판을 총칭하는 것이며, 구매 심리를 자극하는 제일 접점이다. 따라서 판매업에서는 어느 부분보다도 그 중요성을 강조하고 있다.

가. 간판을 판매 재화나 서비스를 잘 알리며 아이템과 어울리는 것으로 하고, 공간(벽, 기둥, 2층과의 공간, 상가 처마)을 최대한 활용하며, 고객의 심리를 움직일 수 있는 색상, 조명, 시설 등으로 인테리어를 구성한다.

나. 신소재에 도전한다. 주변을 둘러보라. 대부분 갈바, 파나플렉스, 아크릴 MDF, 목재 등으로 구성된 아웃테리어는 요즘 소비자의 시선을 끌지 못한다. 신소재를 이용하여 차별성을 두어야 소비자를 끌어들일 수 있다.

다. 이미지 연결 접점은 인테리어 재질과 조명, 그리고 판매 재화의 이미지와 연결시켜 표현할 수 있는 내용으로 구성한다.

온라인을 활용하라

온라인 쇼핑몰에서 디지털 제품을 판매하는 김대중(31) 씨는 연매출이 10억 원에 이른다. 김 씨의 성공 요인은 인터넷 홍보 마케팅이라 할 수 있다.

김 씨는 고객이 제품 정보를 수집할 때 마음에 두었던 상품이 수록된 '홈페이지'를 먼저 방문한다는 사실을 눈여겨보았다. 홈페이지에 정확하고 신뢰할 만한 정보가 없다면 고객은 단 30초도 머무르지 않는다.

김 씨는 고객을 끌기 위해 풍부한 제품 정보, 깔끔한 이미지 사진, 짜임새 있는 구성 등으로 고객 '유인 장치'를 갖췄다.

또한 홈페이지 게시판에 올라온 질문은 성의 있게 답변하여 고객과 피드백(feedback)을 유지했다. 물론, 고객이 요구하는 개선점에 대해서는 능동적으로 해결책을 제시했다. 충분한 제품 사진 자료는 고객에게 신뢰를 심어주었다. 김 씨의 창업 성공은 홈페이지의 밀도 있는 구성과 객관적이고 전문적인 시각으로 분석된 정보만이 고객의 지갑을 여는 열쇠가 된다는 사실을 최대한 반영해 성공한 사례이다.

오피스텔 매장 형태로 붙임머리 전문점을 오픈한 곽영호(30) 씨는 홍보 방법을 찾는 데 고심했다. 많이 알려진 브랜드가 아니었고, '붙임머리' 자체 수요도 당시 확산 단계에 있었기 때문이다. 절반 이상 저렴한 가격과 월등히 향상된 품질로 서비스하여 경쟁력은 컸지만, 점포 '노출'이 문제였다. 곽 씨는 고민 끝에 목표 연령층이 온라인에 익숙하다는 점에 초점을 맞춰 온라인 마케팅에 집중했다.

곽 씨는 우선 블로그나 지식인 서비스 등에 적극적으로 참여해 홈페이지로 고객을 유도한 후 이를 실제 매장 방문으로 이어지도록 했다. 본사에서는 여러 가지 할인 쿠폰을 사이트에 올려 고객이 사용할 수 있도록 지원했다. 신제품 출시나 연말연시 등 시기에 적합한 이벤트도 적절하게 이용했다. 박 씨의 경우와는 다르지만 고객이 수시로 홈페이지를 찾아 이벤트를 챙겨야 하는 수고스러움을 덜어주기 위해 이메일로 이벤트를 공지하는 미용실도 있다.

이처럼 최근 소비자들은 마음에 두고 있는 특정 브랜드가 없을 때도 온라인 정보를 적극적으로 활용한다. 이러한 불특정 고객들을 단골로 만드는 것이 온라인 홍보라 할 수 있다.

지속적인 매출이 가능하게 하려면 '온라인 고객 관리'도 필요하다. 고객의 생일을 챙기고, 소식지 개념의 메일링 서비스를 하면 더 많은 고객이 매장을 재방문한다. 작은 것까지 챙기는 세심함도 고객의 마음을 움직이는 온라인 마케팅에 중요한 요소이다.

다시 한 번 말하지만, 아무리 좋은 상품이라도 고객에게 노출되지 않으면 직접 판매되기 어렵다. 홍보 마케팅으로 판매하려는 상품이 무엇이고, 어디서 구입할 수 있는지, 왜 필요한지를 고객에게 적극적으로 알려야 한다. 특히 거의 모든 정보를 총망라한 온라인 홍보는 인터넷과 현대인의 관계가 가까워지면서 더욱 중요해졌다.

최근 소비자들은 갖고 싶은 물건을 충동적으로 구입하던 것에서 벗어나 온라인으로 충분히 사전 조사를 한 후에 구매하고 있다. 이에 따라 양질의 상품을 다루는 점포들이 고객에게 노출되기 위한 다양한 홍보 마케팅을 온라인상으로 구사하고 있다. 노출과 클릭수가 올라갈수록 매출 상승도 눈에 띄게 증가하기 때문이다.

사진 한 장이 매출을 좌우한다

물건을 눈으로 보여줄 수 없는 인터넷 판매의 특성상 사진은 제품을 시각적으로 보여주어 직접 매출로 연결하는 매우 중요한 요소이다. 의류는 사진 품질에 따라 매출이 최대 2~3배까지 차이가 난다는 판매자들의 증언도 있다.

옥션에서 욕실 용품을 판매하는 안준용(32) 씨는 월 100만 원이 채 안 되는 판매량에 고민하다가 사진 편집 교육을 받았다. 그 후 제품을 다시 사진으로 찍어서 올렸더니 한 달 만에 무려 월 1천만 원의 매출을 올렸다. 메탈 소재의 광택을 잘 살려야 하는 수도꼭지를 실내에서 찍었을 때에는 얼룩덜룩해 보였지만, 반사판과 조명을 이용한 스튜디오에서 찍었을 때에는 보기에도 확 차이가 났다. 8개월 동안 오르지 않던 매출액이 사진 한 장으로 눈에 띄게 올라갔다.

　가전제품, 핸드폰, 화장품 등과 같이 디자인이 거의 비슷한 제품 보다는 의류, 잡화, 액세서리, 인테리어용품 등과 같이 디자인이 구매에 직접적 영향을 미치는 제품을 광고할 때 더 높은 사진 촬영 기술이 필요하다. 식품도 의외로 사진이 중요하다. 같은 제품을 파는 경쟁자가 많으면 제품 종류에 관계없이 사진이 경쟁 포인트가 된다.

까다로운 제품 사진 찍기 : 의류, 시계, 선글라스

❶ 의류는 모델이나 마네킹을 활용한다.

　모델이 실제로 옷을 입고 찍은 사진은 구매욕을 자극한다. 모델 이 없다면 마네킹을 활용한다. 제품과 모델의 신체 사이즈를 함께 공개하면 고객이 자기 치수와 비교해 볼 수 있다. 옷걸이는 제품의 세부 디자인이나 소재를 강조할 때 활용한다.

조명을 낮추고 검정색 반사판으로 빛을 흡수 하여 광택이 훨씬 선명 하도록 촬영했다.

❷ 시계, 액세서리, 식기, 핸드폰 등 금속 제품은 광택 표현이 판매 관건이다. 조명을 낮추고 검정색 반사판으 로 빛을 흡수하면 제품 광택이 훨씬 선명히 보인다.

❸ 선글라스, 유리병에 담긴 식품처럼 빛이 반사되기 쉬운 제품은 은은한 조명으로 상품의 양쪽 끝을 비춰서 찍어야 한다.

촬영 제품 구입 요령과 관련 교육

집에서 직접 스튜디오를 꾸미려면 조명 스탠드, 흰 종이, 우드락 반사판 등을 이용할 수 있다. 굳이 비싼 배경지를 색상별로 구입하기보다 색깔셔츠, 다리미판, 커튼 등을 활용할 수도 있다.

그러나 보다 전문적인 사진을 찍고 싶다면 사진 스튜디오 세트를 구입하면 된다. 옥션에 보면 5~17만 원이면 스튜디오 세트를 구입할 수 있다. 사진 촬영, 이미지 편집 교육도 받으면 쓸모가 크다.

단골 고객의 네트워크까지 확보하라

창업에서 고객 한 사람 한 사람이 가진 힘은 대단하다. 특히 고객이 단골이 되면 시너지 효과를 톡톡히 볼 수 있다. 단골은 순수 우리말로 '늘 거래하던 관계나 그런 사람'을 뜻한다. 이들은 매장을 자주 방문하는 것은 기본이고, 주위 친구, 가족 등을 끌어들여 사장을 기쁘게 한다. 창업자는 고객 한 사람을 확보하면 그가 형성해 놓은 인맥 네트워크망까지 넝쿨 채 얻을 수 있다.

직장인 이장희(31) 씨는 모 해물퓨전포차 전문점을 자주 찾는 단골이다. 처음에는 살도 안 찌고 건강에 좋은 해물요리 전문점이라 호기심에 방문했다. 한국, 중국, 일본식 해물 요리는 그가 제일 선호하는 것이다. 이제 그는 일주일에 한 번 이상 그곳에 발도장을 찍게 되었다.

이 씨는 "맛 좋은 요리와 레스토랑에서 받아봄직한 친절한 서비스, 사장님의 한결같은 기억력과 매너 때문에 이곳을 찾게 된다."며 "직장 회식, 동호회, 친목회 등을 할 때도 적극 추천해 함께 즐기는 곳이 됐다."고 말했다.

이 씨가 찾는 해물퓨전포차 전문점은 고객의 입소문 효과를 톡톡히 보고 있다. 이 씨가 동행하지 않더라도 같이 왔던 측근들이 자연스럽게 이곳을 방문한다고 한다. 점장은 그 고객들한테도 반가운 기색과 함께 특별한 서비스를 선보여 단골을 만들었다. 방문하는 고객 중 절반 이상이 이런 방식으로 단골이 되었다. 점장은 고객을 대할 때 프로다운 다양한 전략을 발휘했다. 그 결과 짧은 시간 안에 빠른 성장을 이루었다. 그 비결은 다음과 같이 요약할 수 있다.

첫째, 매장 콘셉트에 걸맞은 상품에 충실한다.

앞에서 말한 매장은 슬로건인 아시아 삼국 해물퓨전포차의 이미지를 살리는 데 중점을 두었다. 그리고 해물요리에 차별성을 주어 전문점의 장점을 살렸다. 요리 방식도 각 나라의 전통적인 방법을 고수해 현지 맛을 그대로 느낄 수 있게끔 했다. 웰빙 시대의 트렌드와 잘 맞아 여성 마니아층을 쉽게 형성했다는 평을 얻고 있다.

둘째, 인·아웃테리어 등 시설 경쟁력에서 우위를 차지한다.

아무리 소비자들이 많이 붐비는 상권이라 해도 흥망이 있기 마련이다. 앞에서 말한 해물퓨전포차는 시설 면에서도 어느 입지조건에서도 성공할 수 있는 경쟁력을 갖췄다. 호기심을 유발시키기 위해 삼국의 전통성을 연출한 인테리어를 섹션별로 나누어서 기호에 따라 선택할 수 있는 재미가 있다. 주점은 분위기가 중요하니만큼 그 이유 하나만으로도 단골이 될 수 있게끔 했다.

셋째, 매장 사장이 갖춘 개인적인 경쟁력을 고객들한테 최대한 어필했다. 사장은 레스토랑 경력만 10년이 넘는다. 그때 익힌 서비스 정신과 요리에 대한 남다른 프로 정신이 단골을 만드는 데 일등공신이 되었다. 사장은 항상 깔끔하게 정장을 차려입고 문 앞에서 직접 고객을 맞는다. 이때 큰 소리로 인사하면서 고객과 눈을 맞춘다. 서빙을 할 때도 빠른 속도와 정확성을 유지하기 위해 신경 쓴다. 이런 서비스를 받은 고객의 만족감은 극대화될 수밖에 없다.

고객의 만족감은 곧 입소문으로 이어지므로, 서비스는 창업할 때부터 끊임없이 노력해야 하는 과제다. 또한 창업자는 자신이 가지고 있는 장점과 특기를 살릴 수 있어야 한다. 타인의 성공 요소가 참고는 될 수 있어도 자신에게 100% 맞을 수는 없기 때문이다. 요즘은 프로슈머를 적극 활용해 충성 고객을 만드는 기업도 늘고 있다. 상품과 서비스 기획 단계에 고객의 참여를 이끌거나 평가단으로 활용하여 체험의 기회를 제공하고 있다. 고객에게 지속적으로 대화하며 관심을 가지면 실질적인 매출로 이어지기 마련이다.

시즐(sizzle) 효과로 고객을 유인하라

TV 시청을 하다보면 음식이나 맥주 광고가 유난히 자극적이다. 찌개가 보글보글 끓는 소리, 무엇인가를 후루룩 들이마시는 소리, 맥주병을 따는 소리, 목이 탈 때 꿀꺽꿀꺽 음료수를 마시는 소리 등 음향도 다양하다. 시청자는 화면만 보고 있어도 자신이 무엇인가를 먹고 있는 듯한 착각에 빠지다가 결국에는 유혹을 이기지 못해 구

시즐효과 - 완성되기 전의 푸짐한 메뉴가 1차로 직접 끓는 과정을 보여줌으로써 식욕을 더 북돋아준다.

매까지 하게 되는 경우가 많다.

이런 결과를 낳는 것을 시즐(sizzle) 효과라고 한다. 시즐은 고기 구울 때 나는 소리 지글지글의 영어 표현으로, 제품의 핵심 포인트가 될 만한 소리나 시각 등을 활용하는 기법을 말한다. 시즐 효과는 미국의 엘마 호일러가 제창한 이후로 광고 · 마케팅 분야에 적극 이용되어 왔다.

시즐 효과의 활용도가 제일 높은 업종은 '바비큐' 와 '김밥 전문점' 이다. 이러한 곳은 대부분 조리 공간을 매장 맨 앞에 만들어 지나가는 고객의 시선을 사로잡는다. 모 곱창 전문점은 굽는 시설을 아예 매장 밖에 설치해 냄새와 시각 등으로 고객을 유인한다고 한다.

데코바비큐

바비큐 전문점들이나 치킨 전문점들은 쇼윈도 앞을 오픈 주방으로 만들어 소비자의 눈을 사로잡고 있다. 오픈 주방에서는 1차로 초벌 구이한 고기를 직화로 2차 구이 하는 모습을 생생하게 보여준다.

창업 전문가들은 "고객들은 눈으로 직접 조리 과정을 보면 구매 욕구가 더 커진다."며 "오픈 주방은 위생적인 면에서 오히려 신뢰도를 얻고 전문성을 어필하는데 수월하다."고 말했다.

시즐 효과를 얻기 위해 최근에는 청각적인 면을 부각하는 조리 도구가 가장 많이 활용되고 있다. 철판 접시는 철판을 뜨겁게 달궈 그 위에 각종 메뉴를 올려놓으면 '자글자글' 하는 소리를 낸다. 음식이 끓는 소리는 기다리는 고객에게는 청각적 효과를 배가시켜 식욕을 돋우는 역할을 하고 있다.

시즐 효과를 극대화하려면 다음과 같은 3가지를 미리 염두에 두어야 한다.

첫째, 상품의 핵심 포인트를 먼저 파악한다. 상품의 장점과 특징을 쉬우면서도 강하게 어필할 수 있는 데 중점을 둔다. 그렇지 않으면 오히려 시즐 효과가 고객이 제품을 각인하는 데 방해될 수 있다.

둘째, 고객에게 느낌을 강요해서는 안 된다. 매장에서 시각, 청각, 촉감 등을 마케팅으로 활용하되 고객의 상상에 맡겨야 한다. 고객이 감성에 자극을 받아 재방문이나 재구매를 할 수 있게끔 유혹하는 역할만 해야 한다. 창업자는 당장 효과를 기대하기보다는 여유로운 마음으로 기다릴 줄도 알아야 한다.

셋째, 시즐 효과를 이용한 마케팅은 1~2개가 적당하다. 한 매장에서 여러 가지 감각을 자극하는 마케팅을 접목하면 고객들은 혼란에 빠지게 된다. 심지어는 거부 반응까지 일으킬 수 있다. 1~2개만 이용하여 기억에 남을 수 있게끔 하는 것이 수익을 올리는 데 훨씬 효과적이다.

불필요한 경비는 절감하라

매출이 꽤 높은 편인 A매장. 그러나 창업자는 고민이 있다. 매출액에 비해 새는 돈이 많아 순이익은 형편없이 낮기 때문이다. 밤잠

설치며 노력했던 것이 허무할 뿐이다. 그동안 매출 올리는 일에만 정신을 쏟았지 비용을 줄이는 일은 등한시했다. 그에게는 지금 경비 발생을 줄이는 일이 가게 운영의 제1과제가 되었다.

경비 발생이 가장 많이 되는 부분은 재고, 인건비, 공과금 등이다. 재고는 경제적 가치가 있는 모든 것의 저장을 가리킨다. 재고를 보유하는 이유는 언제 생길지 모르는 경제적인 발주와 불확실한 것에 대처하기 위해서이다. 보유는 비용이 발생하므로 이익과 비용의 균형을 유지하는 적정한 수준으로 관리해야 한다.

재고 보유의 손실을 고려해 재고 관련 총비용을 최소화할 필요가 있다. 이 항목은 작은 규모로 하는 창업에서 자칫하면 쉽게 지나쳐갈 수 있는 부분이다. 그러나 외식업은 재고 관리에 더욱 신경써야 한다. 식재료들이 상하면 큰 손실이 일어날 수 있기 때문이다. 재고를 남기기 전에 유통 기한에 대한 정확한 이해와 회전율을 미리 파악해 손실을 줄여야 한다. 이미 식재료들이 상해서 버려야 한다면 일단 사진을 찍어둔다. 그러면 세금 계산 시 '재고자산폐기 손실'로 인정돼 비용처럼 처리할 수 있다.

인건비를 줄이려면 창업 시 테이크아웃이나 셀프형으로 업체 형태를 변환시키는 것을 고려할 수 있다. 고객이 직접 노동력을 투입하는 대신 상품 가격을 저렴하게 하는 식이다. 일부 매장에서는 과감한 테이크아웃 형태를 도입하기도 한다. 이미 3~4년 전에 시작된 테이크아웃 열풍은 커피를 넘어 치킨, 피자, 국수에 이르기까지 다양한 식품에 번져나가고 있다.

마지막으로 공과금, 전기세, 물세, 전화세 등 매달 납부해야 하는 비용을 줄이는 것이다. 쓰는 만큼 비용이 들어가기 때문에 이

부분을 많이 내지 않으려면 절약하는 수밖에 없다. 이미 많은 비용이 발생이 했다면 부가가치세를 환급받는 방법도 있다.

세무법인 정상 성해용 세무사는 "부가세를 환급받으려면 한국전력공사나 한국통신공사에 미리 사업자등록증을 제출하여 확인시켜야 한다."며 "나중에 발행된 고지서는 세금계산서처럼 쓰일 수 있다."고 설명했다.

평소 매장을 운영하는 데 너무 많은 경비가 들어갔다면 원인을 분석해야 한다. 이를 위해 한 달 동안 지출한 비용을 모두 기록해 지나친 부분을 체크한다. 그 다음에 실천 가능한 세부 사항을 결정한다. 세부 사항을 결정하면 꼼꼼히 목록을 작성해 매장 안에 놓는다. 눈에 띄는 곳에 두어 가끔씩 확인하는 것이 좋다. 비용을 줄이는 일은 당장 눈앞에 보이지 않기 때문에 평소 실천 여부에 달려 있다.

인건비 절감하고 소자본 창업 가능한 테이크아웃을 고려하라

경영학에는 '규모의 경제'라는 말이 있다. 매출이 많은 가게는 어느 정도 규모가 있기 마련이라는 뜻이다.

그러나 창업 시장에서는 테이크아웃이 초보 창업자와 여성들이 창업하기 좋은 아이템으로 사랑받고 있다. 음식을 들고 다니면서 먹거나 집으로 가져가는 특성 때문에 다른 업종처럼 매장 규모가 클 필요가 없는 데다 인건비도 줄일 수 있기 때문이다. 창업 비용이 4,000~6,000만 원대로 그리 크지 않은 것도 매력적이다.

테이크아웃 아이템은 커피, 김밥, 토스트 등이 주류를 이루었지만, 최근에는 자장면, 피자 등 다양한 제품으로 확산되고 있다. 구매 잠재력이 큰 10~20대를 공략할 수 있어 사업 전망도 밝은 편이다.

다른 업종도 그렇지만 테이크아웃점을 개업할 때 성공 열쇠는 브랜드 못지않게 상권과 입지에 있다. 역세권, 대학가, 사무실 밀집 지역 등 유동 인구가 많은 곳에 자리 잡아야 창업 성공에 유리하다.

또한 주변에 유동 인구가 얼마나 많은지, 경쟁 점포는 몇 개가 있는지, 예상 매출액은 어느 정도 기대할 수 있는지 등 상권 분석에 필요한 여러 자료를 챙겨야 한다.

'테이크아웃' 점포가 매출을 올리는 데는 무엇보다 유동 인구가 생명이다. 그리고 맛, 브랜드 파워가 그 다음으로 중요하다. 브랜드 파워가 약간 떨어지더라도 맛이 뛰어나면 승부할 수 있다.

유동인구 못지않게 테이크아웃 매장의 성패를 좌우하는 요소는 홍보 활동이다. 규모가 작아도 한 눈에 들어오도록 매장을 꾸미면 홍보 효과까지 얻을 수 있다. 전단지나 생활정보지를 이용해 알리는 방법도 효과적이다.

이 외에도 매장 주변에 경쟁력 있는 점포가 몇 개나 더 입점할 가능성이 있는지도 알아내야 한다.

홍보의 꽃, 이벤트를 이용하라

술 약속이 빈번한 31살의 직장인 김 씨. 오랜만에 거래처가 아닌 친구들과 만나기 위해 이수역 근처를 찾았다. 그는 편안하면서도 즐겁게 시간을 보낼 수 있는 곳이 필요했다. 이수역 근처는 젊은 층들이 많이 모이는 상권이라 퓨전요리주점, 생맥주 전문점 등 다양한 주점들이 즐비하다. 그는 다음과 같은 몇 가지를 생각했다.

첫째, 직장 스트레스를 날리고 친목 도모에 어울리는 분위기인가? 둘째, 비슷한 가격대라면 선물 증정이나 이벤트 행사를 하는 곳인가? 셋째, 신선하고 이색적인 아이템으로 창업했는가?

그러던 중 눈에 띄는 한 곳을 발견했다. 그곳은 종종 이벤트를 벌이고 있었다.

고객들은 홍보 이벤트 행사에 약하다. 이벤트는 매장 방문을 유도하는 가장 자극적인 방법으로 고객에게는 즐거운 마술쇼를 관람하는 것과 상통한다. 업체 상술이라고 이미 알고는 있지만, 이벤트 행사로 즐거운 착각에 빠질 수 있기 때문이다. 이벤트 행사에 참가하다 보면 결국에는 투자 대비 높은 만족도를 느끼면서 단골이 될 수 있다.

이벤트 행사는 홍보의 꽃이라 불린다. 특히 회원을 모집하는 업종에서 그 효과가 극에 달한다.

모 피부 관리 전문점은 매년 방학, 졸업과 입학 시즌에 맞춰 무료 체험 이벤트를 했다. 그 결과 무료 체험을 한 여학생들은 70% 이상이나 정기 회원으로 가입했다. 고객은 이러한 행사를 서비스를 테스트하는 기회로 삼는다. 이때 가격과 서비스 등의 요소까지 고려해 회원 여부를 최종 결정하도록 한다.

그렇다면 이렇게 중요한 이벤트 행사를 어떤 식으로 치를 것인가에 대해 진지하게 고려하지 않을 수 없다. 다음과 같은 몇 가지 사항을 유념해야 할 것이다.

첫째, 모든 이벤트 행사는 업체 문화를 전파하므로 고객으로 하여금 공감대를 형성해야 한다. 어느 한쪽에 일방적으로 치우치지 않는 범위 안에서 이벤트를 해야 한다.

둘째, 즐거움과 재미를 줄 수 있어야 한다. 현재 유행하고 있는 트렌드를 충분히 반영해 이목을 끌어야 한다. 트렌드는 감성 마케팅의 일환으로 빠져서는 안 될 중요한 요소이다.

치킨 전문점 홍보 - 한 치킨업체가 신메뉴 출시를 앞두고 서울 시내에서 홍보 행사를 벌이고 있다.

셋째, 남들이 하지 않은 신선하면서도 튀는 아이디어를 선택해야 한다. 고객의 눈에 일단 띄어야 하는 것이 주목적임을 명심해야 한다.

넷째, 고객의 이익을 반영하고 공익적인 요소를 가미해야 한다. 고객은 이벤트로 얻는 것이 있어야 한다. 눈에 보이는 선물 증정도 좋지만 마음으로 느끼는 서비스도 이에 해당한다. 공익을 반영하는 '불우이웃돕기' 행사는 이미지 고취를 위한 좋은 예이다.

다섯째, 시너지 효과를 발휘할 수 있는가를 따져보아야 한다. 이벤트가 벌어지는 동안에만 매출이 높고 바로 거품이 가라앉는다면 안 하는 것만 못 하다.

이벤트 행사 홍보는 고객과 하는 큰 규모의 대화이다. 신선한 아이디어와 열정으로 양자 모두 이익을 창출해 내야 진정한 효과를 얻을 수 있다.

제5장 ● 마케팅이 생존 전략

마케팅이 생존 전략

창업 시장은 업종마다 각종 아이템으로 포화 상태를 이루고 있다. 저마다 아이템들이 차별성을 내세우고 있지만, 고객의 반응을 이끌어 내는 아이템은 극소수에 지나지 않는다.

창업 전문가들은 불황 극복 첫 번째 대안으로 마케팅을 이야기한다. 가격 결정, 사이드 메뉴, 소품, 음악 등 고객을 붙잡아 지갑을 열게 하기 위한 가장 유용한 수단 중 하나이기 때문이다. 비록 매장이 작고 가격대가 낮더라도 마케팅을 알고 실천해야 살아남을 수 있다.

복고 · 웰빙 마케팅

품질을 높이고 추억을 자극하라

복고 마케팅은 소비자들의 추억과 아날로그적 감성을 자극해 소비를 늘리는 감성 마케팅의 하나이다. 최근에는 식음료 부문에서 복고 마케팅 바람이 강하게 불고 있다. 많은 업체가 과거에 선보였던 제품이나 서비스를 그대로 살려내 출시하고 있는 상황이다.

복고 마케팅의 장점에 대해 마케팅 전문가들은 추억과 향수라는 인간의 보편적인 욕구에 호소해 소비자들을 사로잡는 매력을 가지는 것이라고 말한다. 또한 경기 불황과 급속한 사회 변화 등에 따른 불안 심리를 잠재우는 데에도 안정제 역할을 하는 것이라고 평한다.

7080세대가 문화와 소비의 주체로 부상한 것도 복고 마케팅을 활성화시킨 이유 중 하나이다. 생계와 가정을 위해 많은 것을 희생했던 7080세대들이 자신들의 문화적 영역을 넓히면서 대중문화와 소비 주력 세대로 등장했다.

복고 마케팅을 표방하는 제품이나 서비스는 현재의 소비 트렌드를 담고 있는 것이 특징이다. 대부분이 단순히 과거로 회귀하는 것이 아닌 상품의 특성과 패키지를 변형하고 있다. 가장 대표적인 것이 복고와 웰빙 트렌드의 결합이다. 이것은 제품명이나 디자인 등은 과거의 것을 사용하면서 내용은 웰빙을 담고 있다.

복고 · 웰빙 마케팅을 성공하려면 첫째, 과거와 현재를 제품에 적절히 조화시켜야 한다. 과거의 향수에만 기대하지 말고 시너지 효과를 발휘할 수 있도

복고 메뉴 뼈해장국, 전골 – 중장년층에게 사랑받던 감자탕 요리가 웰빙을 담으면서 세대층을 확대해 나가고 있다.

록 소비자의 신뢰를 이끌어 내야 한다. 따라서 최근 소비자 심리와 트렌드를 읽어 내고 이를 제품에 반영하는 것이 중요하다.

둘째, 판매하는 제품(메뉴)의 콘셉트나 표적 고객군을 분명히 해야 한다. 마케팅의 궁극적 목표는 매출 증대이다. 그러므로 복고 · 웰빙 마케팅으로 소비자들의 관심을 이끌어내고 이를 매출 증대로까지 연결할 수 있는 위치를 갖추어야 한다. 단순한 과거의 재현이나 향수어린 감성을 고집하는 데 그치지 말고, 최근 소비 트렌드를 정확히 반영하고 수요가 높은 소비층을 공략하는 것이 중요하다.

셋째, 향수를 자극하는 분위기를 연출해야 한다. 시대가 빠르게 변하고 디지털화가 진행되어도 과거에 대한 애착을 가지고 복고를

선호하는 소비자들은 존재한다. 따라서 매장은 물론, 제품의 콘셉트, 디자인, 브랜드를 복고적인 분위기로 연출한다면 그러한 소비자들의 마음을 사로잡을 수 있다.

신세대뿐만 아니라 기성세대도 다양성을 원한다. 웰빙이 사회 전반에 영향을 미치고 있는 시점에서 복고 마케팅은 신세대와 기성세대를 끌어안을 수 있는 마케팅 전략임이 분명하다. 그러나 복고·웰빙 마케팅이 효과를 발휘하기에는 소비자에게 특별한 가치를 더해 줄 수 있는 2%가 필요하다.

이젠 웃음 서비스를 팔아야 매출이 오른다

청주시 남문로에 위치한 생맥주 전문점은 이곳에서 생일이나 특별한 날을 즐기려면 예약을 해야 할 정도로 손님이 많다. '마술공연'과 '풍선아트' 등을 보려는 사람들로 문전성시를 이루고 있기 때문이다. 공연은 일회성 이벤트가 아닌 지속적인 행사로 자리매김해 그 일대에서는 화제를 이루고 있다.

이 생맥주 전문점 사장은 "매장을 찾은 고객들에게 웃음과 볼거리 등을 제공하고자 시작했으나, 지금은 직원들까지 함께 즐거움을 느끼고 있다."며 "생일 노래만 틀어주는 다른 곳과 비교해 다양한 서비스로 고객들이 무척 만족해 한다."고 말했다.

이곳에서는 생일을 맞은 고객에게는 남미풍 호리병 모양의 잔에 생맥주를 무료로 제공한다. 생맥주를 다 마시고 나면 매장 매니저가 준비한 마술 공연이 펼쳐진다. 반지 마술, 카드 마술 등 종류도 다양하다. 고객들의 반응은 상당히 좋은 편이다. 대부분은 "단순히 맥주만 마시는 것보다는 마술 공연까지 볼 수 있어 문화 혜택을 받은 기분이 든다."라는 평을 하고 있다.

월드컵 이벤트 – 월드컵
이나 올림픽 등에는 아
이템과 표적 손님에게
어울리며 즐거움을 주
는 이벤트가 다양하게
열리고 있다.

이렇듯 최근에는 창업 시장에 고객의 호기심을 유발하는 펀 마케팅이 적극 활용되고 있다. 고객을 유치하는 데 도움이 될 뿐만 아니라 눈에 보일 정도로 매출이 상승하는 효과가 있기 때문이다. 이벤트성 행사부터 고객 서비스로 이어지는 펀 경영까지 광범위하게 활용하고 있는 추세이다.

이러한 현상은 갖은 스트레스에 시달리고 있는 현대인들이 누군가에게 위로받거나 웃을 일을 찾는 경향이 뚜렷해지면서 나타났다고 할 수 있다.

펀 마케팅에는 여러 가지 유형이 있다. 대표적인 예를 살펴보자.

메뉴나 제품 자체에 재미 가미

제품이나 메뉴 자체에 재미를 더하거나 메뉴 이름을 독특하게 지어 소비자들에게 웃음을 자아내게 하는 유형이다. 대부분의 펀 마케팅이 여기에 해당한다고 할 수 있다.

외식업은 주로 요리에 장식을 특이하게 하여 소비자들에게 즐거움을 선사하고 있다. 또한 메뉴명을 단순화하지 않고 메뉴 앞에 '○○도 놀란' 등의 표현을 사용함으로써 흥미를 유발하고 있다.

생각도 못한 이벤트, 기쁨 두 배

예비 창업자가 매장을 열면 대부분 개업 이벤트를 한다. 무료 시식회를 하거나 오픈 후 일주일 또는 한 달 동안 매장을 방문하는 고객에게 기념품을 제공하는 행사도 연다. 이러한 것은 창업자에게는 홍보를 위해 전략상 필요한 행사지만, 소비자에게는 생각도 못한 이벤트이므로 기쁨을 누릴 수 있는 펀 소비 활동으로 이어진다. 매장별로 고객 카드를 만들어 5번째 구매 시 가격을 50% 할인해주거나 10번째 구매 시 일정 금액에 해당하는 제품을 무료로 제공하는 이벤트도 펀 마케팅의 사례이다.

펀 마케팅 – 퓨전요리주점에서 매장 고객을 대상으로 태극기 그리기 등을 실시, 상품을 제공하는 펀 마케팅을 펼쳐 좋은 반응을 얻었다.

보는 즐거움 제공

최근 주방장들이 직접 고객의 테이블에서 요리를 하거나, 모든 고객들이 볼 수 있는 투명 유리로 만든 주방에서 요리를 하는 일을 쉽게 찾아볼 수 있다. 이 또한 소비자에게 요리에 대한 신뢰도를 줄 뿐만 아니라 보는 즐거움도 제공하는 펀 마케팅의 하나이다.

테이크아웃 형태의 매장이 급격히 증가하면서 이러한 펀 마케팅은 더욱 확산되는 분위기이다. 단순한 커피나 패스트푸드를 비롯해 치킨, 철판 요리, 전통 한식 등에 이르기까지 여러 장르의 음식점이 테이크아웃 형태를 접목하면서 소비자의 보는 즐거움이 더욱 커지고 있다.

펀 마케팅 활용 포인트

❶ 한 발 앞서 트렌드를 읽어라.

새로운 재미를 소비자에게 선보이려면 트렌드를 한 발 앞서 읽어내야 한다. 소비자의 입소문은 그 어느 홍보 효과보다도 더 강력하다.

❷ 적절한 모방 전략도 효과적이다.

펀 마케팅 아이디어가 독창적이면 좋겠지만, 그렇지 못하면 참신한 아이디어를 더 재밌게 응용하는 전략도 필요하다.

❸ 즐겁고 유쾌하게 실천하라.

편 마케팅은 소비자에게 즐거움을 선사하려는 것이다. 최대한 즐겁고 유쾌한 분위기를 조성하는 데 노력해야 한다.

편 마케팅에 성공하기 위한 5가지 전략

❶ 일회성 이벤트보다는 문화 행사에 가깝다는 느낌을 주라.

❷ 궁금증을 유발하는 퍼포먼스로 길거리 소비자들을 유혹하라.

❸ 이벤트뿐만 아니라 편 경영으로 직원들의 사기를 북돋우라.

❹ 주요 상품과 서비스 등에 대한 개발을 소홀히 하지 말라.

❺ 이벤트 동안 몰려든 손님을 단골로 확보하는 구체적인 방안을 마련하라.

감성 마케팅

기본 갖춘 후 표적 고객 트렌드 반영해야 한다

초콜릿을 연상시키는 디자인의 핸드폰이 몇 년 전 시장에 등장했다. 광고는 기능에 대한 설명 없이 제품 자체의 개성과 스타일을 강조하는 내용으로 구성했으나, 비슷한 기능이 넘쳐나는 핸드폰 시장에서 두각을 나타냈다. 이것은 소비자의 감성을 자극하는 마케팅을 활용하여 성공한 대표적인 광고이다.

이같이 최근 기업들은 자사 차별화를 위해 감성 마케팅을 활용하고 있다. 지금은 과거와 같은 편익, 기능, 가격을 강조하는 이성 마케팅으로는 더 이상 소비자에게 먹혀들지 않는 시대이다.

소비자는 100% 이성적인 사고로 제품을 구매하거나 매장을 방문하지 않는다. 디자인이나 느낌 또는 당시 감정 등이 작용되어 소비가 이뤄진다. 그러므로 이성에 호소하기 보다는 직관과 이미지를 중시하는 감성을 자극하는 편이 보다 쉽고 적극적으로 소비자를 사로잡을 수 있다.

감성 마케팅은 이러한 점을 노려 눈에 보이지 않는 감성이나 취향을 눈에 보이는 색채, 형태, 소재로 형상화시키는 것이다. 다시

카페풍 분식점 - 분식점 단골이 10~20대 여성이라는 점에
초점을 맞추었다.

말해, 소비자의 기분과 감정에 영향을 미치는 감성을 자극하여 브랜드와 소비자의 유대 관계를 강화시키는 것이다. 이것은 궁극적으로는 매출 상승을 도모한다.

감성 마케팅은 주로 소비자의 시각과 후각 그리고 청각을 자극한다. 그 중에서도 시각적 효과를 가장 많이 노린다.

모 퓨전 분식점은 한 상권에서 많게는 수십 개의 분식점이 경쟁을 벌이고 있는 상황에서 차별화를 위해 시각적인 요소를 사용했다. 메뉴와 가격만으로는 소비자의 마음을 얻지 못한다 판단하여 감성 마케팅을 도입하였다. 그리고 표적 고객층을 10~30대의 여성으로 정했다. 일반적으로 이 연령대 여성들은 귀엽고, 깨끗하고, 예쁜 것을 선호하므로, 이러한 여성 특유의 감성을 자극하는 방법으로 시각적 효과를 노렸다.

매장 안 벽면에는 대형 해바라기 등의 꽃들로 가득 채워, 밝은 색상 벽면과 꽃이 조화를 이루도록 구성했다. 주방을 따라 연결되어 있는 바는 혼자 온 고객을 위한 자리로 마련하고, 직원과 쌍방향으로 대화가 가능하도록 했다. 그리고 전체적인 인테리어는 동화 속 작은 가게에 온 느낌이 들도록 만들었다. 이 분식점은 인근 여성들 사이에 유명해져서, 실제로 전체 고객의 80%가 여성이 차지하고 있다.

왜 감성 마케팅을 사용해야 하는가

지속적인 신기술의 등장과 그에 따른 경제 발전은 시대 흐름을 빠른 속도로 바꾸어 놓고 있다. 많은 사람들이 그 흐름에 따라가지 못하면 낙오자가 된다는 강박관념으로 살아가고 있다. 감성 마케팅의 반대 개념인 이성 마케팅은 성분, 기능, 가격, 품질 등에 초점이 맞추어져 있다.

그러나 최근 산업 분야가 그러하듯이, 외식 분야 창업 시장도 맛이 평준화되어 있거나 서비스도 비슷비슷한 수준으로 평준화되었다고 말할 수 있다. 각각의 제품이나 브랜드 또는 맛 등에서 큰 차이를 느끼지 못하는 소비자들은 감성에 의존할 수밖에 없다. 감성은 브랜드의 힘을 극대화하는 중요한 원천이다.

감성 마케팅을 일찌감치 시작한 장르는 광고이다. 예전 광고가 주로 제품의 우수한 기능을 부각시켰다면, 현재는 브랜드 이미지와 감성에 호소하는 내용이 주류를 이루고 있다.

감성 마케팅을 성공하기 위해서는 몇 가지 기본 원칙이 있다.

첫째, 상품, 메뉴, 매장 인테리어 등이 타 업체에 비해 뒤떨어져서는 안 된다. 물론, 품질, 서비스, 가격, 맛 등의 기본적인 요소는 기본적으로 충족되어 있어야 한다.

둘째, 표적 고객의 트렌드를 반영해야 한다. 고객 개개인이 무엇을 필요로 하는지를 파악하고, 표적 고객의 생활 가치를 반영하고 있는 라이프스타일의 변화를 인지하고 있어야 한다. 매장을 방문하거나 상품을 고르는 기준은 개인의 취향을 반영하고 있는데, 소비자의 생활은 매출과 직접적인 관련성이 있다.

셋째, 고객의 감성에 맞는 상품 개발을 지속적으로 해야 한다. 업체들마다 감성 마케팅을 사용하면서 차별화가 미미해졌다. 그러므로 고객의 감성을 자극하고 새로운 트렌드를 형성할 수 있는 역량을 갖춰야 한다.

감성 마케팅 5계명

❶ 시각적 내용을 차별화하라.

❷ 소비자의 5감을 잡아라.

❸ 가격보다 색깔로 승부하라.

❹ 고객의 취향을 반영한 분위기를 느끼게 하라.

❺ 작은 것에 충실하라.

04 스페이스 마케팅

스페이스(space) 마케팅이란 공간에 대한 인식이 바뀌면서 새롭게 각광받고 있는 마케팅이다. 건축물이나 도시 공간 등 주로 대형 건축물에 많이 활용하고 있는 전략이다. 그러나 최근에는 펜션, 여관 등을 비롯해 매장 아웃테리어(익스테리어)나 인테리어 등의 개념으로도 많이 적용되고 있다.

여기서 말하는 공간이란 매장이 존재하는 장소를 의미한다. 그러나 한편으로는 마케팅을 할 수 있는 공간을 의미하기도 한다. 스페이스 마케팅은 바로 이러한 공간이 갖는 특별한 힘을 이용하는 전략이다. 매매가 이루어지는 장소로서의 의미에서 벗어나, 고객의 마음을 사로잡는 전략적 의미로 변화하고 있다.

최근에는 스페이스 마케팅이 매장 소품이나 인테리어를 이용해 고객에게 가치를 부여하는 형태로 등장하고 있다. 편의성을 고려하여 테이블, 소품 등으로 인테리어를 하는 것이 아니라, 고객에게 즐거움, 체험, 만족을 제공할 수 있도록 공간을 배치하고 있다.

스페이스 마케팅은 브랜드 이미지의 차별화를 극대화시키는 데도 큰 역할을 한다. 이것은 비슷한 가격의 제품이 넘쳐나는 창업 시장에서 보이지 않는 가치를 만들고 있다. 고객의 호기심과 감성에 호소해 경쟁력을 배가시키고 있는 셈이다.

스페이스 마케팅을 하려면 첫째, 표적 소비자의 특성과 브랜드 충성도, 그리고 경험에서 나온 편리성 등을 고려해야 한다. 표적 소비층 파악은 마케팅 시도를 위한 기본 과제이다. 표적 소비층은 성별, 사회계층별, 연령별 등으로 세분하여 분석해야 한다. 그리고 그 결과에 따라 매장을 어떻게 변화할 것인가를 구상해야 한다. 이것이 바로 표적 고객에 대한 접근성을 높이기 위한 전략이다.

둘째, 매장을 상징할 수 있고 감성을 자극하는 공간을 연출해야 한다. 매장을 구성하는 소품, 테이블, 의자 등과 조명의 간단한 변화는 고객의 감성을 자극할 수 있는 충분한 요소이다. 또한 상품(메뉴) 가격대, 소비자 연령층, 판매 장소 등을 고려한 세부 전략이 필요하다.

이밖에도 사람의 오감에 호소하는 감각적인 요소, 3초만에 고객의 선택을 이끌어 낼 수 있는 차별화된 익스테리어(외관), 매장에 생명력을 불어넣는 주제를 가진 공간, 고객의 감성을 자극하는 공간 연출 등은 스페이스 마케팅을 성공하는 전략적 요소라 할 수 있다.

하이브리드 마케팅

한 가지 공략으로는 어림없다

모 프랜차이즈 붙임머리전문점은 자체 홈페이지를 활용하여 모든 가맹점과 고객들을 연결시키는 시스템을 이용하고 있다. 그것은 고객이 직접 매장을 방문하지 않아도 '예약하기' 프로그램을 사용하여 자신과 가장 가까이에 있는 가맹점에 원하는 스타일, 색상, 길이 등을 예약할 수 있도록 하는 운영 체제이다. 이 시스템에 따라 고객은 원하는 시간대와 가격대 등 전반적인 사항을 사전에 알 수 있다. 반면, 가맹점은 온라인으로 예약한 고객에 따라 그에 맞는 서비스를 매장에 미리 맞춰 놓음으로써 매출을 올릴 수 있었다. 온·오프라인을 넘나드는 하이브리드 hybrid : 두 가지 기능이나 역할이 하나로 합쳐짐 마케팅으로 성공을 거둔 것이다.

온·오프라인과 브랜드 제휴 등의 연계로 이루어지는 하이브리드 마케팅은 소비자 기호가 세분화되고 복잡해짐에 따라 이에 즉각 대응하기 위한 전략상 필요에 따라 탄생했다. 한 가지 공략만으로는 생존할 수 없는 현실에서 다각도의 동시 마케팅을 펼칠 수 있는 장점이 있어 기업들이 선호하고 있는 방법이다.

하이브리드 마케팅은 비용을 절감하는 동시에 비교 우위를 확보하는 두 가지 종류의 마케팅 기법이라 할 수 있다. 지금까지는 주로 포인트 카드사가 극장, 주유소, 이동통신사 등과 연결하여 서로의 영역을 접목하는 형태가 많았다.

요즘은 서로 다른 브랜드들이 제휴하여 광범위한 범위에서 활용도를 높이고 있다. 예를 들면, MP3 플레이어로 유명한 '아이리버'는 '바하'의 가죽 케이스를 쓰고 있다. 삼성전자 노트북 '센스 Q30'은 패션 브랜드 '루이까또즈'가 디자인한 노트북 패션 가방을 행사로 주기도 했다. 이것은 명품 이미지를 더욱 부각시키는 후광 효과를 나타냈다.

하이브리드 마케팅을 성공하려면 소비자가 원하는 트렌드와 시스템을 잘 읽어내는 능력이 필요하다. 표적 고객층의 연령대와 특징은 무엇인지, 원하는 것은 무엇인지를 먼저 파악해야 한다. 그리고 난 후 통합연계작용을 위한 실행 프로그램과 어울릴 수 있는 아이템을 발굴해야 한다. 이 때 비용이 많이 들어서는 안 된다. 비록 성공한다 하더라도 비용 지출이 수익보다 많을 수 있다. 이에 따른 피해는 차라지 하지 않는 것보다 못하다.

하이브리드 마케팅을 성공하려면 지속성도 고려해야 한다. 단기간에 끝난다면 이벤트성으로 치부될 수 있다. 매장 이미지를 높이려면 꾸준히 지속할 수 있는 전략적 아이템을 찾아야 한다.

하이브리드 마케팅 성공을 위한 5가지 전략

❶ 온 · 오프라인의 편리성과 효율성을 극대화하는 데 주력하라.

❷ 온 · 오프라인이 교체하는 형태의 판매망을 구축하라.

❸ 브랜드 제휴 시 자사 이미지를 뛰어넘지 않게 하라.

❹ 가장 약점이 되는 부분을 보완하라.

❺ 실용성과 더불어 감성적인 면을 활용하라.

고객과 일대일 접촉을 강화하라

불특정 대상 고객을 상대로 펼치던 마케팅 전략이 특정 고객 중심으로 변화되면서 퍼스널 마케팅이 새롭게 주목받고 있다.

퍼스널 마케팅이란 고객들과 일대일 관계를 맺는다는 의미로 관계 마케팅 또는 신세대 마케팅으로 불린다. 고객 한 사람 한 사람의 욕구에 적합한 마케팅 활동으로 고객 각자의 욕구를 충족시켜줌으로써 만족도를 극대화하는 전략을 말한다.

최근 소비자들은 개개인의 주관이 뚜렷해졌다. 불필요한 소비를 과감히 줄이거나 자신의 욕구에 적합하지 않는 서비스는 수용하지 않는 경향을 보인다. 또한 나름대로 가치를 부여하는 것에는 고가의 소비도 망설이지 않는 '가치 소비'가 확산되고 있다.

이와 같이 다양화, 개성화된 사회 분위기와 1:1 맞춤 소비를 원하는 라이프스타일 변화로 CRM Customer Relationship Manige ment : 고객 관계 관리에 의한 퍼스널 마케팅의 중요성이 커지고 있다. 가장 대표적인 것이 증권회사들의 CMA 통장이다. 이것은 큰 손 영입에 주력했던 금융권들이 회사원 유치에 초점을 맞춘 것이다. 실제로 CMA

통장은 많은 회사원들을 끌어들여 결국 큰 손에 못지않은 거대 자본을 만들어내었다.

창업 시장에도 퍼스널 마케팅은 다양하게 적용되고 있다. 모 유아교구교재 판매점은 교육 용품을 판매하면서 주 소비층인 엄마들을 공략하고자 퍼스널 마케팅을 이용했다. 매장 한 켠에는 엄마들을 위한 강좌를 마련하고, 맞춤형 상담 프로그램을 진행했다. 낮 시간대에 유아들과 갈 곳 없는 엄마들을 끌어들인 것이다. 또 아이의 특성과 재능에 따른 도서를 선정할 수 있도록 도서컨설턴트 제도도 시행했다. 아이 교육에 대한 엄마들의 욕구는 다양하지만, 아이들 개성이 강해 적합한 교육을 집에서 혼자 결정하기란 쉽지 않다. 모 유아교구교재 판매점은 아이의 특성과 엄마의 욕구에 따른 여러 가지 프로그램을 마련해 엄마들 개개인이 획일한 교육을 떠나 기호에 맞는 교육을 할 수 있도록 했다.

이러한 퍼스널 마케팅을 성공하려면 특별히 다음 네 가지를 행해야 한다.

첫째, 표적 고객에 관한 정보관리를 선행한다. 모든 고객에게 융단 폭격식 마케팅이 아닌, 가려운 곳을 찾아 긁어주어야 하기 때문이다. 즉, 요구를 충족시켜줘야 하기 때문이다. 이를 위한 데이터베이스(DB) 구축은 필수이다.

둘째, 상품의 핵심을 결정한다. 고객에게 무슨 내용과 콘셉트로 각인할 것인지를 정한다. 이미 목표 고객이 선정되어 있으므로 이들에게 어필할 수 있는 상품이 필요하다.

셋째, 타 브랜드에 비해 상품 경쟁력을 높인다. 경쟁력은 큰 빌딩을 짓는 데 필요한 기초 공사와 같다. 경쟁력이 없는 상품은 어느 고객에게도 사랑받지 못한다. 경쟁력이 있다는 것은 비슷한 가격대와 품질, 성능, 서비스, 만족도 등을 고려할 때 앞서있다는 것을 말한다. 이것은 고객의 가치 만족을 자극하는 효과적인 수단이 된다.

　마지막으로 필요한 것은 이러한 상품을 알리는 홍보이다. 아무리 좋은 보물도 알리지 못하면 제 값을 받기 힘들다. 특정 고객에게 어필하는 퍼스널 마케팅을 성공하려면 고객을 찾아다니기보다는 잠자고 있는 고객의 구매 욕구를 불러일으키는 전략이 필요하다. 이로써 고객과 일대일 대면을 시도, 매출 신장을 도모할 수 있다.

컬러 마케팅

색상으로 시선을 잡으라

색상으로 소비자의 구매욕을 자극하는 마케팅 기법이다. 컬러 텔레비전과 함께 성장한 감각적인 20~30대 여성층이 늘어나면서 컬러 마케팅이 확산되고 있다.

노랑, 파랑 등 원색의 목재 가구, 검정색 냉장고, 색상을 활용한 패션 음료 등 컬러 마케팅 전략이 실제 매출 증대에 많은 도움을 주자, 업체에서는 상품 기획부터 생산, 사후 관리까지 종합적인 컬러 마케팅에 주력하고 있다.

트렌드 분석가 캐시 라만쿠사가 말하기를 "소비자가 제품에 대하여 가지는 첫 인상의 60%는 컬러로 결정된다."고 할 정도로 색상은 21세기 최상의 고부가가치로 평가된다.

거듭 말하지만, 컬러 마케팅은 제품 선택과 구매력을 증가시키는 가장 중요한 변수를 색으로 정하여 시장을 관리하는 기법이다. 이 기법은 제품 자체 색깔을 다루면서 시작되었으나, 1950년대 중반부터 제품 기획이 중심이 되어 비로소 마케팅이란 용어를 붙이게 되었다. 한국에서는 1980년대 컬러 텔레비전이 국내 모든 가정에 보급되어 컬러 정보가 생활 곳곳에 전달되었고, 그 결과 소비자들의 시각 문화가 형성되기 시작하면서부터 색의 중요성이 급속히 높아졌다.

기업의 제조 기술이 평준화되면서 디자인 중에서도 색상이 제품 선택을 결정하는 요인이 되었다. 사람은 색채에 감성적인 반응을 보이므로, 이것이 곧 구매 충동과 직결된다는 것이 이 마케팅의 기본 논리이다.

기업체들은 컬러 마케팅을 이용하되, 주 소비층인 10대, 20대 등 신세대 젊은 고객들을 겨냥하여 고정관념을 깨는 색으로 공략하였다. 광고에도 제품과 가장 잘 어울리는 색 하나만을 사용하여 보다 효과적으로 메시지를 전달하여 매출을 증대시켰다. 그 대상은 식음료를 비롯한 가구 · 자동차 · 가전제품 등 소비재 전 분야에 걸쳐 확산되었다.

컬러 마케팅의 시초가 된 것은 1920년 미국 파커(Parker)의 빨간색 만년필이다. 당시만 해도 여성용 만년필은 조금 가늘었을 뿐 남성용처럼 검은색과 갈색이 전부였다. 이 회사는 당시로서는 파격적인 빨간색을 대담하게 도입하여 여성용 만년필 시장을 석권하였다.

창업 시장도 예외는 아니다. 아이템 선정, 가게 입지, 자금 여력 등도 중요하지만 색깔을 아이템, 업종, 입지에 어떻게 조화를 이룰 것인가도 중요하다.

컬러 마케팅의 핵심은 매장 안을 꾸밀 주요 색상을 정하는 것이다. 상권과 지역, 그리고 아이템 특성에 따라 적합한 색상이 따로 있다. 일반적으로 파란색은 도전적이고 진취적인 느낌을 주므로 호프집과 같은 생맥주 전문점에 어울린다. 빨간색은 식욕과 공복

감을 느끼게 하므로 외식업에 어울린다. 그리고 초록색은 불안감을 해소하며, 여성층의 관심을 끄는 효과가 뛰어나 홍보에 사용하면 오래 기억에 남는다. 회색은 욕정을 억제하는 효과가 있어 전통 찻집이나 사찰음식 전문점 등에 특히 잘 어울린다.

공동 마케팅

공동 마케팅은 말 그대로 협업하여 마케팅을 펼치는 것을 일컫는다. 이러한 개념을 좀 더 확장하면 공동으로 브랜드를 새로이 개발할 수도 있고 더 나아가서는 아예 합작 회사를 설립할 수도 있다. 서로 다른 업종 간에 동일한 목표 시장이나 동일한 유통 채널이 있다면 공동 마케팅으로 마케팅 효과를 극대화할 수 있다.

공동 마케팅의 구체적인 방법으로는 스폰서 마케팅과 수평적 공동 마케팅이 있다. 스폰서 마케팅은 공동 마케팅의 일반화된 방법으로 이미 많은 기업들이 활용하고 있다.

공동 마케팅의 목표는 단독 브랜드일 때보다 고객과 훨씬 더 튼튼한 유대 관계를 형성하는 데 있다. 이를 위해서는 목표 고객에게 무슨 프로그램이 의미가 있는지, 어떤 파트너와 제휴하는 것이 좋은지를 알아야만 한다.

창업 시장에도 공동 마케팅은 이미 오래전에 사용되어 왔다. 예를 들면, 한 상가 건물에서 한 매장을 이용할 때 다른 매장에서 할

인받을 수 있는 쿠폰을 제공하는 형태이다. 대표적인 것이 부동산 중개업이다. 이들은 인근 지역의 매물뿐 아니라 수익 또한 공유한다. 그리고 이러한 방법으로 자신의 영역을 넓혀가고 있다.

공동 마케팅 성공 전략

❶ 가장 중요한 핵심 고객을 분류하라.

❷ 최고의 고객이 언제, 어떻게, 왜 자기 브랜드를 구매하는지에 대한 이유를 조사하여 파악하라.

❸ 이러한 데이터를 바탕으로 제휴 브랜드와 이벤트 등에 대해 가설을 세우고 검증하라.

❹ 이상적인 공동 마케팅 프로그램을 만들어 고객을 대상으로 예비 테스트를 하라.

❺ 이제 반은 된 것이나 다름없다. 가장 중요한 파트너를 물색하라.

❻ 공동 마케팅 계획은 지속적으로 모니터링하고 정기 회의를 열어 발전시켜 나가라.

DB 마케팅

고객 정보, 산업 정보, 기업 내부 정보, 시장 정보 등 각종 1차 자료들을 수집, 분석해 이를 판매와 직결시키는 기법이다. 고객에 관한 데이터베이스를 구축하여 필요한 고객에게 필요한 제품을 직접 판매하는 것으로, 원 투 원(one-to-one) 마케팅이라고도 한다.

데이터베이스 마케팅은 타 고객과는 다른 인적 정보와 구매 정보를 활용하여 고객의 요구에 따른 차별화된 정보를 제공함으로써 고객의 만족도를 높이고 효과를 극대화할 수 있다. 다시 말해, DB 마케팅은 어느 고객이 무엇을 얼마나 자주 구매했는지, 어느 매장에서 어떤 유형의 제품을 구매했는지, 언제 재구매 또는 대체 구매를 할 것인지 등과 같은 데이터로 고객의 성향을 분석, 향후 필요한 마케팅 전략을 수립하는 것이다.

DM 광고 마케팅(Direct Mail Advertising)

우편으로 직접 예상 고객에게 송달하는 광고로 직접 광고의 일종이다. DM 광고의 특성은 광고물을 예상 고객에게 직접 우송하는 점에서 시장 세분화 전략에 적당하다. 따라서 DM의 가장 중요한 점은 메일 리스트를 작성하는 것이다.

관계 마케팅

고객 등 이해 관계자와 강한 유대 관계를 형성하고, 이를 유지해 가며 발전시키는 마케팅 활동을 말한다. 고객 만족 극대화를 위한 경영 이념으로 최근 관심을 끌고 있다. 기존 마케팅이 고수하던 판매 위주의 거래 지향적 개념에서 탈피하여, 장기적으로 고객과 유대 관계를 강화함으로써 자신에 대한 고객의 의존도를 제고시킨다. 개별적 거래의 이익 극대화보다는 고객과 호혜 관계를 극대화하고 우호 관계를 구축하면 이익은 절로 수반된다고 보는 전략이다.

구전 마케팅

창업 시장에 가장 중요한 마케팅 중 하나다. 일반적으로 입소문이라고도 한다.

구전 마케팅(Word of Mouth Marketing)은 소비자 또는 그 관련인의 입에서 입으로 전달되는 제품, 서비스, 이미지 등에 대한 말에 의한 마케팅을 말한다. 사람들이 알게 모르게 이야기하는 입을 광고의 매체로 삼는 것이다.

구전 마케팅의 기본 원칙은 전체 10%에 달하는 특정인을 공략하는 것이다. 90%의 다수 소비자는 10%의 특정인에 의해 영향을 받으므로 10% 특정인을 공략하는 것이 필요하다.

특정인에게 무료 샘플을 보내거나 기업들이 무료 체험, 시공, 시음 등을 이용하여 소비자로 하여금 상품을 실제 써보고 품질, 성능을 파악해보 게 하는 체험형 판촉도 구전 마케팅 효과를 노리는 것이다.

귀족 마케팅

VIP 고객을 대상으로 차별화한 서비스를 제공하는 것을 말한다. e-귀족 마케팅이라고도 한다.

온라인상에서 귀족 마케팅(Noblesse Marketing)은 철저한 신분 확인을 하여 선발한 특정 계층의 회원을 대상으로 하여 상류 계층을 위한 정보(고급 와인, 패션, 자동차 등), 귀족 커뮤니티, 사이버 별장 등 인터넷 멤버십 서비스와 오프라인 사교 공간 등을 제공한다.

귀족 마케팅은 의류업체들이 같은 상표라도 블랙라벨이라고 하여 디자인과 소재를 고급화하여 고가에 판매한 것에서 비롯되었다. 일부에서는 신분 상승의 욕구를 자극하고 계층 간의 차별화를 조장하고 있다 비판하기도 하지만, 그런데도 젊은 층을 대상으로 하는 인터넷 쇼핑몰이나 매장에서 이러한 마케팅이 성행하고 있다.

누드 마케팅

제품의 속을 볼 수 있도록 투명하게 디자인함으로써 소비자들의 신뢰도와 호기심을 높이는 판매 전략을 말한다.

누드 제품은 포화 상태인 가전제품 시장에서 기존 틀을 깨는 파격적인 디자인으로 소비자들의 구매 욕구를 높였다. 국내뿐만 아니라 일본 등 외국에서도 누드 마케팅이 확산되고 있는데, 청소년 층을 대상으로 하는 휴대용 전화기, 컴퓨터 제품 등에서 그 예를 쉽게 찾아볼 수 있다.

누드 마케팅이 창업 시장에 적용된 것은 겨우 몇 년 전이다. 누드 주방이 그 대표적인 사례이다. 기존 주방은 그 내부를 고객이 볼 수 없었으나, 누드 주방은 고객이 볼 수 있는 앞쪽에 자리를 잡고 음식 만드는 과정을 공개한다. 이 전략은 고객에게 신뢰를 확보하는 동시에 구매 의욕이 없던 고객을 불러들이는 효과까지 거둘 수 있었다.

릴레이션십 마케팅

고객 기호가 다양해지고 창업 시장에 모방 브랜드가 잇따라 나오면서 업종 간 경쟁이 치열해지고, 수익을 올리는 일이 오래가지 못하는 상황이 발생했다. 그 영향으로 전통적인 마케팅 수단인 4P(제품, 판촉, 가격, 유통)만으로는 시장에서 충분한 힘을 발휘하기가 어렵게 되었다.

이러한 전통적인 마케팅 수단의 한계를 극복하고 변화하는 시장 환경의 위협을 판매 신장, 이익 증진의 기회로 바꾸고자 하는 것이 릴레이션십 마케팅이다. 릴레이션십 마케팅은 사회 전체에 반(反)하지 않는다는 기본 테두리 안에서 판매 신장과 이익 증진에 도움이 된다면 무엇이든 협조자로 만든다는 것에 기본 입장을 두고 있다.

시간 마케팅

　가격이나 품질뿐만 아니라 고객의 이용 시간을 아껴줌으로써 판매 촉진에 기여한다는 전략이다. 예를 들면, 백화점에서 계산대를 늘려 고객의 대기 시간을 단축시켜 준다든지, 빠른 시간 안에 신사복을 수선해주는 서비스 등을 제공하는 것이 시간 마케팅이다. 또한 30분 이내에 주문 제품을 배달하며 이를 어길 경우에는 돈을 받지 않는다는 전략도 고객에게 신뢰를 주는 것도 그러하다. 배달업종이 다양해지고 경쟁이 치열해지면서 시간 마케팅은 배달 매장의 기본적인 전략으로 자리매김하고 있다.

제6장 ● 창업 전 이것만은 살피자

창업 전 이것만은 살피자

예비 창업자들은 창업을 준비하면서 아이템이나 상권, 자본, 사업 계획서 작성 등 기본적인 사항들을 꼼꼼히 챙긴다. 그러나 미처 챙기지 못한 사항으로 창업 초기부터 어려움을 겪는 일이 종종 발생한다. 그러므로 창업을 준비하면서 자신의 업종과 관련된 법령이나 규제가 무엇이 있는지 등을 사전에 숙지할 필요성이 있다.

창업 전
이것만은 살피자

올 초 강남구에 PC방을 창업한 김 모 씨는 구청으로부터 9월 말까지 불법 옥외 간판을 철거하라는 통지를 받고 당황했다. 어이가 없어 구청에 연락해 보니 허가받지 않은 간판이 있다고 했다. 김 씨의 매장은 2층이다. 간판이라면 1층 출입구에 세로 간판과 돌출 간판, 건물 측면에 가로 간판을 말한다. 구청이 문제를 제기한 간판은 1층 출입구의 세로 간판이다.

김 씨는 개업한지 얼마 되지 않은 상태에서 간판을 내려야 했다. 사소한 부주의나 부족한 지식이 사업 전개에 지장을 초래한 셈이다. 김 씨는 이번 사건을 경험하면서 간판이 허가·신고 사항에 들어가는 것을 처음 알았다.

예비 창업자들은 창업을 준비하면서 아이템이나 상권, 자본, 사업 계획서 작성 등 기본적인 사항들을 꼼꼼히 챙긴다. 그러나 미처 챙기지 못한 사항으로 창업 초기부터 어려움을 겪는 일이 종종 발생한다. 그러므로 창업을 준비하면서 자신의 업종과 관련된 법령이나 규제가 무엇이 있는지 등을 사전에 숙지할 필요성이 있다.

사업자 등록은 반드시 해야 한다

사업을 시작했을 때 가장 시급히 처리해야 할 법률적, 행정적 문제는 바로 사업자 등록이다. 사업자등록증은 모든 상거래를 할 때 사업체를 표시하며 거래마다 사용하는 고유 번호이다. 규모나 업종에 관계없이 관할 세무서에 신청하면 발급받을 수 있다.

사업을 시작한 날로부터 20일 안에 구비 서류를 갖추어 관할 세무서 민원 봉사실에 신청하면 된다. 사전에 물품을 구입하거나 시설 투자를 할 계획이라면 사업 개시 전에 사업자 등록을 한 후 매입세금계산서를 교부받아야 한다. 그래야 그 때 부담한 부가가치세를 돌려받을 수 있다.

2인 이상이 공동으로 사업을 하면 공동 사업자 중 대표자 명의로 사업자 등록을 신청하고 나머지 사업자의 주민등록등본을 붙여 신청해야 한다. 공동으로 사업하는 사실을 증명할 수 있는 공동계약서 등의 서류도 함께 제출해야 한다.

사업자 등록을 하지 않으면 세금계산서를 교부받을 수 없고, 세금 공제 혜택도 받을 수 없다. 뿐만 아니라 적발 시 가산세를 물어야 한다.

인ㆍ허가 사항 검토해야 낭패 면할 수 있다

예비 창업자 이 모 양은 창업을 준비하면서 큰 낭패를 당했다. 이 양은 미대를 졸업하고 어린이 미술학원 등에서 교사 생활을 했다. 그것을 경험 삼아 점포를 임대하고, 어린이집 창업을 준비했으나, 사업자 등록 과정에서 자격증이 문제됐다. 어린이집은 자격증이 있어야 열 수 있으며, 교육구청에 등록하고 사업을 시작해야 하기 때문이다. 결국 자격증이 없는 이 양은 다른 사람의 명의로 창업을 할 수밖에 없었다.

아이템이나 업종에 따라 허가, 등록, 신고 조건이 다르다. 따라서 관련 법규를 사전에 검토해야 나중에 실패를 면할 수 있다.

일반음식점이나 식품접객업종 등 외식업은 식품 위생이나 시설에 관한 관련 법령이나 규제를 검토해야 한다. 허가를 받으려면 관할 구청 위생과에 가서 위생교육필증, 보건증, 소방방화시설완비증명서(지하 20평 이상 또는 2층 이상 점포 해당), 신원 조회 의뢰서, 영업설비 개요와 평면도 등을 영업 허가 신청서와 함께 제출해야 한다. 시설에 관한 규제는 정화조시설, 환기시설, 방충망시설, 조리장시설, 급수시설, 폐기물 용기, 조명시설 등이 있다.

일정한 자격 요건이 필요한 업종은 식품제조업, 약국, 여행업, 독서실, 오락실, 통신판매업, 정기간행물발간업, 용역경비업, 자동차 수리업 · 대여업, 부동산중개업 등이다.

점포 계약 전 도시계획확인원 등 살펴야 한다

점포를 계약하기 전에 건물의 토지등기부등본, 건물등기부등본을 살펴보아야 한다. 압류, 가압류 등 소유권에 무슨 제한이 있는지 확인하고 상가건물임대차보호법 적용을 받는지를 확인해야 한다.

도시계획확인원 검토도 필요하다. 도시계획확인원에는 건물 주변으로 현재의 용도지역, 용도지구, 앞으로의 개발 계획 수립 여부 등이 기재되어 있다. 내용 가운데는 업종에 따라 인허가 사항이 제한되는 곳도 있다. 이는 점포 인테리어까지 해놓고도 개업하지 못하는 불상사를 방지하기 위해서다.

건축물관리대장으로는 무허가 건물인지, 면적이 얼마인지, 개정된 소방법에 의한 소방방화시설설치 의무 점포인지 등을 확인할 수 있다. 행정 처분 유무도 확인할 수 있는데, 이것은 기존 점포주가 행정처분을 받은 사실이 있는지를 파악하는 것이다. 미성년자에게 주류를 제공하는 것 등의 행정 처분 사유는 점포주가 바뀌어도 승계되기 때문에 필요하다.

업종을 변경하거나 신규로 개업할 때에는 시 · 군 · 구청에 문의하여 정화조 용량, 하수 용량 등을 체크해야 한다. 용량이 부족하면 영업 신고증을 발급받지 못하는 일이 일어날 수도 있다. 하수 용량이나 정화조 용량이 부족할 때는 임대차 계약 시 건물주와 비용 부담에 대해 논의해야 한다.

노래방 등은 학교정화구역 내 창업 불가

학교정화구역에도 창업이 제한된다. 컴퓨터게임장, 노래방, 증기탕, 무도학원, 무도장, 비디오감상실, 숙박업, 소극장, 만화대여업 등은 이 지역에 들어설 수 없다.

학교 출입문으로부터 직선거리 50m 이내를 절대정화구역이라

하고, 학교 경계선으로부터 직선거리 200m까지는 상대정화구역이라 한다. 일부 업종은 교육청 사회교육과에 심의, 신청을 하여 상대정화구역 안에 창업을 허가받을 수도 있다. 그러나 허가 기준에 적합한지를 확인하기 전까지는 계약을 하거나 어떠한 시설도 설치하지 말아야 한다. 교육 환경을 저해하는지에 관한 심의를 받으려면 관할 교육구청에 신청서, 건축물관리대장, 도시계획확인원, 주변 약도 등을 제출해야 한다.

PC방 등 다중이용업소, 개정 소방법 살펴야 한다

바닥 면적 합계가 100m² 이상인 일반음식점, PC방, 노래방, 산후조리원 등은 개정 소방법에 따라 소방시설, 비상계단, 비상구 등을 설치하는 등 방화시설, 방염 물품 등을 갖추어야 한다.

2007년 5월 29일까지 시행하지 않은 곳에는 200만 원 이하의 과태료가 부과되며 시정 명령이 내려진다. 시정 명령을 위반할 때는 3년 이하의 징역 또는 1,500만 원 이하의 벌금이 부과된다. 이에 따라 1층 이외의 점포를 신규로 열 때는 개정 소방법 적용을 받는지를 확인해 소방시설완비증명서를 발급받아야 한다. 증명서가 있어야만 영업신고증을 등록할 수 있다.

공사는 인테리어 전에 소방서에 문의하거나 소방업체에 위탁하여 진행해야 한다. 인테리어를 새로 해 놓고 소방시설완비증명서가 발급되지 않아 영업을 못 하거나, 인테리어한 점포를 다시 뜯는 일도 발생한다. 그러므로 인테리어 공사를 하기 전에 소방업체와

상의하는 것이 필요하다.

다중이용업소에 설치해야 하는 소방시설로는 소화기나 간이스프링클러 등의 소화설비와 피난설비, 방화문 및 비상구의 방화시설, 경보설비 등이 있다.

소규모 사업자는 간이과세가 유리하다

부가가치세 과세사업자는 일반과세자와 간이과세자로 구분하며, 유형에 따라 세금 납부 절차와 세 부담에 차이가 있다. 우리나라는 영세 사업자의 신고 편의 및 세부담 경감을 위해 간이과세제도가 있다.

간이과세자 범위는 연간 매출액(공급 대가)이 4,800만 원 미만인 사업자로서 정부가 정한 간이과세 배제 업종에 해당하지 않아야 한다.

간이과세자는 예정 신고, 납부를 하지 않고, 확정 신고에 모두 신고, 납부하면 된다. 세금계산서 발행이 불가능하며, 매입세액에 업종별 부가가치율을 곱한 금액만큼 공제받는다. 세율이 일반과세자가 10%인 반면, 2~4% 밖에 되지 않아 세금 면에서 절감이 유리하다. 연 매출액이 4,800만 원을 넘으면 일반과세자로 변경되며, 관할세무서에서 통지가 온다.

상호도 재산이다

매장을 알리는 브랜드인 상호(商號)도 신중히 선택해야 한다. 상호는 원칙적으로 상법의 보호 대상이 된다. 상법 제23조 제1항은 '누구든지 부정한 목적으로 타인의 영업으로 오인할 수 있는 상호를 사용하지 못한다.'라고 규정해 상호를 보호하고 있다.

부정한 목적이 있느냐의 여부를 떠나 동일한 상호를 사용한다면 상법상 보호를 받을 수 없다.

따라서 상호를 결정했으면 상표로 출원해 상표법상으로 보호를 받을 수 있는 장치를 마련하는 것이 바람직하다. 자신의 상호와 동일 또는 유사한 상표를 타인이 출원해 등록받으면 자신의 상호 사용이 타인의 상표권 침해에 해당하는 경우가 생길 수 있다.

부동산임대차계약서 쓰기 전에 체크할 것

점포를 가지고 사업하려면 아래와 같이 토지·건물등기부등본, 건축물관리대장, 도시계획확인원 등을 살펴본 후 건물주와 임대차계약을 해야 한다.

❶ 토지·건물 등기부등본

등기부등본상의 '갑구' 사항란으로 토지와 건물 주인이 누구인지를 확인할 수 있다. 만약 주인이 따로따로 있거나 여러 명 있으면 주인 모두와 계약을 해야 한다. 다만, 주인들이 대리인을 두어

(위임장구비) 임대차 계약을 할 수도 있다.

등기부등본의 '을구' 사항란은 그 부동산의 근저당권·전세권 등이 얼마나 설정되어 있는지를 확인할 수 있다. 부동산 시가에 비해 근저당이 과다하게 설정되었다면 임대차계약을 다시 한 번 재고하는 것도 안정된 사업을 위한 방법 중 하나이다.

❷ 건축물관리대장

사업장이 무허가건물인지 허가된 건물인지 여부를 확인할 수 있다. 인·허가가 필요한 업종은 무허가건물과 계약을 할 때 각종 규제를 받으므로 이점을 유념해야 한다. 예를 들어, 음식업(인허가업종)의 경우 무허가건물에는 '영업신고증'이 발급되지 않는다. 허가된 건물이더라도 음식점을 열려면 1층을 제외한 사업장에는 정화조 용량이 충족되어야 '영업신고증'을 발급받을 수 있다.

❸ 도시계획확인원

사업장이 국가에서 시행하는 재건축이나 신도시개발예정지역인지를 확인할 수 있다. 사업을 시작한지 얼마 안 되어서 재건축이 진행된다면 사업자는 큰 경제적인 손해를 볼 수도 있다.

간이과세자와 일반과세자의 차이

일반과세자와 간이과세자는 면세품 이외의 상품이나 서비스를 판매하는 사업자를 말한다. 이 둘의 차이점은 다음과 같다.

첫째, 간이과세자는 연 매출액이 4,800만 원 미만인 사업자, 일반과세자는 연 매출액이 4,800만 원 이상인 사업자가 해당한다.

둘째, 간이과세자는 사업을 위하여 부담한 부가가치세를 돌려받을 수 없지만, 일반과세자는 돌려받을 수 있다.

셋째, 음식점 등을 하는 경우 카드매출(현금영수증매출 포함)에 대하여 간이과세자는 1.5%을, 일반과세자는 1%을 공제받을 수 있다.

넷째, 일반과세자는 매출액의 10%을 부가가치세로 부담하나, 간이과세자는 업종에 따라서 부가가치세 중 20~40%를 세금으로 부담한다.

예를 들면, 일 년 매출액(계산 편의상 매입액 등은 없다고 가정하자)이 4,400만 원(400만 원은 부가가치세)인 경우 사업자가 내야 할 부가가치세는 일반과세자는 400만 원이고, 간이과세자는 176만 원(400만 원의 40%)이다.

다섯째, 반 년 매출액이 1,200만 원 미만인 경우 간이과세자는 부가가치세를 부담하지 않지만, 일반과세자는 부가가치세를 납부해야 한다.

여섯째, 간이과세자는 업종에 제한을 받지만(예를 들어, 도매업, 상가 밀집 지역, 특정 지역, 전문직 종사자, 다른 사업장이 일반과세자인 경우 등), 일반과세자는 제한이 없다.

일곱째, 간이과세자는 세금계산서를 발행할 수 없으나, 일반과세자는 발행할 수 있다.

2007년 개정 세법 중 중요 내용

❶ 세무 조사

2007년 주요 세법 개정 내용을 개략적으로 살펴보면 다음과 같다.

첫째, 세금을 불성실하게 신고하면 가산세 부과율 등을 상향 조정했다. 종전에는 탈세 제보 시 건당 탈세 금액이 5억 원 이상이면 제보자에게 탈루 세액의 2~5%(1억 원 한도)를 포상금으로 지불했으나, 2007년 1월 1일부터는 탈세 금액이 1억 원 이상이면 포상금을 지급하도록 법을 개정하였다.

둘째, 탈세 시 세무 조사를 강화, 탈세 제보 시 포상금 지급 대상을 확대했다. 종전에는 세무 조사 개시 7일 전에 사전 통지를 하였으나, 2007년 1월 1일부터는 10일 전에 통지하도록 하였다. 이는 납세자가 세무 조사를 준비하는 기간을 더 주기 위한 취지로 보인다.

셋째, 자영업자는 사업용 금융거래통장을 개설하여 관할세무서에 신고해야 한다. 신설된 규정으로 납세자가 세무 조사를 기피하는 행위가 명백하거나, 세무 조사 대상 업체의 거래처 조사 등에 대하여 현지 확인이 필요하면 세무 조사 기간을 연장할 수 있다. 이러한 연장 사유 발생 시 국세청은 납세자에게 문서로 연장되는 사유와 기간을 통지해야 한다.

넷째, 간이영수증제도를 강화했다. 거래 내용이 사실과 다른 혐의가 있거나, 구체적 탈세 제보가 접수된 사업장 등은 2007년 1월 1일부터는 세무 조사를 국세청이 수시 선정할 수 있다.

❷ 부가가치세법

- 음식업종을 하는 개인사업자가 면세품을 구입하면 구입한 가액의 5/105를 부가세 납부 시 돌려주었으나, 2007년 1월 1일부터는 6/106로 상향 조정되었다.

- 재화 등을 구입하면 사업자는 원칙적으로 세금계산서 등을 받아야 한다. 2007년 7월 1일부터는 재화를 파는 사람이 세금계산서를 발행하지 않으면 구입하는 사업자가 세금계산서를 발행할 수 있다. 이 규정은 재화를 파는 사람이 탈세하려고 세금계산서를 발행하지 않는 일을 사전에 방지 하려는 데 그 취지가 있는 것으로 보인다.

- 2007년 1월 1일부터는 세금계산서를 교부하지 않거나, 가짜세금계산서를 발행하거나, 다른 사람 명의로 세금계산서를 발행하면 발행 가액의 2%를 가산세로 부과한다. 또한 다른 사람 이름으로 사업자등록을 하면 가산세 1%를 적용한다. 이 규정은 최근 남대문시장 등에서 가짜세금계산서를 발행하는 재료상에 제재를 가하고, 재료상으로부터 세금계산서를 받는 사업자에게도 불이익을 강하게 주려는 취지로 보인다.

- 2007년 1월 1일부터는 국가, 지방자치단체가 직영하는 구내식당에는 부가가치세를 면제한다.

❸ 종합소득세법, 법인세법

종합소득세법

- 공동사업자 중 경영에 참여하지 않고 자금만 투자한 사람에게 발생하는 소득은 배당소득으로 보아 세금을 부과한다.

- 신설된 규정으로 공동사업자로 허위등록하거나, 공동사업자 지만 실질과 다르게 등록하면 총 매출액의 0.5%를 가산세로 부과한다. 또한 공동사업자가 제 때 세금신고를 하지 않으면 총 매출액의 0.1%를 추가 가산세로 부과한다.

- 신설된 규정으로 자영업자는 사업용 금융거래통장을 개설하고 관할세무서에 신고해야 한다. 이때 사업용 금융거래통장 예금주명에 자영업자의 상호를 기재해야 한다. 이에 대한 제재는 2008년 1월 1일 이후 거래분부터 적용된다.

- 신설된 규정으로 성실사업자(사업용 계좌를 개설하고 신고한 사업자 등)는 연 100만 원 소득공제를 할 수 있다. 이는 세금 낼 돈에서 100만 원이 차감되는 것이 아니고, 총 매출액에서 100만 원이 차감된다는 의미이다.

- 개인 사업자가 사업을 위해서 지불하는 금액에 대해서는 세금 계산서, 계산서, 신용카드매출전표, 직불카드, 기명식선불카드, 현금영수증을 구비해야 원칙적으로 비용이라 인정해왔다. 이런 증빙서류가 아닌 간이영수증을 구비하면 2007년까지는 건당 5만 원(2008년부터는 3만 원, 2009년부터는 1만 원) 이하 금액은 경비로 인정한다. 5만 원(2008년부터는 3만 원, 2009년부터는 1만 원)을 초과하는 간이영수증에 기록된 것도 경비로 인정은 하되, 2%의 가산세를 부담해야 한다.

법인세법

- 신설된 규정으로 형법상 뇌물(외국공무원에 대한 뇌물 포함)에 해당하는 금전과 금전 이외의 자산은 법인 경비로 인정하지

않는다.
- 조세특례제한법에서 인정되는 연구개발준비금, 투자손실준비금, 코스닥상장법인의 사업손실준비금, 문화사업준비금 등이 2007년 1월 1일 이후에는 법인세 절세 혜택이 없다.

인 · 허가 등이 필요한 사업지를 먼저 체크하자

점검을 해야 할 일이 많으므로 창업을 할 때는 여유로움이 있어야 한다. 사업을 하려고 업종을 정하면 임대차계약을 하는 사업장에 적합한지를 사전에 면밀히 점검을 해야 한다. 의외로 음식업을 비롯한 많은 업종이 관청의 인 · 허가 등을 필요로 하기 때문이다.

음식업(예를 들어, 제과점, 커피숍, 호프, 일반음식점 등)을 하려면 사업장의 정화조 용량이 충분한지를 구청 등을 방문해서 알아보아야 한다. 또한 사업장이 무허가 건물인지 아닌지도 알아보아야 한다. 과거에는 무허가 건물에서 음식업을 해도 큰 제재가 없었으나, 근래에는 '영업신고증(음식업을 하기 위해 반드시 필요한 서류)'을 구청에서 무허가 건물에는 발급해 주지 않고 있다. 그러나 기존 음식점을 인수받는 경우는 명의 이전만 하면 되므로 무허가 건물이라도 '영업신고증'을 갱신해 주기도 한다. 그러나 누군가가 음식업을 하는 곳이 무허가 건물이라고 구청에 고발을 하면, 그 내용을 구청에서는 검찰로 넘긴다. 그러면 결국 과태료 부과 등 여러 가지 좋지 않은 일을 겪을 수도 있다. 따라서 안전한 창업을 하려면 이러한 인허가 사항을 사전에 인지하는 것이 좋다.

제7장 ● 창업 상담실

창업 상담실

길거리 창업 준비는 어떻게 합니까

Q 창업 자금에 대한 부담을 줄이기 위해 길거리 창업을 생각 중입니다. 어떤 아이템을 선택해야 좋은지, 사전 준비로는 무엇이 필요한지 등을 알고 싶습니다.

A 최근 경기 불황이 계속됨에 따라 창업 비용을 줄이면서 안정적인 수입을 원하는 예비 창업자들이 증가하고 있습니다. 소자본 아이템에 대한 관심이 높아진 것도 이를 보여주는 사례입니다.

먼저 투자 비용 대비 수익성을 논하자면 로드비즈니스(길거리 창업)만한 아이템도 흔하지 않습니다. 로드비즈니스는 크게 좌판형, 입석형 그리고 이동형으로 구분합니다. 이동형이란 리어커, 트럭, 자가용, 오토바이와 같은 이동 수단을 이용해 소비자를 찾아다니는 영업 행위를 말합니다.

좌판형, 입석형은 지정된 도로나 보도 위에서 간이 탁자를 활용해 영업하는 형태입니다. 길거리 창업은 대부분 사업자등록증 없이 세금 납부 의무조차 행하지 않는 불법 상행위이므로 관할 구청의 법적 제재를 받을 수도 있습니다. 따라서 반드시 허가된 곳에서 영업을 해야 합니다.

길거리 창업을 준비하는 사람들은 대부분 무슨 아이템으로 사업을 할지에 큰 비중을 두고 있습니다. 실제로 아이템 선정은 매우 중요합니다. 그러나 히트 아이템 없이 전통적인 노점 먹거리들이 인기를 얻고 있는 점을 고려해 보면 너무 생소한 아이템보다는 친숙한 아이템을 선정하는 것이 창업 성공에 유리합니다.

기존 방법을 업그레이드한 아이템도 좋다고 할 수 있습니다. 단순한 어묵을 판매하기 보다는 어묵 속에 치즈나 떡 등을 넣어 차별화를 꾀하는 것입니다. 호떡만 해도 녹차호떡, 한방호떡, 호떡범벅 등 새로운 아이템이 계속해서 등장하고 있습니다.

길거리 창업은 점포형 창업에 비해 전문적인 지식과 실력을 쌓기 전에 하는 사례가 많습니다. 장사 노하우나 조리·판매 전략에 대한 교육 기회가 있어도 개장 시간이 매출로 바로 연결되기 때문에 교육을 받지 못하는 경우가 많습니다.

길거리 창업도 꿈을 위해 뛰는 사업입니다. 그러므로 상품 개발을 위한 지속적인 투자와 사전 운영 교육 등을 하여 철저한 준비를 해야 합니다.

업종 선택은 수요가 많고 재고가 없는 아이템이 적합합니다. 평범한 아이템보다는 시각적·기능적으로 튀고, 가격 경쟁력이 있는 것이 좋습니다. 고객의 소비 욕구를 활용한 마케팅도 필수입니다. 손님에게 상품을 만져보게 하는 방법 등으로 즉흥적인 구매 유발을 유도해야 합니다. 입지는 유동 인구가 많은 상권 안에 노점상이 밀집되어 있는 곳이 가장 좋으며, 상품 진열은 소비 심리의 한계 시간인 5초 안에 눈길을 끌 수 있도록 해야 합니다.

소고기 전문점,
창업해도 됩니까

Q 미국산 소고기가 수입되면서 주위에서 소고기 전문점을 창업하라는 권유를 자주 듣습니다. 소고기 전문점은 전망이 어떠한지 궁금합니다.

A 미국산 소고기가 3년 5개월여 만에 수입이 재개됐습니다. 육류 시장을 호령하던 돼지고기 인기가 약해지고 소고기가 힘을 받을 것이라는 전망이 곳곳에서 나오고 있습니다. 따라서 소고기 전문점 창업이 붐을 이룰 것이라고 예상할 수 있습니다.

소고기 전문점은 피자, 치킨 등과 더불어 오래 동안 예비 창업자들이 큰 관심을 가지고 있는 대중적인 창업 아이템 중 하나입니다.

그러나 2004년 광우병 파동으로 미국산 소고기 수입이 전면 중단되면서 기존 이동갈비 전문점이나 불고기 전문점이 한꺼번에 많이 문을 닫았습니다. 이들 전문점들은 미국산 소고기를 주로 사용해 왔습니다.

따라서 2004년 이후 시중에 유통되고 있는 수입 소고기는 대부분 호주와 뉴질랜드산입니다. 2003년도에 비해 가격도 대폭 올랐습니다.

그러나 최근에는 다시 미국산이 유통되면서 가격이 폭락했습니다. 미국산에 비해 호주와 뉴질랜드산은 품질이 떨어지기 때문입니다.

미국산 소고기 수입 재개는 돼지고기 소비량에도 영향을 미쳤습니다. 돼지고기도 전년도에 비해 소비량이 줄고 있으며, 가격도 10% 정도 떨어졌습니다. 미국산 소고기가 본격적으로 유통된 6월 이후에는 가격 변동이 더 커질 것으로 전망됩니다. 대한양돈협회도 돼지고기 수요의 20% 정도가 소고기 시장으로 돌아설 것으로 내다보고 있습니다.

프랜차이즈 업체들도 중저가 소고기 전문점을 잇따라 개업하고 있습니다. 돼지고기와 같은 가격대이면 소고기 시장으로 고객이 움직일 것이라는 예상 때문입니다.

그러나 이러한 전망을 믿고 무작정 소고기 전문점을 창업해서는 안 됩니다. 창업 초기부터 표적 고객에 맞는 전략을 세워야 합니다. 최근 각광받고 있는 해물 전문점과 경쟁도 고려해야 합니다.

일례로 유행처럼 번졌던 저가 전문점은 위험 요소가 많습니다. 상품의 질적인 면을 고려하지 않고 무조건 '저가'에만 초점을 맞춰서는 안 됩니다. 웰빙 열풍 등으로 입맛이 까다로워진 소비자들은 제값을 주고 좋은 품질의 먹거리를 찾고 있기 때문입니다.

또한 프랜차이즈 업체들의 중저가 소고기 전문점을 창업할 때도 신중한 접근이 필요합니다. 점포 입지와 유동 인구의 특성 등 각자 창업 환경에 걸맞는 형태에 대한 분석을 먼저 해야 합니다.

아울러 나홀로족이 편하게 즐길 수 있는 대중적인 식사 메뉴와 양념 소스 개발, 그리고 구이 등 육류 문화를 다양하게 접목하며,

유기농 야채 사용 등 웰빙을 표방하는 방식을 이용하여 고객을 끌어 들일 수 있도록 노력해야 합니다. 싱글족 증가와 변화하고 있는 소비자 기호 등을 파악하여 매장 운영에 또한 접목해야 합니다. 유기농 야채 사용이나 마늘 소스 개발 등과 같은 웰루킹 전략은 이제 필수 요소가 되었습니다.

Q 외식업으로 매장을 열려고 준비 중인 예비 창업자입니다. 주방과 실내를 새롭게 인테리어하려고 하는데, 어떤 형태로 꾸며야할지 고민입니다. 주방 설계와 관련한 조언을 바랍니다.

A 외식업 인테리어 설계는 주방 설계에서 시작한다고 말할 수 있습니다. 우선 주방을 설정한 뒤 서비스 공간을 설계하기 때문입니다. 따라서 주방 설계는 점포 특성을 결정지을 수 있는 기본 작업에 해당합니다.

주방 규모는 판매하는 메뉴 종류, 품질, 수에 따라 주방 기기와 보조 설비를 결정한 후에 정할 수 있습니다. 그러나 주방 설계에 흔히 나타나는 현상의 하나가 주방 크기를 둘러싼 경영주와 전문가의 의견 차이입니다.

인테리어 전문가는 주방 기능은 상관하지 않고 객석만 화려하게 꾸며 자신의 전문 지식이나 예술성을 강조하는 일이 종종 있습니다. 어떤 점포 공사 현장에 가보면 주방의 방수나 배수 트렌치 공사 등을 설정하지 않은 채 평면으로 시멘트 마감을 한 곳도 있습니다. 이러한 부실 주방 설계를 방지하려면 반드시 몇 가지를 점검해야 합니다.

대부분 고객은 음식점에 들어오면 주방부터 살펴봅니다. 따라서, 주방 설계는 위생, 안전, 효율성의 원칙을 근거로 하는 것이 좋습니다.

판매하고자 하는 메뉴나 상품을 결정하며, 앞으로 개발할 메뉴도 생각해 보아야 합니다. 이것은 주방 기기 종류와 주방 규모 설정 기준이 됩니다. 주방 면적은 가능한 한 일정 부분 여유를 두며, 주방 뒤편에 종업원이 휴식할 수 있는 공간을 마련하는 것이 좋습니다.

특히 유의해야 할 점은 건축 도면이나 기존 인테리어 도면에 의존하지 말고, 새롭게 실측하여 만든 평면 도면으로 점포 규모를 결정하고 설계해야 하는 것입니다. 이를 위해서는 주방, 계단, 화장실 등의 공유 면적을 제외한 점포 전용 면적을 엄밀하게 실측해야 합니다. 또한 건축 전문 지식이 없어도 천장, 벽체, 바닥, 전등 형태, 위생 변기 등은 어떤 자재와 제품을 사용해야 하는지도 파악해야 합니다.

특수한 경우를 제외하고 인테리어 비용을 더 추가해서는 안 되며, 빨리 개업하고 싶은 생각으로 공사를 단축하는 것도 금물입니다. 점포는 어디까지나 영업에 필요한 기능으로 설계하고 건축해야 합니다. 인테리어 업자에게 일정표를 작성하게 하여 공사 진행 현황을 체크해 보는 것도 좋습니다.

외식업의 성패를 결정하는 요소 중 주방 설계 분야는 보이지 않는 경쟁력이라 할 수 있습니다. 주방 인력을 효율적으로 배치하고 메뉴를 신속하게 내어놓는 것이 서비스의 기초입니다. 이것은 모든 외식업 예비 창업자들이 점검해야 할 핵심 사항입니다.

따라서 주방 기기의 레이아웃과 이동 동선, 그리고 조리의 편리성 등 다양한 요소를 과학적으로 접근한 기초 설계와 시공이 경쟁력을 강화하는 요소라는 사실을 기억해야 합니다.

저가와 웰빙 중 무엇을 선택해야 합니까

Q 창업을 목표로 하고 있지만 아직 아이템을 정하지 못했습니다. 최근 창업 시장에서 저가형 아이템이나 웰빙 관련 아이템이 각광을 받고 있는 것 같아 두 가지 중 하나를 놓고 무엇을 선택할지 고민하고 있습니다.

A 경기 불황이 지속되면서 창업 시장에 떠오른 키워드가 저가형 아이템 상품입니다. 또 건강이 사회적 이슈로 부각되면서 웰빙 관련 아이템 또한 창업 시장에서 붐을 이루고 있습니다.

최근 수년간에 걸쳐 저가형 아이템 창업과 웰빙 관련 사업이 창업 시장의 키워드로 자리매김하면서 성공했습니다. 하지만 이러한 이유만으로 너나 할 것 없이 저가 상품 시장과 웰빙 관련 시장에 뛰어들다보니 현재 경쟁이 치열한 상태입니다. 저가 아이템은 최근 소비자의 가치 만족이 커지면서 정리되고 있는 상황으로 보입니다. 단순한 저가만을 표방한다면 창업 시장에서 결코 살아남을 수 없습니다.

소비자는 저렴한 가격에 비해 높은 품질을 원합니다. 따라서 현재 운영되고 있는 외식업종의 저가 아이템은 반찬류와 같은 사이드 메뉴를 줄이고 품질에 신경을 쓰고 있습니다. 서비스나 판매업도 실정이 비슷합니다. 따라서 저가 아이템을 선택할 때는 품질을 꼼꼼히 따져 봐야 합니다. 유통 라인을 점검하고, 운영되고 있는 가맹점에 대한 평가 등을 사전에 조사하는 것도 업종이나 아이템을 선택하는 데 도움이 됩니다. 즉, 높은 품질을 지닌 저가 아이템을 선택하는 것이 중요합니다.

웰빙은 최근 사회 모든 부문에 반영되어 있습니다. 외식업, 서비스업, 판매업, 가전 등 웰빙을 표방하지 않는 아이템은 없다고 해도 지나친 말이 아닙니다. 황토 제품을 비롯해 유기농 야채, 천연 재료 사용 제품, 해산물 요리 등 브랜드마다 웰빙과 관련한 특징을 부각하고 있습니다.

각 브랜드가 표방하고 있는 주 아이템 컨셉이 무엇인지, 표적 고객층이 어디에 있는지 등을 점검하는 것이 필요합니다. 그 후 차별화된 웰빙을 표방하고 있는 브랜드를 선택하는 것이 중요합니다.

그리고 무엇보다 웰빙이나 저가 아이템을 선택하기 전에 하루가 다르게 변모하는 소비자 심리와 창업 시장의 생존 경쟁을 감안해야 합니다. 창업자나 예비 창업자들이 성공 창업을 하기 위한 요소에는 여러 가지가 있습니다. 기본적인 상권이나 입지, 그리고 아이템 선정 등을 비롯해 창업자의 마인드, 특성, 성격 등입니다.

이러한 남다른 요소가 준비되어 있을 때 두 가지 전략을 성공할 수 있습니다. 즉, ‘차별화된 아이템 공략’, ‘변화에 변화를 더하는 마케팅’으로 충성 고객 만들기 전략을 우선으로 해야 합니다. 이런 전제 조건에 대한 준비가 끝났다면 ‘저가’와 ‘웰빙’ 아이템 중 어느 것을 선택하더라도 창업을 성공할 가능성은 더욱 커질 것입니다.

업종 선택 기준은 무엇입니까

Q 창업을 준비 중인 20대 여성입니다. 창업에 대한 지식이 없어 아이템을 아직 정하지 못했는데 무슨 아이템이 발전 가능성이 있는지 알고 싶습니다.

A 창업을 위해서는 다양한 요소에 대한 검토와 준비가 필요합니다. 창업자, 아이템, 입지, 자금, 마케팅 전략 등 중요 요소들이 많지만, 아이템 선정은 가장 핵심 요소라고 할 수 있습니다.

아이템을 선정하려면 먼저 소비자의 트렌드를 분석할 필요가 있습니다. 소비자의 구매 패턴을 읽고 한발 앞서가야만 미래를 주도할 수 있기 때문입니다. 1년도 안 되어 업종을 바꾸는 일은 소비자 구매 패턴, 즉 트렌드를 제대로 읽지 못해 발생하는 것이 대부분입니다. 최근에 두드러지게 나타나고 있는 창업 동향과 업종을 정리해 보면 시대에 맞는 업종 흐름을 파악할 수 있습니다.

다음으로는 업종의 경쟁력을 분석하고 자신에게 적합한가를 판단해야 합니다. 창업을 시작하면 지금까지 살아온 것보다 더 큰 어려움을 극복할 수 있어야 합니다. 따라서 자신의 강점과 약점, 그리고 능력을 파악해야 합니다.

그러나 취미와 적성에 맞는 업종이라 할지라도 경험이 없으면 실패 확률이 높습니다. 그러므로 일정기간 동안 하고자 하는 업종에 대해 경험을 쌓는 것도 실패를 줄이는 방법 중 하나입니다.

수익성에 대해서도 고려해야 합니다. 투자 수익률이 3% 이상은 되어야 합니다. 5~10%가 되면 유망 업종이라고 할 수 있습니다. 이를 위해서는 사업 타당성 여부를 조사하고, 검토하는 사업성 분석이 필요합니다.

사업 타당성은 계획한 사업의 성공 가능성을 시장성, 제품성, 수익성, 재무성 등을 근거로 하여 합리적인 방법으로 분석해야 합니다. 수익성 분석은 얼마의 자금을 투자해서 얼마나 많은 이익을 창출할 수 있는지를 파악하는 것입니다. 입지의 궁합, 라이프 사이클 적용, 시장 진입 가능성 등도 검토해야 합니다.

20대 여성이라면 상대적으로 남성들보다는 사회 경험이 적다고 할 수 있습니다. 이 경우에는 원하는 업종의 점포를 직접 찾아다니며 경험을 쌓는 것이 중요합니다.

젊은 여성들은 꽃집, 액세서리점, 팬시점, 내의 전문점, 아동복점, 유아용품점, 아이스크림 전문점, 테이크아웃 커피 전문점 등 깔끔하고 감각적인 면을 살릴 수 있는 업종을 선호하는 경향이 있습니다. 주부는 젊은 여성들과 별 차이는 없으나, 치킨 전문점, 피자 전문점, 김밥집 등 중저가 소규모 음식점들도 권할 만한 업종이라고 할 수 있습니다.

투잡스 준비는 어떻게 합니까

Q 직장을 다니면서 투잡스(two jobs)로 할 수 있는 아이템을 찾고 있습니다. 무엇을 어떻게 하여 준비를 하면 좋겠습니까?

A 투잡스는 말 그대로 두 가지 일을 뜻합니다. 최근에는 직장을 다니면서 다른 일을 하는 회사원이 증가하면서 투잡스에 대한 관심도 높아졌습니다. 직장인은 물론 부업에 뛰어드는 주부들도 늘고 있습니다.

직업이 있는 사람이 임시로 하는 일을 흔히 아르바이트(부업)라고 합니다. 그러나 투잡스는 단순한 아르바이트와는 엄연한 차이가 있습니다. 단지 작은 돈을 버는 일거리가 아니라 직장인이 가지는 또 하나의 직업입니다.

투잡스와 아르바이트를 구분하는 가장 확실한 기준은 전문성입니다. 전문적인 기술이나 지식이 전혀 없어도 할 수 있는 일이라면 단순히 부수입을 올리는 일거리(아르바이트)라고 할 수 있습니다.

투잡스를 희망하는 비율에 비해 실제 투잡스를 하는 사람은 많지 않습니다. 사람마다 주어진 환경과 지식, 자본, 시간, 취미, 인맥 등 여러 가지 요인을 감안해 자기 몸에 맞는 투잡스를 골라야 합니다.

시간이 많다면 출장요리, 대리운전, 도배를 투잡스로 택하는 것이 좋습니다. 어느 정도 자본이 있다면 유망 아이템을 골라 점포나 무점포 사업을 하는 것도 괜찮습니다. 경력이나 학력이 화려하다면 헤드헌팅, 겸임 교수, 컨설턴트, 지식 전문 상담사 등에 도전해 볼만 합니다.

공인중개사나 소비자 전문 상담사, 게임 기획 전문가 등과 관련한 국가 기술 자격증을 취득하는 것도 투잡스를 위한 방법입니다. 노후 대비나 투잡스를 위해 자격증을 취득한 후에는 경제 활동으로 연결되는 활용 노하우가 필요합니다.

내세울 만한 경력이나 자본은 없지만 인맥이 풍부하다면 인터넷 쇼핑몰이나 네트워크 마케팅을 선택하는 것도 좋습니다. 취미를 투잡스로 연결시키는 방법도 현명한 선택입니다.

투잡스는 빨리 시작할수록 유리하다고 할 수 있습니다. 도전해 볼 만한 아이템이 정해지면 바로 실천에 옮기는 것이 중요합니다. 직장인은 경영자, 직장 상사, 사회적 여건 등 때문에 드러내 놓고 할 수 있는 환경이 아닙니다. 그러나 평생직장의 개념이 사라지고, 고용의 유연성이 늘어난 현 시점에서 투잡스는 불안한 미래를 대비하는 현명한 방법 중 하나입니다. 투잡스는 단순한 돈벌이가 아닌 직장인들의 새로운 생존 전략입니다.

종업원 관리는 어떻게 해야 합니까

Q 고기 전문점을 운영하고 있는 초보 자영업자입니다. 주방장을 비롯한 직원들을 내 가족처럼 대했지만, 최근에는 종업원 관리에 더욱 어려움을 느끼고 있습니다. 종업원 관리를 어떻게 하면 좋겠습니까?

A 사업장에는 반드시 종업원이 있기 마련입니다. 또한 사업장 성격에 따라 종업원 고용과 관리, 그리고 교육 내용이 달라질 수 있습니다.

주방장에 대한 의존도가 높은 외식업은 전문성과 노하우가 필요합니다. 창업자 자신이 전문성이 없으면 종업원에 의지할 수밖에 없으므로 리스크를 안은 채 사업을 시작하게 됩니다. 그러면 종업원 관리나 교육 사항은 더욱 힘들고 어려워집니다.

그러나 매장 운영을 위해서도 종업원 관리 교육은 반드시 해야 합니다. 먼저 종업원이 소속감과 책임감을 가질 수 있도록 인성 교육에 주력해야 하며, 서비스 정신을 확립할 수 있는 교육도 해야 합니다.

창출된 이익을 일정하게 배분하여 나눠주면서 종업원이 곧 경영

자임을 인식시켜 주어야 합니다. 이를 위해 점포 안에서 얻은 내용에 대해 창업자는 종업원과 토론하여 종업원도 경영에 참여하는 주인공이라는 인식을 심어주어야 합니다.

프랜차이즈 창업을 할 때는 사전에 창업자가 핵심 노하우를 습득하고 지식을 얻는 것이 바람직합니다. 그러면 주방 인력과 업무에 대한 손실을 사전에 차단할 수 있습니다.

그러나 이 경우에도 홀과 보조 직원을 선택하거나 교육할 때는 인간적인 면을 보여주어 한 식구라는 개념을 정립하도록 해야 합니다. 경영자가 사장이라는 자만심으로 차 있고, 자신이 업무에 대한 노하우를 알고 있다고 종업원을 단순 노동자로 취급한다면 매장의 시너지를 높이지 못할 것입니다.

인간적인 관계 정립에 주력하면서 각각 업무 영역에 대한 기능성을 강조해야 합니다. 이로써 불협화음을 없애고, 장기 근로할 수 있는 가족과 같은 구심점을 만들어 나갈 수 있습니다.

위생 관념에 주의하고, 인사 잘하고, 고객에게 친절하고, 상냥하라고 지시하는 일편적인 종업원 관리 틀에서 벗어나는 것이 중요합니다. 물론, 이러한 사항은 중요한 내용입니다.

그러나 소자본 창업도 종업원과 함께하는 기업으로 승화되어야 하는 시점입니다. 매장 관리 기법이나 종업원에 대한 인력 관리도 한 차원 업그레이드 된 블루오션을 선택해 교육하고 함께 운영해 나가는 동반자의 길을 찾아가야 합니다.

08

동종 업종 증가로 매출이 감소하면 어떻게 해야 합니까

Q 치킨 전문점을 3년째 운영 중에 있으나, 동종 업종이 인근에 급속도로 늘어나면서 손님이 분산되고 특정한 고객 흡입력이 없다 보니 매출이 급감하고 있습니다. 어떻게 해야 합니까?

A 치킨 전문점은 스타일(style)형 업종 중 대표적인 것으로, 많은 예비 창업자들이 관심 있어 하는 아이템입니다. 소자본 창업이 가능하고, 특별한 기술이 필요치 않으며, 일정한 수요가 있다는 점 등을 이유로 유망 창업 아이템으로 손꼽히고 있습니다. 그러나 아이템 회전주기가 길고, 유효 소비 고객이 많다는 것은 그만큼 경쟁 또한 치열하다는 것을 반증하기도 합니다.

지금까지 치킨 전문점 창업은 '3 way system'을 병행하는 영업 전략을 구사하고 있다고 할 수 있습니다. 매장 판매, 배달 판매, 포장 판매가 그것입니다. 그러나 매장 입지와 크기, 상권 내 경쟁 업소의 경쟁력에 따라 주 매출 영업 형태를 달리하고 있는 것이 현실입니다. 대부분 치킨 전문점은 7:2:1의 법칙을 적용하고 있습니다. 배달 매출이 70%를 차지한다면 매장 매출은 20%, 포장 판매는 10%에 그치는 것이 대부분입니다. 하지만 최근에는 포장 판매를 표방하는 저가 내지는 균일가 매장이 잇따라 생겨나면서 이러한 법칙에도 약간의 변화가 오고 있습니다. 그러나 아직까지도 위의 법칙은 일반적으로 적용 가능하다고 할 수 있습니다.

치킨 아이템과 상호 보완되는 아이템을 말한다면 바로 피자 메뉴라 할 수 있습니다. 그러므로 치킨 전문점의 주 고객을 피자 전문점의 주요 손님으로 생각하면 큰 무리가 없을 것입니다. 따라서 기존 치킨 매장에 피자 메뉴를 추가하고 별도로 다른 전화번호를 마련해 피자를 판매한다면 두 업종 모두 배달 매출을 올리 수 있어 투자 대비 수익성이 높은 결과를 도출할 수 있을 것입니다. 또한 배달 매출이 70% 이상을 차지하는 매장에서는 표적 고객의 구매 의욕을 높일 만한 시즐 효과가 필요합니다.

전단지, 판촉물, 사은품, 쿠폰 등은 이미 모든 배달 아이템에 상용하는 홍보 도구입니다. 그러므로 차별화되고 색다른 홍보 방법으로 고객을 흡입하는 것이 바로 회생 전략이라고 할 수 있습니다. 업종별 연계 홍보, 주거 지역 내 세차 서비스, 아이들 관련 정보 제공 등 실 구매고객인 아이들과 부모들이 감성적으로 쉽게 접근할 수 있는 전략이 필요합니다. 바로 이것이 고객을 감동케 만드는 마케팅 전략입니다. 고객은 늘 유동적입니다. 일반적으로 자기 자신에게 유리한 업소를 찾습니다. 단순한 가격 세일이나 판촉물을 주는 것은 고객에게 감동을 주거나 만족을 제공할 수 없습니다. 진심으로 손님과 교감하며 감동을 주어 충성 고객을 만드는 전략을 써야합니다. 남이 하지 않는 방법으로 고객과 직접적으로 관계를 개선함으로써 고객을 감동시키는 마케팅 전략, 이를 사용하면 제2의 전성기를 만들어 나갈 수 있을 것입니다.

09

가격 파괴 아이템, 주의사항은 무엇입니까

Q 주머니 사정이 좋지 않은 주택상권이라 낮은 가격으로 많이 판매하는, 박리다매 형태 창업을 생각하고 있습니다. 가격 파괴 아이템으로 창업을 하려면 주의해야 할 사항은 무엇입니까?

A 올 한해 저가를 표방하던 아이템들을 평가해보면 모든 분야에서 어려움을 겪었습니다. 외식업은 미국산 소고기 수입 재개에 따른 기대 심리로 저가 소고기 전문점을 준비 중이던 업체들이 소고기 수입 연기와 광우병 우려의 목소리로 힘을 받지 못했습니다. 저가 국밥집이 연말에 출시하여 지갑이 가벼운 소비자들을 유혹하고는 있지만, 성공 여부는 미지수로 남겨져 있습니다. 특히 저가 화장품, 저가 치킨, 저가 돼지고기 전문점 등 저가 전문점들 중 소비자에게 품질을 만족시키지 못한 업체들이 어려움을 겪었습니다.

IMF 이후 종종 등장하는 가격 파괴, 초저가, 세일이라는 말은 이제 우리에게 아주 친숙한 단어로 불리고 있습니다. 이런 저가 시장 전략은 경기가 불황일수록 붐을 이루고 있습니다. 중산층의 얇은 주머니 사정을 공략하는 저가 전략은 모든 분야로 확대되면서 2000년 이후에는 마케팅 전략으로 확고한 자리매김을 해 왔습니다. 특히 외식업 부문에는 가격 파괴형 전문점이 급속도록 팽창되었습니다.

저가 전문점은 고객은 싸서 좋고, 창업자는 수익성이 다소 미온적이기는 하지만 박리다매(薄利多賣) 영업 전략으로 안정적인 매출을 유지할 수 있다는 장점이 있습니다. 그러나 소비자 기호가 다양해지고, 매스티지 열풍 등 가치만족에 대한 기대치가 높아지면서 무조건적인 저가 판매 전략을 고집하다가는 성공하기가 어렵습니다.

가격파괴형 창업도 생산성, 소비성, 수익성 등이 동시에 이루어져야만 창업 시장에서 살아남을 수 있습니다. 저가격 전략을 유지하면서 고객의 입맛과 만족도를 충족할 수 있는 고품질을 유지하는 것이 중요합니다. 경기 불황과 맞물려 소비자들은 지출을 최소화하려고 하는 반면, 가치와 만족은 충족되기를 원하기 때문입니다.

저가 전략을 사용하고 있는 외식업종은 공급 부족에 따른 원가 상승으로 수익성을 창출하지 못하는 경우도 있습니다. 원가를 절감할 수 있는 유통 구조나 경영 시스템을 갖추지 못하면 지속적인 저가 전략 유지가 어렵다고 할 수 있습니다.

현재 가격 파괴 아이템은 서비스업, 유통업, 외식업 등 업종 전반에 퍼져있는 상황이며, 앞으로는 고객을 만족시키는 경쟁력 있는 업체만이 살아남을 것으로 보입니다. 따라서 창업자 각 개인의 노력이 우선되어야 하며, 원가 절감과 고품질을 유지해 고객 만족도를 높이는 데 중점을 두어야 합니다.

또한 메뉴 수를 최소화해 불필요한 비용을 줄여야 합니다. 매장 인테리어도 깔끔하고 고급스럽게 꾸며 고객이 지불하는 비용에 비해 만족도를 높여야 합니다.

10

배달 사업 시장의 성공 가능성은 어떻습니까

Q 배달 사업에 대한 시장 영역이 커지는 것을 보고 소자본 창업이 가능한 배달 사업에 관심을 가지고 있습니다. 배달 사업에 대한 앞으로의 시장 가능성은 어떠한지 알고 싶습니다.

A 배달 시장은 3조 원이 넘는 거대한 시장으로 성장했고, 국내 외식 시장의 40%를 넘어서고 있습니다. 주 5일 근무제 시행 등으로 앞으로도 꾸준한 성장세를 유지할 것으로 전망합니다. 창업자의 사업 영역도 변화하는 소비 환경을 따라갈 수밖에 없기 때문입니다.

과거에는 중국집, 치킨집, 피자집을 3대 배달 사업으로 인식하여 왔습니다. 그러나 시대가 변하고 소비자 기호가 다양화됨에 따라 배달 아이템도 그에 맞춰 성장하고 있습니다. 창업 비용이 적게 들고 창업자의 노력에 따라 매출을 극대화할 수 있는 장점 때문에 많은 사업자들이 경영에 배달 사업을 포함하고 있습니다.

배달 사업은 점포 규모를 소형화해 임대료나 인건비와 같은 고정 지출 비용을 낮출 수 있어 불경기에도 생존력이 강합니다. 또한 매장 인테리어나 시설 투자에 따른 비용을 절감할 수 있습니다. 점포형 창업에 비해 상권이나 입지의 영향을 상대적으로 덜 받으므로, 어디에서든 창업자가 적극적인 노력한다면 꾸준하게 매출을 성장시킬 수 있습니다.

배달 사업 아이템은 외식업과 관련이 많으나, 최근에는 선식, 유기농식품, 지역 택배, 도시락, 학습지 등 아이템이 다양해지고 있습니다. 배달 사업의 미래는 밝다고 할 수 있습니다. 그러나 유사 업종이 많고, 경쟁이 치열하여 성공하기는 쉽지 않습니다. 따라서 다음과 같은 전략을 세워야 합니다.

첫째, 고객 서비스를 강화해야 합니다. 배달 사업은 고객과 대면을 전제로 합니다. 따라서 뛰어난 서비스를 바탕으로 접객 요령을 익여서 습관화해야 합니다.

둘째, 최대한 빠른 서비스를 제공해야 합니다. 해당 상품을 주문한 이후부터 가장 빠른 시간 안에 고객에게 전달해야 합니다. 기다리는 시간이 짧아진다면 고객이 느끼는 만족도는 높아질 것입니다.

셋째, 청결을 중시하고 복장을 깔끔하게 해야 합니다. 매장을 방문해 배달을 주문하는 고객도 있습니다. 매장이 청결하지 않으면 악소문의 근원이 될 수 있습니다. 이것은 사업에 심각한 위기를 초래할 수 있습니다. 또한 깔끔한 복장이나 제복으로 고객에게 깨끗한 이미지와 인상을 심어주어야 합니다.

넷째, 부지런하고 공격적인 마인드로 꾸준히 영업해야 합니다. 공격적인 마인드란 고객이 방문하기를 기다리거나 고객이 주문하는 것만 제공하는 것이 아니라 적극적으로 나서서 고객을 끌어오거나 판매를 유도하는 마케팅 전략을 의미합니다. 특히 배달업종은 고객의 주문을 늘리기 위한 공격적인 마인드가 더욱 필요합니다. 배달 고객의 전화번호를 입력해 놓았다가 신메뉴를 출시하거나 이벤트를 할 때 먼저 고객에게 전화나 문자메시지로 알리는 것도 공격적인 마케팅이라 할 수 있습니다. 고객은 전단지와 같은 홍보물을 보고 주문을 하는 경우가 많습니다. 매달 고정으로 홍보비를 지출하여 공격적인 영업을 펼쳐야 합니다. 이와 함께 한번 고객은 반드시 단골로 만든다는 마음으로 고객 관리에 중점을 두어야 합니다. 단골에게 혜택을 주는 방법도 하나의 전략입니다.

Q 집 근처 아파트 상가가 좋은 조건으로 나와 업종 선택에 고심하고 있습니다. 1천 가구 규모의 30평형 아파트 상권입니다. 점포는 1층에 있으며 15평입니다. 어떤 업종을 선택하는 것이 좋습니까?

A 아파트 상가에 입점할 수 있는 기본 업종은 약 20여 개가 있습니다. 대부분 지역 밀착형 업종입니다.

현재 위치가 1천 가구 상권이 있는 1층 점포이기 때문에 창업 가능한 업종은 판매업, 대여업, 기술 서비스업 그리고 간편한 외식업이 적당하다고 판단합니다. 건강과 환경에 대한 관심이 꾸준히 증가하고 있으므로 이러한 트렌드를 담은 아이템이 좋습니다.

40대 부부가 아파트 상가 15평 점포에서 운영 가능한 업종을 대략 살펴보면, 유기농산물 전문점, 반찬 판매업, 문구 팬시점, 할인 도서 판매업, 화장품·액세서리 판매점 등과 같은 판매 업종이 적합하다고 할 수 있습니다. 비디오·도서 대여점, 세탁소, 이·미용 전문점 등 기술 형태나 유통형 서비스업도 지역 밀착형 아이템이라 볼 수 있습니다.

핫도그 전문점, 테이크아웃 피자 전문점, 퓨전치킨 전문점, 퓨전

주점, 돈까스·우동 전문점 등의 외식업종도 경쟁력이 있는는 아이템이며, 입지와 호환성도 좋다고 할 수 있습니다. 업종에 따라 차이가 있지만, 평균 투자 규모는 3천만 원대가 적당합니다. 물론, 여기에 점포임대차 비용은 제외하였습니다.

최근 소자본 창업 흐름을 보면 신규 업종이나 고유 업종 아이템 회전 주기가 짧아지고 있습니다. 과거에는 2~3년 주기로 업종이 변화하는 경향을 보였습니다. 그러나 최근에는 1년 주기로 업종이 바뀐다고 할 수 있을 정도로 빠른 변화를 보이고 있습니다. 소비자의 소비 트렌드가 그만큼 빨리 변한다고도 할 수 있습니다.

그래서 현재 오락실, 유명의류점, 만화대여점, 사진관, 서점 등과 같은 업종은 실패하기 쉽습니다. 투자하는 자본에 비해 수익성이 현저히 떨어지는 경향이 발생하기 쉽기 때문입니다.

일반적으로 아파트 상가에서 매출이 높은 업종 순위는 부동산, 제과점, 이·미용전문점, 세탁소, 치킨 전문점 등을 꼽을 수 있습니다. 그러나 이런 업종은 기술이나 자격증이 필요하며, 창업자본이 많이 들어간다는 어려움이 있습니다.

따라서 경험이나 기술이 없는 40대 부부가 아파트 상가 1층에서 창업을 할 때에는 수익성과 지속성이 우수하며, 표적 고객층이 넓고, 유행을 타지 않는 아이템을 선택하는 것이 좋습니다.

창업 아이템은 살아있는 생명체라고도 합니다. 특별한 업종 보다는 잘 알고 있는 아이템을 선택하는 것이 훨씬 성공에 유리하다는 것을 잊지 마시길 바랍니다.

Q 서울 서대문구 홍은동에서 외식업체를 운영중인 창업자입니다. 사업을 진행할수록 홍보·판촉에 대한 필요성을 절실히 느끼고 있습니다. 효과적인 홍보 전단지 제작 방법과 홍보 요령을 알고 싶습니다.

A 전단지는 창업자들에게 가장 대중적이고 손쉬운 홍보 수단입니다. 이른바 'MOTMoment of truth : 순간의 진실'를 극대화시키는 홍보 전략에 사용하는 것 중 하나입니다.

MOT는 잠시 멈추어진 시선 속에서 상품의 내용을 소개하거나 소비력을 촉진시킬 수 있는 모든 수단을 강구하는 마케팅 기법입니다. 그러나 대다수 자영업자는 전단지의 효율성을 무시한 채 형식적으로 전단지를 만들고, 형식적으로 배포합니다.

전단지는 대중적이며 가장 애용하는 홍보 수단입니다. 지역 밀착성이 강하여 배포 후 신속한 효과가 나타나고, 넓은 지면에 상품을 충분히 설명할 수 있다는 장점이 있습니다.

하지만 전달하려는 의미는 매우 함축해야 합니다. 따라서 일부에서는 티저 광고(궁금증을 자아내 호기심을 유발하는 광고) 기법을 응용하기도 합니다. 전단지 홍보 목적은 매장을 홍보하고 한 번쯤 방문토록 하게 만드는 것입니다. 매장 이름을 알리는 것이 아니라 무엇을 파는지를 알리는 데 더 중점을 두어야 합니다.

이를 위해 다음과 같은 내용을 반드시 담도록 유의해야 합니다. 우선 사업 내용을 특화시켜 차별성을 부각시키는 것이 중요합니다. 특정 상품 사진, 사업 내용의 자랑거리, 매장 위치, 연락처, 추천 상품, 세일 안내, 서비스 내용, 기타 상품 정보 내용이 모두 들어가면서도 짜임새 있게 배치하여 깔끔한 느낌을 주어야 합니다.

예를 들어, 저가형 음식점이라면 취급 제품만 무계획적으로 나열하지 말고, 알려주고자 하는 중요성에 따라 ① 가격이 싸다 ② 맛이 좋다 ③ 서비스가 좋다 ④ 분위기가 좋다는 순서로 장점을 보여줌으로써 효과를 극대화해야 합니다.

또한 다른 광고 수단과 마찬가지로 단발성 효과를 거두는 것을 기대해서는 안 됩니다. 주기적이고 지속적으로 배포하다 보면 어느 시점부터 서서히 효과가 나타나는 특성이 있기 때문입니다. 보통 8회 정도 전단지를 본 사람이 최소한 한 번 이상 점포를 방문한다는 조사 결과도 있습니다.

최근 전단지 홍보는 다양한 형태로 나타나고 있습니다. 전단지를 그냥 배포하면 대부분 고객은 귀찮은 마음에 외면을 합니다. 따라서 최근에는 오렌지나 귤과 같은 먹거리와 함께 전단지를 배포하는 경우가 많습니다. 무료 시식권이나 할인권이 포함된 쿠폰 형식의 전단지도 고객을 유도하기 위한 효율적인 방안으로 사랑받고 있습니다.

Q 몇 해 전부터 창업을 준비해 왔지만 비용이 부족해 친구와 함께 공동 창업을 고려하고 있습니다. 하지만 공동으로 창업을 하려니 돈도 잃고 사람도 잃을까 하는 두려움이 앞섭니다. 공동 창업을 할 때 주의해야 할 사항은 무엇입니까?

A 예비 창업자들이 가장 많이 고민하고 있는 것이 투자 비용일 것입니다. 좋은 상권에 입점하려면 점포 임대료나 권리금이 많이 들어갑니다. 실내 장식비나 비품 비용까지 더하면 창업 자금이 많게는 수억 원이 나가기도 합니다. 이런 현실을 반영해 최근 창업 시장에 공동 창업 바람이 불고 있습니다.

공동 창업은 자본금 부족으로 부닥치는 아이템 선택과 입지 선정의 불리함을 극복하여 창업 성공 가능성을 높여줍니다. 흔히 이러한 자금 문제를 해결하고자 친구나 형제 또는 선후배 등과 함께 투자를 합니다.

공동 창업의 장점은 2인 이상이 출자해 수익을 높일 수 있고, 상대적으로 리스크를 낮출 수 있다는 점입니다. 함께 자금을 모으면 중심 상권에 입점하거나 대형 평수로 창업해 수익을 높일 수 있습니다. 이 외에 안정감을 얻고 주인 의식을 공유하여 시너지 효과를 기대할 수도 있습니다. 종업원을 고용할 때보다 효율성이 훨씬 높다는 장점도 존재합니다.

하지만 상담자가 우려한 것과 같이 동업은 결코 쉽지 않습니다. 의견 차이로 자칫 좋은 사이가 원수가 되어버리는 경우도 종종 있습니다. 그러므로 공동 창업에 가장 중요한 것은 서로에 대한 배려와 이해, 그리고 철저한 분업과 약속입니다.

창업하기 전에 미리 계약 조건을 철저히 검토하고 빠짐없이 체크해야 합니다. 업무도 되도록 명확하게 선을 그어 분담하는 것이 좋습니다. 공동 창업이 서로 신뢰를 바탕으로 한다고 해도 공동 창업 계약서는 모든 사실 관계를 명확히 기록해야 합니다.

사업 파트너 간의 출자금액, 추가투자금액 발생 시 투자금 규모, 수익배분원칙, 사업 경영과 업무 분담 사항, 의견 대립이나 투자자 간에 불미스러운 일이 있을 때 처리할 수 있는 사항까지도 기재 하는 것이 바람직합니다.

여기에 직원 고용과 경영 책임 소재까지 적으면 향후 문제가 발생한다 해도 비교적 쉽게 정리가 가능합니다. 신뢰와 이해, 그리고 철저한 금전 관리가 선행된다면 공동 창업은 성공 가능성을 높이는 훌륭한 방법입니다.

확신하는 유망한 사업이 있는데 자금이 부족하고, 금융기관이나 다른 사람에게 자금을 융통하는 것이 쉽지 않다면 공동 출자, 즉 동업을 하는 것이 현명한 선택이 될 수 있습니다.

이 모 씨는 A 가맹 본부의 브랜드인 XX치킨 전문점을 창업 아이템으로 선택했습니다. 그리고 A가 지정한 업체에 평당 150만 원을 지불하고 인테리어 설비 공사를 진행했습니다. 인테리어 공사 시작 후 이 씨는 우연히 지인인 정 모 씨에게 설계 도면과 시방서를 보여주었습니다. 그러자 정씨는 평당 80만 원이면 모든 인테리어 공사가 가능하다고 했습니다.

위 사례와 같은 일은 프랜차이즈 가맹점 창업을 하는 창업자들에게 종종 발생할 수 있습니다. 이 씨는 정 씨의 말을 듣고 평당 70만 원의 손해를 보았다고 생각할 수도 있습니다. 그러나 가맹 본부에서 인테리어 비용을 얼마를 받든지 그것은 가맹 본부의 지적 재산이기 때문에 불법이라고는 할 수 없습니다.

하지만 여기서 중요한 것은 이 씨가 A 가맹 본부와 가맹 계약을 체결하기 전 정보공개서를 충분히 검토하였다면 이러한 피해는 발생하지 않을 수 있었을 것이라는 점입니다.

정보공개서에는 가맹점 희망자가 가맹점을 열기 위하여 가맹 본부에 지급하여야 하는 비용을 명시하고, 그 사항에 대한 요구 또는 권유 사항을 구분하여 기재해야 합니다. 가맹 사업의 통일성 유지를 위한 사항에 대해서는 반드시 가맹 본부 또는 가맹 본부가 지정한 업체와 거래를 하여야 합니다.

하지만 통일성 유지 범위 외의 사항에 대해서는 가맹점 희망자가 선택할 수 있습니다. 특히 인테리어는 특별한 사정이 없는 한 가맹 본부는 무조건적으로 거래 상대방을 지정할 수는 없습니다. 가맹 본부가 무조건적으로 인테리어를 자신 또는 자신이 지정한 업체와 거래하도록 강제하고 있다면, 가맹 사업법 위반으로 불공정거래행위 중 구속조건부거래 행위에 해당하여 공정거래위원회로부터 시정 조치 및 과징금 처분이 내려질 수 있습니다.

하지만 가맹점 희망자가 직접 인테리어 설비를 할 때도 가맹 본부에서 일정한 비용을 청구하는 일도 있는데, 이 경우가 정당할 때도 있습니다. 그러므로 가맹점 희망자들은 반드시 가맹 계약 체결 전 정보공개서를 세심하게 검토해야 합니다.

정보공개서 검토 시 가맹점 희망자들은 프랜차이즈 가맹점 창업을 하기 위해 자신이 지불하여야 할 비용은 무엇이 있는지, 그 비용은 적정한지, 추가 비용이 발생할 수 있는지, 결재 방법은 무엇인지 등을 충분히 고려하여야 할 것입니다.

프랜차이즈 가맹점 창업은 단순히 일회적으로 물건을 사는 것이 아닙니다. 자신이 선택한 가맹 본부와 장기적인 비즈니스 파트너 관계를 설정하는 것이라고 할 수 있습니다. 충분한 검토를 하지 않은 상태에서 이루어진 가맹 계약은 비즈니스 파트너 관계를 어렵게 만드는 경우가 많습니다. '돌다리도 두드려 보고 건너라.' 라는 속담이 있듯이 충분히 두드려 보고 가맹 본부를 선택해도 늦지 않을 것입니다.

부록 ― 가맹 사업거래의 공정화에 관한 법률

가맹 사업거래의 공정화에 관한 법률

〔일부개정 2007. 8. 3 법률 제8630호〕, 시행일 2008. 2. 4

제1장 총칙

제1조 (목적) 이 법은 가맹 사업의 공정한 거래질서를 확립하고 가맹 본부와 가맹점 사업자가 대등한 지위에서 상호보완적으로 균형있게 발전하도록 함으로써 소비자 복지의 증진과 국민경제의 건전한 발전에 이바지함을 목적으로 한다.

제2조 (정의) 이 법에서 사용하는 용어의 정의는 다음과 같다. 〈개정 2007. 8. 3〉

1. "가맹 사업"이라 함은 가맹 본부가 가맹점 사업자로 하여금 자기의 상표·서비스표·상호·간판 그 밖의 영업표지(이하 "영업표지"라 한다)를 사용하여 일정한 품질기준이나 영업방식에 따라 상품(원재료 및 부재료를 포함한다. 이하 같다) 또는 용역을 판매하도록 함과 아울러 이에 따른 경영 및 영업활동 등에 대한 지원·교육과 통제를 하며, 가맹점 사업자는 영업표지의 사용과 경영 및 영업활동 등에 대한 지원·교육의 대가로 가맹 본부에 가맹금을 지급하는 계속적인 거래관계를 말한다.

2. "가맹 본부"라 함은 가맹 사업과 관련하여 가맹점 사업자에게 가맹점 운영권을 부여하는 사업자를 말한다.

3. "가맹점 사업자"라 함은 가맹 사업과 관련하여 가맹 본부로부터 가맹점 운영권을 부여받은 사업자를 말한다.

4. "가맹 희망자"란 가맹 계약을 체결하기 위하여 가맹 본부나 가맹 지역 본부와 상담하거나 협의하는 자를 말한다.

5. "가맹점 운영권"이란 가맹점 사업자가 가맹 본부의 가맹 사업과 관련하여 가맹점을 운영할 수 있는 계약상의 권리를 말한다.

6. "가맹금"이란 명칭이나 지급형태가 어떻든 간에 다음 각 목의 어느 하나에 해당하는 대가를 말한다. 다만, 가맹 본부에 귀속되지 아니하는 것으로서 대통령령으로 정하는 대가를 제외한다.

가. 가입비·입회비·가맹비·교육비 또는 계약금 등 가맹점 사업자가 영업표지의 사용허락 등 가맹점 운영권이나 영업활동에 대한 지원·교육 등을 받기 위하여 가맹 본부에 지급하는 대가

나. 가맹점 사업자가 가맹 본부로부터 공급받는 상품의 대금 등에 관한 채무액이나 손해배상액의 지급을 담보하기 위하여 가맹 본부에 지급하는 대가

다. 가맹점 사업자가 가맹점 운영권을 부여받을 당시에 가맹 사업을 착수하기 위하여 가맹 본부로부터 공급받는 정착물·설비·상품의 가격 또는 부동산의 임차료 명목으로 가맹 본부에 지급하는 대가

라. 가맹점 사업자가 가맹 본부와의 계약에 의하여 허락받은 영업표지의 사용과 영업활동 등에 관한 지원·교육, 그 밖의 사항에 대하여 가맹 본부에 정기적으로 또는 비정기적으로 지급하는 대가로서 대통령령으로 정하는 것

마. 그 밖에 가맹 희망자나 가맹점 사업자가 가맹점 운영권을 취득하거나 유지하기 위하여 가맹 본부에 지급하는 모든 대가

7. "가맹 지역 본부"라 함은 가맹 본부와의 계약에 의하여 일정한 지역 안에서 가맹점 사업자의 모집, 상품 또는 용역의 품질유지, 가맹점 사업자에 대한 경영 및 영업활동의 지원·교육·통제 등 가맹 본부의 업무의 전부 또는 일부를 대행하는 사업자를 말한다.

8. "가맹 중개인"이라 함은 가맹 본부 또는 가맹 지역 본부로부터 가맹점 사업자를 모집하거나 가맹 계약을 준비 또는 체결하는 업무를 위탁받은 자를 말한다.

9. "가맹 계약서"라 함은 가맹 사업의 구체적 내용과 조건 등에 있어 가맹 본부 또는 가맹점 사업자(이하 "가맹 사업 당사자"라 한다)의 권리와 의무에 관한 사항(특수한 거래조건이나 유의사항이 있는 경우에는 이를 포함한다)을 기재한 문서를 말한다.

10. "정보공개서"란 다음 각 목에 관하여 대통령령으로 정하는 사항을 수록한 문서를 말한다.

가. 가맹 본부의 일반 현황

나. 가맹 본부의 가맹 사업 현황(가맹점 사업자의 매출에 관한 사항을 포함한다)

다. 가맹 본부와 그 임원(「독점규제 및 공정거래에 관한 법률」 제2조 제5호에 따른 임원을 말한다. 이하 같다)이 이 법 또는 「독점규제 및 공정거래에 관한 법률」을 위반한 사실, 사기·횡령·배임 등 타인의 재산을 영득 또는 편취하는 죄에 관련된 민사소송에서 패소의 확정판결을 받았거나 민사상 화해를 한 사실, 사기·횡령·배임 등 타인의 재산을 영득 또는 편취하는 죄를 범하여 형을 선고받은 사실

라. 가맹점 사업자의 부담

마. 영업활동에 관한 조건과 제한

바. 가맹 사업의 영업 개시에 관한 상세한 절차와 소요 기간

사. 교육·훈련에 대한 설명(교육·훈련계획이 있는 경우에 한한다)

제3조 (적용배제) 이 법은 다음 각호의 1에 해당하는 경우에는 적용하지 아니한다. 다만, 제9조 및 제10조의 규정의 경우에는 그러하지 아니하다.

1. 가맹점 사업자가 가맹금의 최초 지급일부터 6월까지의 기간 동안 가맹 본부에게

지급한 가맹금의 총액이 대통령령이 정하는 금액을 초과하지 아니하는 경우
2. 가맹 본부의 연간 매출액이 대통령령이 정하는 일정규모 미만인 경우

제2장 가맹 사업거래의 기본원칙

제4조 (신의성실의 원칙) 가맹 사업 당사자는 가맹 사업을 영위함에 있어서 각자의
　　업무를 신의에 따라 성실하게 수행하여야 한다.
제5조 (가맹 본부의 준수사항) 가맹 본부는 다음 각호의 사항을 준수한다.
1. 가맹 사업의 성공을 위한 사업구상
2. 상품이나 용역의 품질관리와 판매기법의 개발을 위한 계속적인 노력
3. 가맹점 사업자에 대하여 합리적 가격과 비용에 의한 점포설비의 설치, 상품 또는
　　용역 등의 공급
4. 가맹점 사업자와 그 직원에 대한 교육 · 훈련
5. 가맹점 사업자의 경영 · 영업활동에 대한 지속적인 조언과 지원
6. 가맹 계약 기간 중 가맹점 사업자의 영업 지역 안에서 자기의 직영점을 설치하거
　　나 가맹점 사업자와 유사한 업종의 가맹점을 설치하는 행위의 금지
7. 가맹점 사업자와의 대화와 협상을 통한 분쟁해결 노력
제6조 (가맹점 사업자의 준수사항) 가맹점 사업자는 다음 각호의 사항을 준수한다.
1. 가맹 사업의 통일성 및 가맹 본부의 명성을 유지하기 위한 노력
2. 가맹 본부의 공급계획과 소비자의 수요충족에 필요한 적정한 재고 유지 및 상품
　　진열
3. 가맹 본부가 상품 또는 용역에 대하여 제시하는 적절한 품질 기준의 준수
4. 제3호의 규정에 의한 품질 기준의 상품 또는 용역을 구입하지 못하는 경우 가맹
　　본부가 제공하는 상품 또는 용역의 사용
5. 가맹 본부가 사업장의 설비와 외관, 운송수단에 대하여 제시하는 적절한 기준의
　　준수
6. 취급하는 상품 · 용역이나 영업활동을 변경하는 경우 가맹 본부와의 사전 협의
7. 상품 및 용역의 구입과 판매에 관한 회계장부 등 가맹 본부의 통일적 사업경영 및
　　판매 전략의 수립에 필요한 자료의 유지와 제공
8. 가맹점 사업자의 업무현황 및 제7호의 규정에 의한 자료의 확인과 기록을 위한
　　가맹 본부의 임직원 그 밖의 대리인의 사업장 출입 허용
9. 가맹 본부의 동의를 얻지 아니한 경우 사업장의 위치 변경 또는 가맹점 운영권의

양도 금지

10. 가맹 계약 기간 중 가맹 본부와 동일한 업종을 영위하는 행위의 금지

11. 가맹 본부의 영업기술이나 영업비밀의 누설 금지

12. 영업표지에 대한 제3자의 침해사실을 인지하는 경우 가맹 본부에 대한 영업표
   지침해사실의 통보와 금지조치에 필요한 적절한 협력

제3장 가맹 사업거래의 공정화

제6조의 2 (정보공개서의 등록 등)

① 가맹 본부는 가맹 희망자에게 제공할 정보공개서를 공정거래위원회에 등록하여
   야 한다. 등록한 정보공개서를 변경하려는 경우에도 또한 같다. 다만, 대통령령
   으로 정하는 경미한 사항을 변경하려는 경우에는 신고하여야 한다.

② 공정거래위원회는 제1항에 따라 등록하거나 신고한 정보공개서를 공개할 수
   있다.

③ 공정거래위원회는 제2항에 따라 정보공개서를 공개하는 경우 당해 가맹 본부에
   공개하는 내용과 방법을 미리 통지하여야 하고, 사실과 다른 내용을 정정할 수
   있는 기회를 주어야 한다.

④ 공정거래위원회는 제2항에 따라 정보공개서를 공개하기 위하여 예산의 범위 안
   에서 가맹 사업정보제공시스템을 구축·운용할 수 있다.

⑤ 그 밖에 정보공개서의 등록, 변경등록, 신고 및 공개의 방법과 절차는 대통령령으
   로 정한다. 〔본조신설 2007. 8. 3〕

제6조의 3 (정보공개서 등록의 거부 등)

① 공정거래위원회는 제6조의 2에 따라 등록을 신청한 정보공개서나 그 밖의 신청
   서류에 거짓이 있거나 필요한 내용을 적지 아니한 경우에는 정보공개서의 등록
   을 거부하거나 그 내용의 변경을 요구할 수 있다.

② 공정거래위원회는 정보공개서의 등록을 하였을 때에는 신청인에게 등록증을 내
   주어야 한다. 〔본조신설 2007.8.3〕

제6조의 4 (정보공개서 등록의 취소) 공정거래위원회는 정보공개서가 제1호에 해
   당하는 경우에는 그 등록을 취소하여야 하며, 제2호에 해당하는 경우에는 등록
   을 취소할 수 있다.

1. 거짓이나 그 밖의 부정한 방법으로 정보공개서가 등록된 경우

2. 제2조 제10호 각 목의 기재사항 중 대통령령으로 정하는 중요한 사항(이하 "중요

사항"이라 한다)이 누락된 경우 〔본조신설 2007. 8. 3〕

제6조의 5 (가맹금 예치 등)

① 가맹 본부는 가맹점 사업자(가맹 희망자를 포함한다. 이하 이 조, 제15조의 2 및 제41조 제3항 제1호에서 같다)로 하여금 가맹금(제2조 제6호 가목 및 나목에 해당하는 대가로서 금전으로 지급하는 경우에 한하며, 계약체결 전에 가맹금을 지급한 경우에는 당해 가맹금을 포함한다. 이하 "예치가맹금"이라 한다)을 대통령령으로 정하는 기관(이하 "예치기관"이라 한다)에 예치하도록 하여야 한다. 다만, 가맹 본부가 제15조의 2에 따른 가맹점 사업자 피해보상보험계약 등을 체결한 경우에는 그러하지 아니하다.

② 예치기관의 장은 가맹점 사업자가 예치가맹금을 예치한 경우에는 예치일부터 7일 이내에 그 사실을 가맹 본부에 통지하여야 한다.

③ 가맹 본부는 다음 각 호의 어느 하나에 해당하는 경우에는 예치기관의 장에게 대통령령으로 정하는 바에 따라 예치가맹금의 지급을 요청할 수 있다. 이 경우 예치기관의 장은 10일 이내에 예치가맹금을 가맹 본부에 지급하여야 한다.

1. 가맹점 사업자가 영업을 개시한 경우

2. 가맹 계약 체결일부터 2개월이 경과한 경우. 다만, 2개월이 경과하기 전에 가맹점 사업자가 제5항 제1호부터 제3호까지의 규정 중 어느 하나에 해당하는 조치를 취한 사실을 예치기관의 장에게 서면으로 통보한 경우에는 그러하지 아니하다.

④ 가맹 본부는 거짓이나 그 밖의 부정한 방법으로 예치가맹금의 지급을 요청하여서는 아니 된다.

⑤ 예치기관의 장은 제1호부터 제3호까지의 규정 중 어느 하나에 해당하는 경우에는 제24조에 따른 가맹 사업거래분쟁조정협의회의 조정이나 그 밖의 분쟁해결의 결과(이하 "분쟁조정 등의 결과"라 한다) 또는 제33조에 따른 공정거래위원회의 시정조치가 확정될 때(공정거래위원회의 시정조치에 대하여 이의신청이 제기된 경우에는 재결이, 시정조치나 재결에 대하여 소가 제기된 경우에는 확정판결이 각각 확정된 때를 말한다. 이하 이 조에서 같다)까지 예치가맹금의 지급을 보류하여야 하고, 제4호에 해당하는 경우에는 예치가맹금의 지급요청을 거부하거나 가맹 본부에 그 내용의 변경을 요구하여야 한다.

1. 가맹점 사업자가 예치가맹금을 반환받기 위하여 소를 제기한 경우

2. 가맹점 사업자가 예치가맹금을 반환받기 위하여 알선, 조정, 중재 등을 신청한 경우

3. 가맹점 사업자가 제10조의 위반을 이유로 가맹 본부를 공정거래위원회에 신고한 경우

4. 가맹 본부가 제4항을 위반하여 거짓이나 그 밖의 부정한 방법으로 예치가맹금의

지급을 요청한 경우

⑥ 예치기관의 장은 가맹 본부 또는 가맹점 사업자가 분쟁조정 등의 결과나 시정조치 결과를 첨부하여 예치가맹금의 지급 또는 반환을 요청하는 경우 요청일부터 30일 이내에 그 결과에 따라 예치가맹금을 가맹 본부에 지급하거나 가맹점 사업자에게 반환하여야 한다.

⑦ 예치기관의 장은 가맹점 사업자가 가맹 본부의 동의를 받아 예치가맹금의 반환을 요청하는 경우에는 제5항 및 제6항에도 불구하고 요청일부터 10일 이내에 예치가맹금을 가맹점 사업자에게 반환하여야 한다.

⑧ 그 밖에 가맹금의 예치 등에 관하여 필요한 사항은 대통령령으로 정한다.〔본조신설 2007. 8. 3〕

제7조 (정보공개서의 제공의무 등 〈개정 2007. 8. 3〉) ① 가맹 본부(가맹 지역 본부 또는 가맹 중개인이 가맹점 사업자를 모집하는 경우를 포함한다. 이하 같다)는 가맹 희망자에게 제6조의 2제1항에 따라 등록한 정보공개서를 대통령령으로 정하는 바에 따라 제공하여야 한다. 〈개정 2007. 8. 3〉

② 가맹 본부는 등록된 정보공개서를 제공하지 아니하였거나 정보공개서를 제공한 날부터 14일(가맹 희망자가 정보공개서에 대하여 변호사 또는 제27조에 따른 가맹 거래사의 자문을 받은 경우에는 7일로 한다)이 지나지 아니한 경우에는 다음 각 호의 어느 하나에 해당하는 행위를 하여서는 아니 된다. 〈신설 2007. 8. 3〉

1. 가맹 희망자로부터 가맹금을 수령하는 행위. 이 경우 가맹 희망자가 예치기관에 예치가맹금을 예치하는 때에는 최초로 예치한 날(가맹 본부가 가맹 희망자와 최초로 가맹금을 예치하기로 합의한 때에는 그 날)에 가맹금을 수령한 것으로 본다.

2. 가맹 희망자와 가맹 계약을 체결하는 행위

③ 공정거래위원회는 대통령령이 정하는 바에 따라 정보공개서의 표준양식을 정하여 가맹 본부 또는 가맹 본부로 구성된 사업자단체에게 그 사용을 권장할 수 있다. 〈개정 2007. 8 8. 3〉

제8조 삭제 〈2007. 8. 3〉

제9조 (허위·과장된 정보제공 등의 금지) ① 가맹 본부는 가맹 희망자에게 정보를 제공함에 있어서 허위 또는 과장된 정보를 제공하거나 중요사항을 누락하여서는 아니 된다. 〈개정 2007. 8. 3〉

② 가맹 본부는 가맹 희망자나 가맹점 사업자에게 다음 각 호의 어느 하나에 해당하는 정보를 제공하는 경우에는 서면으로 하여야 한다. 〈개정 2007. 8. 3〉

1. 가맹 희망자의 예상매출액·수익·매출총이익·순이익 등 장래의 예상수익상황

에 관한 정보

2. 가맹점 사업자의 매출액·수익·매출총이익·순이익 등 과거의 수익상황이나 장래의 예상수익상황에 관한 정보

③ 가맹 본부는 제2항에 따라 정보를 제공하는 경우에는 그 정보의 산출근거가 되는 자료로서 대통령령으로 정하는 자료를 가맹 본부의 사무소에 비치하여야 하며, 영업시간 중에 언제든지 가맹 희망자나 가맹점 사업자의 요구가 있는 경우 그 자료를 열람할 수 있도록 하여야 한다. 〈개정 2007. 8. 3〉

제10조 (가맹금의 반환) ① 가맹 본부는 다음 각 호의 어느 하나에 해당하는 경우에는 가맹 희망자나 가맹점 사업자가 대통령령으로 정하는 사항이 적힌 서면으로 요구하는 날부터 1개월 이내에 가맹금을 반환하여야 한다. 〈개정 2007. 8. 3〉

1. 가맹 본부가 제7조 제2항을 위반한 경우로서 가맹 희망자 또는 가맹점 사업자가 가맹 계약 체결 전 또는 가맹 계약의 체결일부터 2개월 이내에 가맹금의 반환을 요구하는 경우

2. 가맹 본부가 제9조 제1항을 위반한 경우로서 가맹 희망자가 가맹 계약 체결 전에 가맹금의 반환을 요구하는 경우

3. 가맹 본부가 제9조제 1항을 위반한 경우로서 허위 또는 과장된 정보나 중요사항의 누락된 내용이 계약 체결에 중대한 영향을 준 것으로 인정되어 가맹점 사업자가 가맹 계약의 체결일부터 2개월 이내에 가맹금의 반환을 요구하는 경우

4. 가맹 본부가 정당한 사유 없이 가맹 사업을 일방적으로 중단하고 가맹점 사업자가 대통령령으로 정하는 가맹 사업의 중단일부터 2개월 이내에 가맹금의 반환을 요구하는 경우

② 제1항의 규정에 의하여 반환하는 가맹금의 금액을 정함에 있어서는 가맹 계약의 체결경위, 금전이나 그 밖에 지급된 대가의 성격, 가맹 계약 기간, 계약이행기간, 가맹 사업당사자의 귀책정도 등을 고려하여야 한다. 〈개정 2007. 8. 3〉

제11조 (가맹 계약서의 기재사항 등 〈개정 2007. 8. 3〉) ① 가맹 본부는 가맹 희망자가 가맹 계약의 내용을 미리 이해할 수 있도록 제2항 각 호의 사항이 적힌 문서를 다음 각 호의 날 중 빠른 날 전에 가맹 희망자에게 제공하여야 한다. 〈개정 2007. 8. 3〉

1. 가맹 계약의 체결일

2. 가맹금의 최초 수령일(가맹 희망자가 예치기관에 예치가맹금을 예치하는 경우에는 최초로 예치한 날로 한다. 다만, 가맹 희망자가 최초로 가맹금을 예치하기로 가맹 본부와 합의한 날이 있는 경우에는 그 날로 한다)

② 가맹 계약서는 다음 각호의 사항을 포함하여야 한다. 〈개정 2007. 8. 3〉

1. 영업표지의 사용권 부여에 관한 사항

2. 가맹점 사업자의 영업활동 조건에 관한 사항

3. 가맹점 사업자에 대한 교육·훈련, 경영지도에 관한 사항

4. 가맹금 등의 지급에 관한 사항

5. 영업지역의 설정에 관한 사항

6. 계약 기간에 관한 사항

7. 영업의 양도에 관한 사항

8. 계약해지의 사유에 관한 사항

9. 가맹 희망자 또는 가맹점 사업자가 가맹 계약을 체결한 날부터 2개월(가맹점 사업자가 2개월 이전에 가맹 사업을 개시하는 경우에는 가맹 사업 개시일)까지의 기간 동안 예치가맹금을 예치기관에 예치하여야 한다는 사항. 다만, 가맹 본부가 제15조의 2에 따른 가맹점 사업자피해보상보험계약 등을 체결한 경우에는 그에 관한 사항으로 한다.

10. 가맹 희망자가 정보공개서에 대하여 변호사 또는 제27조에 따른 가맹 거래사의 자문을 받은 경우 이에 관한 사항

11. 그 밖에 가맹 사업당사자의 권리·의무에 관한 사항으로서 대통령령이 정하는 사항

③ 가맹 본부는 가맹 계약서를 가맹 사업의 거래가 종료된 날부터 3년간 보관하여야 한다.

④ 공정거래위원회는 가맹 본부에게 건전한 가맹 사업거래질서를 확립하고 불공정한 내용의 가맹 계약이 통용되는 것을 방지하기 위하여 일정한 가맹 사업거래에서 표준이 되는 가맹 계약서의 작성 및 사용을 권장할 수 있다.

제12조 (불공정거래행위의 금지) ① 가맹 본부는 다음 각호의 1에 해당하는 행위로서 가맹 사업의 공정한 거래를 저해할 우려가 있는 행위를 하거나 다른 사업자로 하여금 이를 행하도록 하여서는 아니 된다. 〈개정 2007. 8. 3〉

1. 가맹점 사업자에 대하여 상품이나 용역의 공급 또는 영업의 지원 등을 부당하게 중단 또는 거절하거나 그 내용을 현저히 제한하는 행위

2. 가맹점 사업자가 취급하는 상품 또는 용역의 가격, 거래상대방, 거래지역이나 가맹점 사업자의 사업활동을 부당하게 구속하거나 제한하는 행위

3. 거래상의 지위를 이용하여 부당하게 가맹점 사업자에게 불이익을 주는 행위

4. 가맹 계약을 위반하여 가맹 계약 기간 중 가맹점 사업자의 영업지역 안에서 가맹점 사업자와 동일한 업종의 자기 또는 계열회사(「독점규제 및 공정거래에 관한 법률」 제2조 제3호에 따른 계열회사를 말한다)의 직영점이나 가맹점을 설치하는 행위

5. 제1호 내지 제4호외의 행위로서 부당하게 경쟁가맹 본부의 가맹점 사업자를 자

기와 거래하도록 유인하는 행위 등 가맹 사업의 공정한 거래를 저해할 우려가 있는 행위

② 제1항 각호의 규정에 의한 행위의 유형 또는 기준은 대통령령으로 정한다.

제13조 (가맹 계약의 갱신 등) ① 가맹 본부는 가맹점 사업자가 가맹 계약 기간 만료 전 180일부터 90일까지 사이에 가맹 계약의 갱신을 요구하는 경우 정당한 사유 없이 이를 거절하지 못한다. 다만, 다음 각 호의 어느 하나에 해당하는 경우에는 그러하지 아니하다.

1. 가맹점 사업자가 가맹 계약상의 가맹금 등의 지급의무를 지키지 아니한 경우

2. 다른 가맹점 사업자에게 통상적으로 적용되는 계약조건이나 영업방침을 가맹점 사업자가 수락하지 아니한 경우

3. 가맹 사업의 유지를 위하여 필요하다고 인정되는 것으로서 다음 각 목의 어느 하나에 해당하는 가맹 본부의 중요한 영업방침을 가맹점 사업자가 지키지 아니한 경우

가. 가맹점의 운영에 필요한 점포ㆍ설비의 확보나 법령상 필요한 자격ㆍ면허ㆍ허가의 취득에 관한 사항

나. 판매하는 상품이나 용역의 품질을 유지하기 위하여 필요한 제조공법 또는 서비스기법의 준수에 관한 사항

다. 그 밖에 가맹점 사업자가 가맹 사업을 정상적으로 유지하기 위하여 필요하다고 인정되는 것으로서 대통령령으로 정하는 사항

② 가맹점 사업자의 계약갱신요구권은 최초 가맹 계약 기간을 포함한 전체 가맹 계약 기간이 10년을 초과하지 아니하는 범위 내에서만 행사할 수 있다.

③ 가맹 본부가 제1항에 따른 갱신 요구를 거절하는 경우에는 그 요구를 받은 날부터 15일 이내에 가맹점 사업자에게 거절 사유를 적어 서면으로 통지하여야 한다.

④ 가맹 본부가 제3항의 거절 통지를 하지 아니하거나 가맹 계약 기간 만료 전 180일부터 90일까지 사이에 가맹점 사업자에게 조건의 변경에 대한 통지나 가맹 계약을 갱신하지 아니한다는 사실의 통지를 서면으로 하지 아니하는 경우에는 계약 만료 전의 가맹 계약과 같은 조건으로 다시 가맹 계약을 체결한 것으로 본다. 다만, 가맹점 사업자가 계약이 만료되는 날부터 60일 전까지 이의를 제기하거나 가맹 본부나 가맹점 사업자에게 천재지변이나 그 밖에 대통령령으로 정하는 부득이한 사유가 있는 경우에는 그러하지 아니하다. 〔전문개정 2007. 8. 3〕

제14조 (가맹 계약해지의 제한) ① 가맹 본부는 가맹 계약을 해지하려는 경우에는 가맹점 사업자에게 2개월 이상의 유예기간을 두고 계약의 위반 사실을 구체적으로 밝히고 이를 시정하지 아니하면 그 계약을 해지한다는 사실을 서면으로 2

회 이상 통지하여야 한다. 다만, 가맹 사업의 거래를 지속하기 어려운 경우로서 대통령령이 정하는 경우에는 그러하지 아니하다. 〈개정 2007. 8. 3〉

② 제1항의 규정에 의한 절차를 거치지 아니한 가맹 계약의 해지는 그 효력이 없다.

제15조 (자율규약) ① 가맹 본부 또는 가맹 본부를 구성원으로 하는 사업자단체는 가맹 사업의 공정한 거래질서를 유지하기 위하여 자율적으로 규약을 정할 수 있다.

② 가맹 본부 또는 가맹 본부를 구성원으로 하는 사업자단체는 제1항의 규정에 의하여 자율규약을 정하고자 하는 경우 그 규약이 제12조 제1항의 규정에 위반하는지에 대한 심사를 공정거래위원회에 요청할 수 있다.

③ 공정거래위원회는 제2항의 규정에 의하여 자율규약의 심사를 요청받은 때에는 그 요청을 받은 날부터 60일 이내에 심사결과를 신청인에게 통보하여야 한다.

제15조의 2 (가맹점 사업자피해보상보험계약 등) ① 가맹 본부는 가맹점 사업자의 피해를 보상하기 위하여 다음 각 호의 어느 하나에 해당하는 계약(이하 "가맹점 사업자피해보상보험계약 등"이라 한다)을 체결할 수 있다.

1. 「보험업법」에 따른 보험계약

2. 가맹점 사업자 피해보상금의 지급을 확보하기 위한 「금융감독기구의 설치 등에 관한 법률」 제38조에 따른 기관의 채무지급보증계약

3. 제15조의 3에 따라 설립된 공제조합과의 공제계약

② 가맹점 사업자 피해보상보험계약 등에 의하여 가맹점 사업자 피해보상금을 지급할 의무가 있는 자는 그 지급사유가 발생한 경우 지체 없이 이를 지급하여야 한다. 이를 지연한 경우에는 지연배상금을 지급하여야 한다.

③ 가맹점 사업자 피해보상보험계약 등을 체결하고자 하는 가맹 본부는 가맹점 사업자피해보상보험계약 등을 체결하기 위하여 매출액 등의 자료를 제출함에 있어서 거짓 자료를 제출하여서는 아니 된다.

④ 가맹 본부는 가맹점 사업자피해보상보험계약 등을 체결함에 있어서 가맹점 사업자의 피해보상에 적절한 수준이 되도록 하여야 한다.

⑤ 가맹점 사업자 피해보상보험계약 등을 체결한 가맹 본부는 그 사실을 나타내는 표지를 사용할 수 있다.

⑥ 가맹점 사업자 피해보상보험계약 등을 체결하지 아니한 가맹 본부는 제5항에 따른 표지를 사용하거나 이와 유사한 표지를 제작 또는 사용하여서는 아니 된다.

⑦ 그 밖에 가맹점 사업자 피해보상보험계약 등에 대하여 필요한 사항은 대통령령으로 정한다. 〔본조신설 2007. 8. 3〕

제15조의 3 (공제조합의 설립) ① 가맹 본부는 제15조의 2 제1항 제3호에 따른 공제사업을 영위하기 위하여 공정거래위원회의 인가를 받아 공제조합(이하 "공제

조합"이라 한다)을 설립할 수 있다.

② 공제조합은 법인으로 하며, 주된 사무소의 소재지에 설립등기를 함으로써 성립한다.

③ 공제조합에 가입한 가맹 본부는 공제사업의 수행에 필요한 출자금 등을 조합에 납부하여야 한다.

④ 공제조합의 기본재산은 조합원의 출자금 등으로 조성한다.

⑤ 공제조합의 조합원의 자격, 임원에 관한 사항 및 출자금의 부담기준에 관한 사항은 정관으로 정한다.

⑥ 공제조합의 설립인가 기준 및 절차, 정관기재사항, 운영 및 감독 등에 관하여 필요한 사항은 대통령령으로 정한다.

⑦ 공제조합이 제1항에 따른 공제사업을 하고자 하는 때에는 공제규정을 정하여 공정거래위원회의 인가를 받아야 한다. 공제규정을 변경하고자 하는 때에도 또한 같다.

⑧ 제7항의 공제규정에는 공제사업의 범위, 공제료, 공제사업에 충당하기 위한 책임준비금 등 공제사업의 운영에 관하여 필요한 사항을 포함하여야 한다.

⑨ 공제조합에 관하여 이 법에 규정된 것을 제외하고는 「민법」 중 사단법인에 관한 규정을 준용한다.

⑩ 이 법에 따른 공제조합의 사업에 대하여는 「보험업법」을 적용하지 아니한다. 〔본조신설 2007. 8. 3〕

제4장 분쟁의 조정 등

제16조 (가맹 사업거래분쟁조정협의회의 설치) 가맹 사업에 관한 분쟁을 조정하기 위하여 「독점규제 및 공정거래에 관한 법률」 제48조의 2 제1항에 따른 한국공정거래조정원(이하 "조정원"이라 한다)에 가맹 사업거래분쟁조정협의회(이하 "협의회"라 한다)를 둔다. 〔전문개정 2007. 8. 3〕

제17조 (협의회의 구성) ① 협의회는 위원장 1인을 포함한 9인의 위원으로 구성한다.

② 위원은 공익을 대표하는 위원, 가맹 본부의 이익을 대표하는 위원, 가맹점 사업자의 이익을 대표하는 위원으로 구분하되 각각 동수로 한다.

③ 위원은 조정원의 장이 추천한 자와 다음 각 호의 어느 하나에 해당하는 자중 공정거래위원회 위원장이 임명 또는 위촉하는 자가 된다. 〈개정 2005. 12. 29,

2007. 8.3〉

1. 대학에서 법률학·경제학·경영학을 전공한 자로서 「고등교육법」 제2조 제1호·제2호 또는 제5호에 따른 학교나 공인된 연구기관에서 부교수 이상의 직 또는 이에 상당하는 직에 있거나 있었던 자

2. 판사·검사 직에 있거나 있었던 자 또는 변호사의 자격이 있는 자

3. 독점금지 및 공정거래업무에 관한 경험이 있는 4급 이상 공무원(고위공무원단에 속하는 일반직공무원을 포함한다)의 직에 있거나 있었던 자

④ 위원장은 공익을 대표하는 위원 중에서 공정거래위원회 위원장이 위촉한다. 〈개정 2007. 8. 3〉

⑤ 위원의 임기는 3년으로 하고 연임할 수 있다.

⑥ 위원 중 결원이 생긴 때에는 제3항의 규정에 의하여 보궐위원을 위촉하여야 하며, 그 보궐위원의 임기는 전임자의 잔임 기간으로 한다.

제18조 (공익을 대표하는 위원의 위촉제한) ① 공익을 대표하는 위원은 위촉일 현재 가맹 본부 또는 가맹점 사업자의 임원·직원으로 있는 자중에서 위촉될 수 없다.

② 공정거래위원회 위원장은 공익을 대표하는 위원으로 위촉받은 자가 가맹 본부 또는 가맹점 사업자의 임원·직원으로 된 때에는 즉시 해촉하여야 한다. 〈개정 2007. 8. 3〉

제19조 (협의회의 회의) ① 협의회의 회의는 위원 전원으로 구성되는 회의(이하 "전체회의"라 한다)와 공익을 대표하는 위원, 가맹 본부의 이익을 대표하는 위원, 가맹점 사업자의 이익을 대표하는 위원 각 1인으로 구성되는 회의(이하 "소회의"라 한다)로 구분한다. 〈개정 2007. 8. 3〉

② 협의회의 소회의는 전체회의로부터 위임받은 사항에 관하여 심의·의결한다. 〈신설 2007. 8. 3〉

③ 협의회의 전체회의는 위원장이 주재하며, 재적위원 과반수의 출석으로 개의하고, 출석위원 과반수의 찬성으로 의결한다. 〈개정 2007. 8. 3〉

④ 협의회의 소회의는 공익을 대표하는 위원이 주재하며, 구성위원 전원의 출석과 출석위원 전원의 찬성으로 의결한다. 이 경우 소회의의 의결은 협의회의 의결로 보되, 회의의 결과를 전체회의에 보고하여야 한다. 〈신설 2007. 8. 3〉

⑤ 위원장이 사고로 직무를 수행할 수 없을 때에는 공익을 대표하는 위원 중에서 공정거래위원회 위원장이 지명하는 위원이 그 직무를 대행한다. 〈개정 2007. 8. 3〉

⑥ 조정의 대상이 된 분쟁의 당사자인 가맹 사업당사자(이하 "분쟁당사자"라 한다)는 협의회의 회의에 출석하여 의견을 진술하거나 관계자료를 제출할 수 있다.

〈개정 2007. 8. 3〉

제20조 (위원의 제척·기피·회피) ① 위원은 다음 각호의 1에 해당하는 경우에는 당해 조정사항의 조정에서 제척된다.

1. 위원 또는 그 배우자나 배우자이었던 자가 당해 조정사항의 분쟁당사자가 되거나 공동권리자 또는 의무자의 관계에 있는 경우

2. 위원이 당해 조정사항의 분쟁당사자와 친족관계에 있거나 있었던 경우

3. 위원 또는 위원이 속한 법인이 분쟁당사자의 법률·경영 등에 대하여 자문이나 고문의 역할을 하고 있는 경우

4. 위원 또는 위원이 속한 법인이 당해 조정사항에 대하여 분쟁당사자의 대리인으로 관여하거나 관여하였던 경우 및 증언 또는 감정을 한 경우

② 분쟁당사자는 위원에게 협의회의 조정에 공정을 기하기 어려운 사정이 있는 때에 협의회에 당해 위원에 대한 기피신청을 할 수 있다.

③ 위원이 제1항 또는 제2항의 사유에 해당하는 경우에는 스스로 당해 조정사항의 조정에서 회피할 수 있다.

제21조 (협의회의 조정사항) 협의회는 공정거래위원회 또는 분쟁당사자가 요청하는 가맹 사업거래의 분쟁에 관한 사항을 조정한다.

제22조 (조정의 신청 등) ① 분쟁당사자는 제21조의 규정에 의하여 협의회에 대통령령이 정하는 사항이 기재된 서면으로 그 조정을 신청할 수 있다.

② 공정거래위원회는 가맹 사업거래의 분쟁에 관한 사건에 대하여 협의회에 그 조정을 의뢰할 수 있다.

③ 협의회는 제1항의 규정에 의하여 조정을 신청 받은 때에는 즉시 그 조정사항을 분쟁당사자에게 통지하여야 한다. 〈개정 2007. 8. 3〉

제23조 (조정 등) ① 협의회는 분쟁당사자에게 조정사항에 대하여 스스로 조정하도록 권고하거나 조정안을 작성하여 이를 제시할 수 있다.

② 협의회는 다음 각호의 1에 해당되는 경우에는 그 조정을 거부하거나 중지할 수 있다. 〈개정 2007. 8. 3〉

1. 분쟁당사자의 일방이 조정을 거부한 경우

2. 이미 법원에 소를 제기하였거나 조정의 신청이 있은 후 법원에 소를 제기한 경우 또는 조정의 신청이 있은 후 분쟁당사자가 「중재법」에 따른 중재합의를 한 경우

3. 신청의 내용이 관계법령 또는 객관적인 자료에 의하여 명백하게 인정되는 등 조정을 할 실익이 없는 것으로서 대통령령이 정하는 사항이 발생하는 경우

③ 협의회는 다음 각호의 1에 해당되는 경우에는 조정절차를 종료하여야 한다. 〈개정 2007. 8. 3〉

1. 분쟁당사자가 협의회의 권고 또는 조정안을 수락하거나 스스로 조정하는 등 조정

이 성립된 경우

2. 조정을 신청 또는 의뢰 받은 날부터 60일(분쟁당사자 쌍방이 기간연장에 동의한 경우에는 90일로 한다)이 경과하여도 조정이 성립하지 아니한 경우

3. 제2항의 규정에 의하여 조정이 중지된 경우로서 조정 절차를 진행할 실익이 없는 경우

④ 협의회는 제2항의 규정에 의하여 조정을 거부 또는 중지하거나 제3항의 규정에 의하여 조정절차를 종료한 경우에는 대통령령이 정하는 바에 따라 공정거래위원회에 조정의 경위, 조정거부·중지 또는 종료의 사유 등과 관계서류를 서면으로 지체없이 보고하여야 하고 분쟁당사자에게 그 사실을 통보하여야 한다.

⑤ 협의회는 당해 조정사항에 관한 사실을 확인하기 위하여 필요한 경우 조사를 하거나 분쟁당사자에 대하여 관련 자료의 제출이나 출석을 요구할 수 있다.

⑥ 공정거래위원회는 조정사항에 관하여 조정절차가 종료될 때까지 당해 분쟁당사자에게 시정조치를 권고하거나 명하여서는 아니 된다. 다만, 공정거래위원회가 이미 제32조의 규정에 의하여 조사 중인 사건에 대하여는 그러하지 아니하다.

제24조 (조정조서의 작성과 그 효력) ① 협의회는 조정사항에 대하여 조정이 성립된 경우 조정에 참가한 위원과 분쟁당사자가 기명날인한 조정조서를 작성한다. 이 경우 분쟁당사자간에 조정조서와 동일한 내용의 합의가 성립된 것으로 본다.

② 협의회는 분쟁당사자가 조정절차를 개시하기 전에 조정사항을 스스로 조정하고 조정조서의 작성을 요구하는 경우에는 그 조정조서를 작성할 수 있다.

제25조 (협의회의 조직 등에 관한 규정) 제16조 내지 제24조의 규정 외에 협의회의 조직·운영·조정절차 등에 관하여 필요한 사항은 대통령령으로 정한다.

제26조 삭제 〈2007. 8. 3〉

제27조 (가맹 거래사 〈개정 2007. 8. 3〉) ① 공정거래위원회가 실시하는 가맹 거래사 자격시험에 합격한 후 대통령령이 정하는 바에 따라 실무수습을 마친 자는 가맹 거래사의 자격을 가진다. 〈개정 2004. 1. 20, 2007. 8. 3〉

② 다음 각 호의 어느 하나에 해당하는 자는 가맹 거래사가 될 수 없다. 〈개정 2007. 8. 3〉

1. 미성년자·금치산자 또는 한정치산자

2. 파산선고를 받고 복권되지 아니한 자

3. 금고 이상의 실형의 선고를 받고 그 집행이 종료(종료된 것으로 보는 경우를 포함한다)되거나 집행을 받지 아니하기로 확정된 후 2년이 경과되지 아니한 자

4. 금고 이상의 형의 집행유예를 받고 그 집행유예기간 중에 있는 자

5. 제31조의 규정에 의하여 가맹 거래사의 등록이 취소된 날부터 2년이 경과되지 아니한 자

③ 가맹 거래사 자격시험의 시험과목·시험방법, 실무수습의 기간 등 자격시험 및 실무수습에 관하여 필요한 사항은 대통령령으로 정한다. 〈신설 2004. 1. 20, 2007. 8. 3〉

제28조 (가맹 거래사의 업무) 가맹 거래사는 다음 각 호의 사항에 관한 업무를 수행한다.

1. 가맹 사업의 사업성에 관한 상담이나 검토

2. 정보공개서와 가맹 계약서의 작성 및 수정에 관한 상담이나 자문

3. 가맹점 사업자의 부담, 가맹 사업 영업활동의 조건 등에 관한 상담이나 자문

4. 가맹 사업당사자에 대한 교육·훈련에 관한 상담이나 자문

5. 가맹 사업거래 분쟁조정 신청의 대행

6. 정보공개서 등록 신청의 대행 〔전문개정 2007. 8. 3〕

제29조 (가맹 거래사의 등록 〈개정 2007. 8. 3〉) ① 가맹 거래사 자격이 있는 자가 제28조에 따른 가맹 거래사의 업무를 개시하고자 하는 경우에는 대통령령이 정하는 바에 따라 공정거래위원회에 등록하여야 한다. 〈개정 2004. 1. 20, 2007. 8. 3〉

② 제1항의 규정에 의하여 등록을 한 가맹 거래사는 공정거래위원회가 정하는 바에 따라 5년마다 등록을 갱신하여야 한다. 〈개정 2007. 8. 3〉

③ 제1항의 규정에 의하여 등록을 한 가맹 거래사가 아닌 자는 제27조의 규정에 의한 가맹 거래사임을 표시하거나 이와 유사한 용어를 사용하여서는 아니 된다. 〈개정 2007. 8. 3〉

제30조 (가맹 거래사의 책임 〈개정 2007. 8. 3〉) ① 가맹 거래사는 성실히 직무를 수행하며 품위를 유지하여야 한다. 〈개정 2007. 8. 3〉

② 가맹 거래사는 직무를 수행함에 있어서 고의로 진실을 감추거나 허위의 보고를 하여서는 아니된다. 〈개정 2007. 8. 3〉

제31조 (가맹 거래사의 등록취소와 자격정지 〈개정 2007. 8. 3〉) ① 공정거래위원회는 제29조의 규정에 의하여 등록을 한 가맹 거래사가 다음 각 호의 어느 하나에 해당하는 경우에는 그 등록을 취소할 수 있다. 다만, 제1호 및 제2호에 해당하는 경우에는 그 등록을 취소하여야 한다. 〈개정 2007. 8. 3〉

1. 허위 그 밖의 부정한 방법으로 등록 또는 갱신등록을 한 경우

2. 제27조 제2항의 규정에 의한 결격사유에 해당하게 된 경우

3. 업무수행과 관련하여 알게 된 비밀을 다른 사람에게 누설한 경우

4. 가맹 거래사 등록증을 다른 사람에게 대여한 경우

5. 업무수행과 관련하여 고의 또는 중대한 과실로 다른 사람에게 중대한 손해를 입힌 경우

② 제29조 제2항의 규정에 의한 갱신등록을 하지 아니한 가맹 거래사는 그 자격이
  정지된다. 이 경우 공정거래위원회가 고시로서 정하는 바에 따라 보수교육을 받
  고 갱신등록을 한 때에는 그 때부터 자격이 회복된다. 〈개정 2007. 8. 3〉
제31조의 2 (가맹 사업거래에 대한 교육 등) ① 공정거래위원회는 공정한 가맹 사
  업거래질서를 확립하기 위하여 다음 각 호의 업무를 수행할 수 있다.
1. 가맹 본부에 대한 교육 · 연수
2. 가맹 희망자 및 가맹점 사업자에 대한 교육 · 연수
3. 가맹 거래사에 대한 교육 · 연수(제27조 제1항에 따른 실무수습을 포함한다)
4. 가맹 본부가 이 법을 자율적으로 준수하도록 유도하기 위한 자율준수프로그램의
  보급 · 확산
5. 그 밖에 공정한 가맹 사업거래질서 확립을 위하여 필요하다고 인정하는 업무
② 공정거래위원회는 제1항의 업무를 대통령령으로 정하는 시설 · 인력 및 교육실적
  등의 기준에 적합한 법인으로서 공정거래위원회가 지정하는 기관 또는 단체(이
  하 "교육기관 등"이라 한다)에 위탁할 수 있다.
③ 교육기관 등은 제1항에 따른 업무를 수행하는 데 필요한 재원을 조달하기 위하여
  수익사업을 할 수 있다.
④ 공정거래위원회는 교육기관 등이 제1항에 따른 업무를 충실히 수행하지 못하거
  나 대통령령으로 정하는 기준에 미치지 못하는 경우에는 지정을 취소하거나 3개
  월 이내의 기간을 정하여 지정의 효력을 정지할 수 있다.
⑤ 교육기관 등의 지정절차 및 방법, 제3항에 따른 수익사업 등에 관하여 필요한 사
  항은 공정거래위원회가 정하여 고시한다. 〔본조신설 2007. 8. 3〕

제5장 공정거래위원회의 사건처리절차 등

제32조 (조사개시대상행위의 제한) 이 법의 규정에 의하여 공정거래위원회의 조사
  개시대상이 되는 가맹 사업거래는 그 거래가 종료된 날부터 3년을 경과하지 아
  니한 것에 한한다. 다만, 그 거래가 종료된 날부터 3년 이내에 신고 된 가맹 사업
  거래의 경우에는 그러하지 아니하다.
제33조 (시정조치) ① 공정거래위원회는 제6조의 5 제1항 · 제4항, 제7조 제2항,
  제9조 제1항, 제10조 제1항, 제11조 제1항 · 제2항, 제12조 제1항, 제15조의
  2 제3항 · 제6항을 위반한 가맹 본부에 대하여 가맹금의 예치, 정보공개서의 제
  공, 가맹금 반환, 위반행위의 중지, 위반내용의 시정을 위한 필요한 계획 또는 행

위의 보고 그 밖에 당해 위반행위의 시정에 필요한 조치를 명할 수 있다. 〈개정 2007. 8. 3〉

②공정거래위원회는 제24조의 규정에 의하여 협의회의 조정이 이루어진 경우에는 특별한 사유가 없는 한 제1항에 따른 시정조치 및 제34조 제1항에 따른 시정권고를 하지 아니한다. 〈개정 2007. 8. 3〉

③ 공정거래위원회는 제1항에 따라 시정명령을 하는 경우에는 가맹 본부에게 시정명령을 받았다는 사실을 공표하거나 거래상대방에 대하여 통지할 것을 명할 수 있다. 〈개정 2007. 8. 3〉

제34조 (시정권고) ① 공정거래위원회는 이 법의 규정을 위반한 가맹 본부에 대하여 제33조의 규정에 의한 시정조치를 명할 시간적 여유가 없는 경우에는 대통령령이 정하는 바에 따라 시정방안을 마련하여 이에 따를 것을 권고할 수 있다. 이 경우 당해 권고를 수락한 때에는 시정조치를 한 것으로 본다는 뜻을 함께 통지하여야 한다.

② 제1항의 규정에 의한 권고를 받은 가맹 본부는 당해 권고를 통지받은 날부터 10일 이내에 이를 수락하는 지의 여부에 관하여 공정거래위원회에 통지하여야 한다.

③ 제1항의 규정에 의한 권고를 받은 가맹 본부가 당해 권고를 수락한 때에는 제33조의 규정에 의한 시정조치를 받은 것으로 본다.

제35조 (과징금) 공정거래위원회는 제6조의 5제 1항·제4항, 제7조 제2항, 제9조 제1항, 제10조 제1항, 제11조 제1항·제2항, 제12조 제1항, 제15조의 2 제3항·제6항을 위반한 가맹 본부에 대하여 대통령령이 정하는 매출액에 100분의 2를 곱한 금액을 초과하지 아니하는 범위 안에서 과징금을 부과할 수 있다. 〈개정 2007. 8. 3〉

제36조 (관계행정기관의 장의 협조) 공정거래위원회는 이 법의 시행을 위하여 필요하다고 인정하는 때에는 관계행정기관의 장의 의견을 듣거나 관계행정기관의 장에 대하여 조사를 위한 인원의 지원 그 밖의 필요한 협조를 요청할 수 있다.

제37조 (「독점규제 및 공정거래에 관한 법률」의 준용 〈개정 2007. 8. 3〉) ① 이 법에 의한 공정거래위원회의 조사·심의·의결 및 시정권고에 관하여는 「독점규제 및 공정거래에 관한 법률」 제42조, 제43조, 제43조의 2, 제44조, 제45조, 제49조 제1항 내지 제3항, 제50조 제1항 내지 제4항, 제52조, 제52조의 2, 제53조, 제53조의 2 및 제55조의 2의 규정을 준용한다. 〈개정 2007. 8. 3〉

② 이 법에 의한 과징금의 부과·징수에 관하여는 「독점규제 및 공정거래에 관한 법률」 제55조의 3부터 제55조의 8까지를 준용한다. 〈개정 2004. 12. 31, 2007. 8. 3〉

③ 이 법에 의한 이의신청, 소의 제기 및 불복의 소의 전속관할, 손해배상에 관하여
   는 「독점규제 및 공정거래에 관한 법률」 제53조, 제53조의 2, 제54조, 제55조,
   제56조, 제56조의 2, 제57조의 규정을 준용한다. 다만, 「독점규제 및 공정거래
   에 관한 법률」 제56조, 제56조의2 및 제57조의 규정은 사업자가 행한 법률위
   반의 정도가 경미하거나 이미 스스로 위반행위를 시정한 결과 시정조치의 실익
   이 없는 경우 등 대통령령이 정하는 경우에는 준용하지 아니한다. 〈개정 2007.
   8. 3〉
④ 이 법에 의한 직무에 종사하거나 종사하였던 공정거래위원회의 위원, 공무원 또
   는 협의회에서 가맹 사업거래에 관한 분쟁의 조정업무를 담당하거나 담당하였던
   자에 대하여는 독점규제 및 공정거래에관한 법률 제62조의 규정을 준용한다.
⑤ 삭제 〈2007. 8. 3〉

제38조 (「독점규제 및 공정거래에 관한 법률」과의 관계 〈개정 2007. 8. 3〉) 가맹
   사업거래에 관하여 이 법의 적용을 받는 사항에 대하여는 「독점규제 및 공정거래
   에 관한 법률」 제23조 제1항 제1호(부당하게 거래를 거절하는 행위에 한한다),
   제3호(부당하게 경쟁자의 고객을 자기와 거래하도록 유인하는 행위에 한한다),
   제4호, 제5호(거래의 상대방의 사업활동을 부당하게 구속하는 조건으로 거래하
   는 행위에 한한다) 및 동법 제29조 제1항의 규정을 적용하지 아니한다. 〈개정
   2007. 8. 3〉

제39조 (권한의 위임과 위탁) ① 이 법에 의한 공정거래위원회의 권한은 그 일부를
   대통령령이 정하는 바에 따라 소속기관의 장이나 특별시장·광역시장·도지사
   또는 특별자치도지사에게 위임하거나 다른 행정기관의 장에게 위탁할 수 있다. 〈
   개정 2007.8.3〉
② 공정거래위원회는 다음 각 호의 어느 하나에 해당하는 업무를 대통령령으로 정하
   는 바에 따라 관련법인 또는 단체에 위탁할 수 있다. 이 경우 제1호의 위탁관리
   에 소요되는 경비의 전부 또는 일부를 지원할 수 있다. 〈개정 2007. 8. 3〉
1. 제6조의 2 제4항에 따른 가맹 사업정보제공시스템의 구축·운영 업무
2. 제27조 제1항에 따른 가맹 거래사 자격시험의 시행 및 관리 업무

제40조 (보고) 공정거래위원회는 제39조의 규정에 의하여 위임 또는 위탁한 사무에
   대하여 위임 또는 위탁받은 자에게 필요한 보고를 하게 할 수 있다.

제6장 벌칙

제41조 (벌칙) ① 제9조 제1항의 규정에 위반하여 허위·과장된 정보를 제공하거나 중요사항을 누락한 자는 5년 이하의 징역 또는 1억 5천만 원 이하의 벌금에 처한다. 〈개정 2007. 8. 3〉

② 다음 각 호의 어느 하나에 해당하는 자는 3년 이하의 징역 또는 1억 원 이하의 벌금에 처한다. 〈개정 2007. 8. 3〉

1. 제33조 제1항에 따른 시정조치의 명령에 따르지 아니한 자
2. 제37조 제4항의 규정에 의하여 준용되는 「독점규제 및 공정거래에 관한 법률」 제62조의 규정에 위반한 자

③ 다음 각 호의 어느 하나에 해당하는 자는 2년 이하의 징역 또는 5천만 원 이하의 벌금에 처한다. 〈개정 2007. 8.3〉

1. 제6조의 5제 1항을 위반하여 가맹점 사업자로부터 예치가맹금을 직접 수령한 자
2. 제7조 제2항을 위반하여 가맹금을 수령하거나 가맹 계약을 체결한 자
3. 제15조의 2 제6항을 위반하여 가맹점 사업자피해보상보험계약 등을 체결하였다는 사실을 나타내는 표지 또는 이와 유사한 표지를 제작하거나 사용한 자

④ 제6조의 5 제4항을 위반하여 거짓이나 그 밖의 부정한 방법으로 예치가맹금의 지급을 요청한 자는 예치가맹금의 2배에 상당하는 금액 이하의 벌금에 처한다. 〈신설 2007. 8. 3〉

제42조 (양벌규정) 법인의 대표자나 법인 또는 개인의 대리인·사용인 그 밖의 종업원이 그 법인 또는 개인의 업무에 관하여 제41조의 규정에 해당하는 위반행위를 한 때에는 행위자를 벌하는 외에 그 법인 또는 개인에 대하여도 동조 각항의 벌금형을 과한다.

제43조 (과태료) ① 가맹 본부가 제2호 또는 제3호의 규정에 해당하는 경우에는 1억 원 이하, 제1호의 규정에 해당하는 경우에는 5천만 원 이하의 과태료에 처한다. 〈개정 2007. 8. 3〉

1. 제37조 제1항의 규정에 의하여 준용되는 「독점규제 및 공정거래에 관한 법률」 제50조 제1항 제1호의 규정에 위반하여 정당한 사유 없이 2회 이상 출석하지 아니한 자
2. 제37조 제1항의 규정에 의하여 준용되는 「독점규제 및 공정거래에 관한 법률」 제50조 제1항 제3호 또는 동조 제3항의 규정에 의한 보고 또는 필요한 자료나 물건의 제출을 정당한 사유 없이 하지 아니하거나, 허위의 보고 또는 자료나 물건을 제출한 자
3. 제37조 제1항의 규정에 의하여 준용되는 「독점규제 및 공정거래에 관한 법률」 제

50조 제2항의 규정에 의한 조사를 정당한 사유 없이 거부·방해 또는 기피한 자

② 가맹점 사업자가 제1항 제2호 또는 제3호의 규정에 해당하는 경우에는 1억 원 이하, 동항 제1호의 규정에 해당하는 경우에는 1천만 원 이하의 과태료에 처한다.

③ 가맹 본부 또는 가맹점 사업자의 임원이 각각 제1항 제3호의 규정에 해당하는 경우에는 5천만 원 이하, 동항 제1호 또는 제2호의 규정에 해당하는 경우에는 1천만 원 이하의 과태료에 처한다.

④ 가맹 본부 또는 가맹점 사업자의 종업원 또는 이에 준하는 법률상 이해관계에 있는 자가 각각 제1항 제3호의 규정에 해당하는 경우에는 5천만 원 이하, 동항 제2호의 규정에 해당하는 경우에는 1천만 원 이하, 동항 제1호의 규정에 해당하는 경우에는 5백만 원 이하의 과태료에 처한다.

⑤ 제37조 제1항의 규정에 의하여 준용되는 「독점규제 및 공정거래에 관한 법률」 제43조의 2의 규정에 의한 질서유지명령에 응하지 아니한 자는 100만원 이하의 과태료에 처한다. 〈개정 2007. 8. 3〉

⑥ 다음 각 호의 어느 하나에 해당하는 자에게는 1천만 원 이하의 과태료를 부과한다. 〈개정 2007. 8. 3〉

1. 제9조 제2항을 위반하여 같은 항 각 호의 어느 하나에 해당하는 정보를 서면으로 제공하지 아니한 자

2. 제9조 제3항을 위반하여 근거자료를 비치하지 아니하거나 자료요구에 응하지 아니한 자

3. 제11조 제3항을 위반하여 가맹 계약서를 보관하지 아니한 자

⑦ 다음 각 호의 어느 하나에 해당하는 자에게는 300만 원 이하의 과태료를 부과한다. 〈개정 2007. 8. 3〉

1. 제6조의 2 제1항을 위반하여 신고를 하지 아니하거나 거짓으로 신고한 자

2. 제29조 제3항을 위반하여 가맹 거래사임을 표시하거나 유사한 용어를 사용한 자

⑧ 제1항부터 제7항까지의 규정에 따른 과태료는 대통령령으로 정하는 바에 따라 공정거래위원회가 부과·징수한다. 〈신설 2007. 8. 3〉

⑨ 제8항에 따른 과태료 처분에 불복하는 자는 그 처분을 고지 받은 날부터 30일 이내에 공정거래위원회에 이의를 제기할 수 있다. 〈신설 2007. 8. 3〉

⑩ 제8항에 따른 과태료 처분을 받은 자가 제9항에 따라 이의를 제기한 경우에는 공정거래위원회는 지체 없이 관할 법원에 그 사실을 통보하여야 하며, 통보를 받은 관할 법원은 「비송사건절차법」에 따른 과태료 재판을 한다. 〈신설 2007. 8. 3〉

⑪ 제9항에 따른 기간 이내에 이의를 제기하지 아니하고 과태료를 납부하지 아니하는 경우에는 국세 체납처분의 예에 따라 징수한다. 〈신설 2007. 8. 3〉

제44조 (고발) ① 제41조 제1항·제2항 제1호 및 제3항의 죄는 공정거래위원회의

고발이 있어야 공소를 제기할 수 있다.

② 공정거래위원회는 제41조 제1항·제2항 제1호 및 제3항의 죄 중 그 위반의 정도가 객관적으로 명백하고 중대하다고 인정하는 경우에는 검찰총장에게 고발하여야 한다.

③ 검찰총장은 제2항의 규정에 의한 고발요건에 해당하는 사실이 있음을 공정거래위원회에 통보하여 고발을 요청할 수 있다. 공정거래위원회는 검찰총장의 고발 요청이 있을 경우 이에 응하여야 한다.

④ 공정거래위원회는 공소가 제기된 후에는 고발을 취소하지 못한다.

부칙 〈제8630호, 2007. 8. 3〉

제1조 (시행일) 이 법은 공포 후 6개월이 경과한 날부터 시행한다. 다만, 제37조 제2항의 개정규정은 공포 후 3개월이 경과한 날부터 시행하고, 제6조의 5, 제15조의 2 및 제15조의 3의 개정규정은 공포 후 1년이 경과한 날부터 시행한다.

제2조 (가맹금에 관한 적용례) 제2조 제6호의 개정규정은 이 법 시행 후 지급하는 가맹금부터 적용한다.

제3조 (불공정거래행위의 금지에 관한 적용례) 제12조 제4호의 개정규정은 이 법 시행 이후 체결되거나 갱신된 가맹 계약부터 적용한다.

제4조 (가맹 계약의 갱신에 관한 적용례) 제13조의 개정규정은 이 법 시행 이후 체결되거나 갱신된 가맹 계약부터 적용한다.

제5조 (가맹 계약 해지의 제한에 관한 적용례) 제14조 제1항 본문의 개정규정은 이 법 시행 후 계약의 위반 사실이 발생하여 계약을 해지하는 경우부터 적용한다.

제6조 (정보공개서에 관한 특례) 가맹 본부는 이 법 시행일부터 6개월까지는 제6조의 2와 제7조 제1항·제2항의 개정규정에도 불구하고 종전의 정보공개서를 제공할 수 있다.

제7조 (가맹 계약 종료 사실 통지 등에 관한 경과조치) 이 법 시행 전에 체결되거나 갱신된 가맹 계약의 종료 사실 통지 등에 관하여는 종전의 규정에 따른다.

제8조 (가맹금의 반환에 관한 경과조치) 이 법 시행 전에 가맹 본부가 종전의 제9조 제1항을 위반하여 거짓 또는 과장된 정보를 제공하거나 종전의 제8조 제2항에 따른 중요한 사항을 누락한 경우 또는 정당한 사유 없이 가맹 사업을 일방적으로 중단한 경우에 있어서 가맹금의 반환에 관하여는 종전의 규정에 따른다. 이 경우 이 법 시행 전에 지급된 가맹금의 반환 범위에 관하여는 종전의 제2조 제6호와

제10조에 따른다.

제9조 (협의회 등에 관한 경과조치) ① 이 법 시행 당시 종전의 가맹 사업거래분쟁 조정협의회는 제16조의 개정규정에 따른 협의회로 본다.

② 이 법 시행 당시 종전의 가맹 사업거래분쟁조정협의회에 신청되거나 조정 중인 사건은 제16조의 개정규정에 따른 협의회에 신청되거나 조정 중인 사건으로 본다.

③ 이 법 시행 당시 종전의 가맹 사업거래분쟁조정협의회의 위원은 제17조 제3항의 개정규정에 따라 임명되거나 위촉된 자로 본다. 이 경우 위원의 임기는 잔여기간 으로 한다.

제10조 (가맹 사업거래상담사에 대한 경과조치) ① 이 법 시행 당시 종전의 규정에 따라 가맹 사업거래상담사 자격시험을 합격한 자, 가맹 사업거래상담사 자격을 가지거나 등록을 한 자는 이 법에 따른 가맹 거래사 자격시험에 합격한 자, 가맹 거래사 자격을 가지거나 등록을 한 자로 본다.

② 이 법 시행 당시 종전의 규정에 따라 가맹 사업거래상담사 등록이 취소되거나 자 격이 정지된 자는 이 법에 따라 가맹 거래사 등록이 취소되거나 자격이 정지된 자로 본다.

제11조 (벌칙과 과태료에 관한 경과조치) 이 법 시행 전의 행위에 대한 벌칙과 과태 료의 적용은 종전의 규정에 따른다.

가림출판사 · 가림M&B · 가림Let's에서 나온 책들

문 학

바늘구멍
켄 폴리트 지음 / 홍영의 옮김 / 신국판 / 342쪽 / 5,300원

레베카의 열쇠
켄 폴리트 지음 / 손연숙 옮김 / 신국판 / 492쪽 / 6,800원

암병선
니시무라 쥬코 지음 / 홍영의 옮김 / 신국판 / 300쪽 / 4,800원

첫키스한 얘기 말해도 될까
김정미 외 7명 지음 / 신국판 / 228쪽 / 4,000원

사미인곡 上·中·下
김충호 지음 / 신국판 / 각 권 5,000원

이내의 끝자리
박수완 스님 지음 / 국판변형 / 132쪽 / 3,000원

너는 왜 나에게 다가서야 했는지
김충호 지음 / 국판변형 / 124쪽 / 3,000원

세계의 명언 편집부 엮음 / 신국판 / 322쪽 / 5,000원

여자가 알아야 할 101가지 지혜
제인 아서 엮음 / 지창국 옮김 / 4×6판 / 132쪽 / 5,000원

현명한 사람이 읽는 지혜로운 이야기
이정민 엮음 / 신국판 / 236쪽 / 6,500원

성공적인 표정이 당신을 바꾼다
마츠오 도오루 지음 / 홍영의 옮김 / 신국판 / 240쪽 / 7,500원

태양의 법
오오카와 류우호오 지음 / 민병수 옮김 / 신국판 / 246쪽 / 8,500원

영원의 법
오오카와 류우호오 지음 / 민병수 옮김 / 신국판 / 240쪽 / 8,000원

석가의 본심
오오카와 류우호오 지음 / 민병수 옮김 / 신국판 / 246쪽 / 10,000원

옛 사람들의 재치와 웃음
강형중 · 김경익 편저 / 신국판 / 316쪽 / 8,000원

지혜의 쉼터
쇼펜하우어 지음 / 김충호 엮음 / 4×6판 양장본 / 160쪽 / 4,300원

헤세가 너에게
헤르만 헤세 지음 / 홍영의 엮음 / 4×6판 양장본 / 144쪽 / 4,500원

사랑보다 소중한 삶의 의미
크리슈나무르티 지음 / 최윤영 엮음 / 신국판 / 180쪽 / 4,000원

장자-어찌하여 알 속에 털이 있다 하는가
홍영의 엮음 / 4×6판 / 180쪽 / 4,000원

논어-배우고 때로 익히면 즐겁지 아니한가
신도희 엮음 / 4×6판 / 180쪽 / 4,000원

맹자-가까이 있는데 어찌 먼 데서 구하려 하는가
홍영의 엮음 / 4×6판 / 180쪽 / 4,000원

아름다운 세상을 만드는 **사랑의 메시지 365**
DuMont monte Verlag 엮음 / 정성호 옮김
4×6판 변형 양장본 / 240쪽 / 8,000원

황금의 법
오오카와 류우호오 지음 / 민병수 옮김 / 신국판 / 320쪽 / 12,000원

왜 여자는 바람을 피우는가?
기젤라 룬테 지음 / 김현성 · 진정미 옮김 / 국판 / 200쪽 / 7,000원

세상에서 가장 아름다운 선물
김인자 지음 / 국판변형 / 292쪽 / 9,000원

수능에 꼭 나오는 **한국 단편 33**
윤종필 엮음 / 신국판 / 704쪽 / 11,000원

수능에 꼭 나오는 **한국 현대 단편 소설**
윤종필 엮음 및 해설 / 신국판 / 364쪽 / 11,000원

수능에 꼭 나오는 **세계단편(영미권)**
지창영 옮김 / 윤종필 엮음 및 해설 / 신국판 / 328쪽 / 10,000원

수능에 꼭 나오는 **세계단편(유럽권)**
지창영 옮김 / 윤종필 엮음 및 해설 / 신국판 / 360쪽 / 11,000원

건 강

아름다운 피부미용법
이순희(한독피부미용학원 원장) 지음 / 신국판 / 296쪽 / 6,000원

버섯건강요법
김병각 외 6명 지음 / 신국판 / 286쪽 / 8,000원

성인병과 암을 정복하는 유기게르마늄
이상현 편저 / 캬오 샤오이 감수 / 신국판 / 312쪽 / 9,000원

난치성 **피부병**
생약효소연구원 지음 / 신국판 / 232쪽 / 7,500원

新 **방약합편**
정도명 편역 / 신국판 / 416쪽 / 15,000원

자연치료의학 오홍근(신경정신과 의학박사 · 자연의학박사) 지음
신국판 / 472쪽 / 15,000원

약초의 활용과 가정한방
이인성 지음 / 신국판 / 384쪽 / 8,500원

역전의학
이시하라 유미 지음 / 유태종 감수 / 신국판 / 286쪽 / 8,500원

이순희식 **순수피부미용법**
이순희(한독피부미용학원 원장) 지음 / 신국판 / 304쪽 / 7,000원

21세기 **당뇨병** 예방과 **치료법**
이현철(연세대 의대 내과 교수) 지음 / 신국판 / 360쪽 / 9,500원

신재용의 **민의학 동의보감**
신재용(해성한의원 원장) 지음 / 신국판 / 476쪽 / 10,000원

치매 알면 치매 이긴다
배오성(백상한방병원 원장) 지음 / 신국판 / 312쪽 / 10,000원

21세기 건강혁명 **밥상 위의 보약 생식**
최경순 지음 / 신국판 / 348쪽 / 9,800원

기치유와 기공수련
윤한홍(기치유 연구회 회장) 지음 / 신국판 / 340쪽 / 12,000원

만병의 근원 **스트레스** 원인과 퇴치
김지혁(김지혁한의원 원장) 지음 / 신국판 / 324쪽 / 9,500원

김종성 박사의 **뇌졸중 119**
김종성 지음 / 신국판 / 356쪽 / 12,000원

탈모 예방과 모발 클리닉
장정훈 · 전재홍 지음 / 신국판 / 252쪽 / 8,000원

구태규의 100% 성공 다이어트
구태규 지음 / 4×6배판 변형 / 240쪽 / 9,900원

암 예방과 치료법
이춘기 지음 / 신국판 / 296쪽 / 11,000원

알기 쉬운 **위장병 예방과 치료법**
민영일 지음 / 신국판 / 328쪽 / 9,900원

이온 체내혁명

노보루 야마노이 지음 / 김병관 옮김 / 신국판 / 272쪽 / 9,500원

어혈과 사혈요법
정지천 지음 / 신국판 / 308쪽 / 12,000원

약손 경락마사지로 건강미인 만들기
고정환 지음 / 4×6판 변형 / 284쪽 / 15,000원

정유정의 LOVE DIET
정유정 지음 / 4×6판 변형 / 196쪽 / 10,500원

머리에서 발끝까지 예뻐지는 **부분다이어트**
신상만 · 김선민 지음 / 4×6배판 변형 / 196쪽 / 11,000원

알기 쉬운 **심장병 119**
박승정 지음 / 신국판 / 248쪽 / 9,000원

알기 쉬운 **고혈압 119**
이정균 지음 / 신국판 / 304쪽 / 10,000원

여성을 위한 **부인과질환의 예방과 치료**
차선희 지음 / 신국판 / 304쪽 / 10,000원

알기 쉬운 **아토피 119**
이승규 · 임승엽 · 김문호 · 안유일 지음 / 신국판 / 232쪽 / 9,500원

120세에 도전한다
이권행 지음 / 신국판 / 308쪽 / 11,000원

건강과 아름다움을 만드는 요가
정판식 지음 / 4×6판 변형 / 224쪽 / 14,000원

우리 아이 건강하고 아름다운 **롱다리 만들기**
김성훈 지음 / 대국전판 / 236쪽 / 10,500원

알기 쉬운 **허리디스크 예방과 치료**
이종서 지음 / 대국전판 / 336쪽 / 12,000원

소아과 전문의에게 듣는 알기 쉬운 **소아과 119**
신영규 · 이강우 · 최성항 지음 / 4×6배판 변형 / 280쪽 / 14,000원

피가 맑아야 건강하게 오래 살 수 있다
김영찬 지음 / 신국판 / 256쪽 / 10,000원

웰빙형 피부 미인을 만드는 **나만의 셀프 피부건강**
양해원 지음 / 대국전판 / 144쪽 / 10,000원

내 몸을 살리는 생활 속의 **웰빙 항암 식품**
이승남 지음 / 대국전판 / 248쪽 / 9,800원

마음한글, 느낌한글
박완식 지음 / 4×6배판 / 300쪽 / 15,000원

웰빙 동의보감식 **발마사지 10분**
최미희 지음 / 신재용 감수 / 4×6배판 변형 / 204쪽 / 13,000원

아름다운 몸, 건강한 몸을 위한 **목욕 건강 30분**
임하성 지음 / 대국전판 / 176쪽 / 9,500원

내가 만드는 **한방생주스 60**
김영섭 지음 / 국판 / 112쪽 / 7,000원

몸을 살리는 건강식품
백은희 · 조창호 · 최양진 지음 / 신국판 / 384쪽 / 11,000원

건강도 키우고 성적도 올리는 자녀 건강
김진돈 지음 / 신국판 / 304쪽 / 12,000원

알기 쉬운 **간질환 119**
이관식 지음 / 신국판 / 264쪽 / 11,000원

밥으로 병을 고친다
허봉수 지음 / 대국전판 / 352쪽 / 13,500원

알기 쉬운 **신장병 119**
김형규 지음 / 신국판 / 240쪽 / 10,000원

마음의 감기 치료법 **우울증 119**
이민수 지음 / 대국전판 / 232쪽 / 9,800원

관절염 119
송영욱 지음 / 대국전판 / 224쪽 / 9,800원

내 딸을 위한 **미성년 클리닉**

강병문 · 이향아 · 최정원 지음 / 국판 / 148쪽 / 8,000원

암을 다스리는 **기적의 치유법**
케이 세이헤이 감수 / 카와키 나리카즈 지음 / 민병수 옮김
신국판 / 256쪽 / 9,000원

스트레스 다스리기
대한불안장애학회 스트레스관리연구특별위원회 지음
신국판 / 304쪽 / 12,000원

천연 식초 건강법 건강식품연구회 엮음 / 신재용(해성한의원 원장) 감수
신국판 / 252쪽 / 9,000원

암에 대한 모든 것
서울아산병원 암센터 지음 / 신국판 / 360쪽 / 13,000원

알록달록 컬러 다이어트
이승남 지음 / 국판 / 248쪽 / 10,000원

당신도 부모가 될 수 있다
정병준 지음 / 신국판 / 268쪽 / 9,500원

키 10cm 더 크는 **키네스 성장법** 김양수 · 이종균 · 최형규 · 표재환 · 김문희 지음
대국전판 / 312쪽 / 12,000원

당뇨병 백과
이현철 · 송영득 · 안철우 지음 / 4×6배판 변형 / 396쪽 / 16,000원

호흡기 클리닉 119
박성학 지음 / 신국판 / 256쪽 / 10,000원

키 쑥쑥 크는 롱다리 만들기
롱다리 성장클리닉 원장단 지음 / 4×6배판 변형 / 256쪽 / 11,000원

교 육

우리 교육의 창조적 백색혁명
원상기 지음 / 신국판 / 206쪽 / 6,000원

현대생활과 체육
조창남 외 5명 공저 / 신국판 / 340쪽 / 10,000원

퍼펙트 MBA IAE유학네트 지음 / 신국판 / 400쪽 / 12,000원

유학길라잡이 Ⅰ - 미국편
IAE유학네트 지음 / 4×6배판 / 372쪽 / 13,900원

유학길라잡이 Ⅱ - 4개국편
IAE유학네트 지음 / 4×6배판 / 348쪽 / 13,900원

조기유학길라잡이.com
IAE유학네트 지음 / 4×6배판 / 428쪽 / 15,000원

현대인의 건강생활
박상호 외 5명 공저 / 4×6배판 / 268쪽 / 15,000원

천재아이로 키우는 두뇌훈련
나카마츠 요시로 지음 / 민병수 옮김 / 국판 / 288쪽 / 9,500원

두뇌혁명
나카마츠 요시로 지음 / 민병수 옮김 / 4×6판 양장본 / 288쪽 / 12,000원

테마별 고사성어로 익히는 한자
김경익 지음 / 4×6배판 변형 / 248쪽 / 9,800원

生생 공부비법 이은승 지음 / 대국전판 / 272쪽 / 9,500원

자녀를 성공시키는 **습관만들기**
배은경 지음 / 대국전판 / 232쪽 / 9,500원

한자능력검정시험 1급
한자능력검정시험연구위원회 편저 / 4×6배판 / 568쪽 / 21,000원

한자능력검정시험 2급
한자능력검정시험연구위원회 편저 / 4×6배판 / 472쪽 / 18,000원

한자능력검정시험 3급(3급Ⅱ)
한자능력검정시험연구위원회 편저 / 4×6배판 / 440쪽 / 17,000원

한자능력검정시험 4급(4급Ⅱ)
한자능력검정시험연구위원회 편저 / 4×6배판 / 352쪽 / 15,000원

한자능력검정시험 5급
한자능력검정시험연구위원회 편저 / 4×6배판 / 264쪽 / 11,000원

한자능력검정시험 6급
한자능력검정시험연구위원회 편저 / 4×6배판 / 168쪽 / 8,500원

한자능력검정시험 7급
한자능력검정시험연구위원회 편저 / 4×6배판 / 152쪽 / 7,000원

한자능력검정시험 8급
한자능력검정시험연구위원회 편저 / 4×6배판 / 112쪽 / 6,000원

볼링의 이론과 실기   이택상 지음 / 신국판 / 192쪽 / 9,000원

고사성어로 끝내는 천자문
조준상 글 · 그림 / 4×6배판 / 216쪽 / 12,000원

내 아이 스타 만들기
김민성 지음 / 신국판 / 200쪽 / 9,000원

교육 1번지 강남 엄마들의 수험생 자녀 관리
황송주 지음 / 신국판 / 288쪽 / 9,500원

초등학생이 꼭 알아야 할 위대한 역사 상식
우진영 · 이양경 지음 / 4×6배판 변형 / 228쪽 / 9,500원

초등학생이 꼭 알아야 할 행복한 경제 상식
우진영 · 전선심 지음 / 4×6배판 변형 / 224쪽 / 9,500원

초등학생이 꼭 알아야 할 재미있는 과학상식
우진영 · 정경희 지음 / 4×6배판 변형 / 220쪽 / 9,500원

한자능력검정시험 3급 · 3급 II
한자능력검정시험연구위원회 편저 / 4×6판 / 380쪽 / 7,500원

교과서 속에 꼭꼭 숨어있는 이색박물관 체험   이신화 지음
대국전판 / 248쪽 / 12,000원

초등학생 독서 논술(저학년)   책마루 독서교육연구회 지음
4×6배판 변형 / 244쪽 / 14,000원

초등학생 독서 논술(고학년)   책마루 독서교육연구회 지음
4×6배판 변형 / 236쪽 / 14,000원

놀면서 배우는 경제
김솔 지음 / 대국전판 / 196쪽 / 10,000원

취미 · 실용

김진국과 같이 배우는 와인의 세계
김진국 지음 / 국배판 변형양장본(올 컬러판) / 208쪽 / 30,000원

경제 · 경영

CEO가 될 수 있는 성공법칙 101가지
김승룡 편역 / 신국판 / 320쪽 / 9,500원

정보소프트   김승룡 지음 / 신국판 / 324쪽 / 6,000원

기획대사전   다카하시 겐코 지음 / 홍영의 옮김
신국판 / 552쪽 / 19,500원

맨손창업 · 맞춤창업 BEST 74
양혜숙 지음 / 신국판 / 416쪽 / 12,000원

무자본, 무점포 창업! FAX 한 대면 성공한다
다카시로 고시 지음 / 홍영의 옮김 / 신국판 / 226쪽 / 7,500원

성공하는 기업의 인간경영   중소기업.노무 연구회 편저 / 홍영의 옮김
신국판 / 368쪽 / 11,000원

21세기 IT가 세계를 지배한다
김광희 지음 / 신국판 / 380쪽 / 12,000원

경제기사로 부자아빠 만들기
김기태 · 신현태 · 박근수 공저 / 신국판 / 388쪽 / 12,000원

포스트 PC의 주역 정보가전과 무선인터넷
김광희 지음 / 신국판 / 356쪽 / 12,000원

성공하는 사람들의 마케팅 바이블
채수명 지음 / 신국판 / 328쪽 / 12,000원

느린 비즈니스로 돌아가라
사카모토 게이이치 지음 / 정성호 옮김 / 신국판 / 276쪽 / 9,000원

적은 돈으로 큰돈 벌 수 있는 부동산 재테크
이원재 지음 / 신국판 / 340쪽 / 12,000원

바이오혁명
이주영 지음 / 신국판 / 328쪽 / 12,000원

성공하는 사람들의 자기혁신 경영기술
채수명 지음 / 신국판 / 344쪽 / 12,000원

CFO   교텐 토요오 · 타하라 오키시 지음 / 민병수 옮김
신국판 / 312쪽 / 12,000원

네트워크시대 네트워크마케팅
임동학 지음 / 신국판 / 376쪽 / 12,000원

성공리더의 7가지 조건
다이앤 트레이시 · 윌리엄 모건 지음 / 지창영 옮김
신국판 / 360쪽 / 13,000원

김종결의 성공창업
김종결 지음 / 신국판 / 340쪽 / 12,000원

최적의 타이밍에 내 집 마련하는 기술
이원재 지음 / 신국판 / 248쪽 / 10,500원

컨설팅 세일즈   Consulting sales
임동학 지음 / 대국전판 / 336쪽 / 13,000원

연봉 10억 만들기
김농주 지음 / 국판 / 216쪽 / 10,000원

주5일제 근무에 따른 한국형 주말창업
최효진 지음 / 신국판 변형 양장본 / 216쪽 / 10,000원

돈 되는 땅 돈 안되는 땅
김영준 지음 / 신국판 / 320쪽 / 13,000원

돈 버는 회사로 만들 수 있는 109가지
다카하시 도시노리 지음 / 민병수 옮김 / 신국판 / 344쪽 / 13,000원

프로는 디테일에 강하다
김미현 지음 / 신국판 / 248쪽 / 9,000원

머니투데이 송복규 기자의 부동산으로 주머니돈 100배 만들기
송복규 지음 / 신국판 / 328쪽 / 13,000원

성공하는 슈퍼마켓&편의점 창업
나명환 지음 / 4×6배판 변형 / 500쪽 / 28,000원

대한민국 성공 재테크 부동산 펀드와 리츠로 승부하라
김영준 지음 / 신국판 / 256쪽 / 12,000원

마일리지 200% 활용하기
박성희 지음 / 국판 변형 / 200쪽 / 8,000원

1%의 가능성에 도전, 성공 신화를 이룬 여성 CEO
김미현 지음 / 신국판 / 248쪽 / 9,500원

3천만 원으로 부동산 재벌 되기
최수길 · 이숙 · 조연희 지음 / 신국판 / 290쪽 / 12,000원

10년을 앞설 수 있는 재테크
노동규 지음 / 신국판 / 260쪽 / 10,000원

세계 최강을 추구하는 도요타 방식
나카야마 키요타카 지음 / 민병수 옮김 / 신국판 / 296쪽 / 12,000원

최고의 설득을 이끌어내는 프레젠테이션
조두환 지음 / 신국판 / 296쪽 / 11,000원

최고의 만족을 이끌어내는 창의적 협상
조강희 · 조원희 지음 / 신국판 / 248쪽 / 10,000원

New 세일즈 기법 물건을 팔지 말고 가치를 팔아라
조기선 지음 / 신국판 / 264쪽 / 9,500원

작은 회사는 전략이 달라야 산다
황문진 지음 / 신국판 / 312쪽 / 11,000원

돈되는 슈퍼마켓&편의점 창업전략(입지 편)
나명환 지음 / 신국판 / 352쪽 / 13,000원

25·35 꼼꼼 여성 재테크
정원훈 지음 / 신국판 / 224쪽 / 11,000원

대한민국 2030 독특하게 창업하라
이상헌 · 이호 지음 / 신국판 / 288쪽 / 12,000원

주 식

개미군단 대박맞이 주식투자
홍성걸(한양증권 투자분석팀 팀장) 지음 / 신국판 / 310쪽 / 9,500원

알고 하자! 돈 되는 주식투자
이길영 외 2명 공저 / 신국판 / 388쪽 / 12,500원

항상 당하기만 하는 개미들의 매도 · 매수타이밍 999% 적중 노하우
강경무 지음 / 신국판 / 336쪽 / 12,000원

부자 만들기 주식성공클리닉
이창회 지음 / 신국판 / 372쪽 / 11,500원

선물 · 옵션 이론과 실전매매
이창회 지음 / 신국판 / 372쪽 / 12,000원

너무나 쉬워 재미있는 주가차트
홍성무 지음 / 4×6배판 / 216쪽 / 15,000원

주식투자 직접 투자로 높은 수익을 올릴 수 있는 비결
김학균 지음 / 신국판 / 230쪽 / 11,000원

역 학

역리종합 만세력 정도명 편저 / 신국판 / 532쪽 / 10,500원

작명대전 정보국 지음 / 신국판 / 460쪽 / 12,000원

하락이수 해설 이천교 편저 / 신국판 / 620쪽 / 27,000원

현대인의 창조적 관상과 수상 백운산 지음 / 신국판 / 344쪽 / 9,000원

대운육신영부적 정재원 지음 / 신국판 양장본 / 750쪽 / 39,000원

사주비결활용법 이세진 지음 / 신국판 / 392쪽 / 12,000원

컴퓨터세대를 위한 新 성명학대전 박용찬 지음 / 신국판 / 388쪽 / 11,000원

길흉화복 꿈풀이 비법 백운산 지음 / 신국판 / 410쪽 / 12,000원

새천년 작명컨설팅 정재원 지음 / 신국판 / 492쪽 / 13,900원

백운산의 신세대 궁합 백운산 지음 / 신국판 / 304쪽 / 9,500원

동자삼 작명학 남시모 지음 / 신국판 / 496쪽 / 15,000원

구성학의 기초 문길여 지음 / 신국판 / 412쪽 / 12,000원

소울음소리 이건우 지음 / 신국판 / 314쪽 / 10,000원

법률 일반

여성을 위한 성범죄 법률상식
조명원(변호사) 지음 / 신국판 / 248쪽 / 8,000원

아파트 난방비 75% 절감방법
고영근 지음 / 신국판 / 238쪽 / 8,000원

일반인이 꼭 알아야 할 절세전략 173선
최성호(공인회계사) 지음 / 신국판 / 392쪽 / 12,000원

변호사와 함께하는 부동산 경매
최환주(변호사) 지음 / 신국판 / 404쪽 / 13,000원

혼자서 쉽고 빠르게 할 수 있는 소액재판

김재용 · 김종철 공저 / 신국판 / 312쪽 / 9,500원

"술 한 잔 사겠다"는 말에서 찾아보는 채권 · 채무
변환철(변호사) 지음 / 신국판 / 408쪽 / 13,000원

알기쉬운 부동산 세무 길라잡이
이건우(세무서 재산계장) 지음 / 신국판 / 400쪽 / 13,000원

알기쉬운 어음, 수표 길라잡이
변환철(변호사) 지음 / 신국판 / 328쪽 / 11,000원

제조물책임법
강동근(변호사) · 윤종성(검사) 공저 / 신국판 / 368쪽 / 13,000원

알기 쉬운 주5일근무에 따른 임금 · 연봉제 실무
문강분(공인노무사) 지음 / 4×6배판 변형 / 544쪽 / 35,000원

변호사 없이 당당히 이길 수 있는 형사소송
김대환 지음 / 신국판 / 304쪽 / 13,000원

변호사 없이 당당히 이길 수 있는 민사소송
김대환 지음 / 신국판 / 412쪽 / 14,500원

혼자서 해결할 수 있는 교통사고 Q&A
조명원(변호사) 지음 / 신국판 / 336쪽 / 12,000원

알기 쉬운 개인회생 · 파산 신청법
최재구(법무사) 지음 / 신국판 / 352쪽 / 13,000원

생활법률

부동산 생활법률의 기본지식
대한법률연구회 지음 / 김원중(변호사) 감수 / 신국판 / 480쪽 / 12,000원

고소장 · 내용증명 생활법률의 기본지식
하태웅(변호사) 지음 / 신국판 / 440쪽 / 12,000원

노동 관련 생활법률의 기본지식
남동희(공인노무사) 지음 / 신국판 / 528쪽 / 14,000원

외국인 근로자 생활법률의 기본지식
남동희(공인노무사) 지음 / 신국판 / 400쪽 / 12,000원

계약작성 생활법률의 기본지식
이상도(변호사) 지음 / 신국판 / 560쪽 / 14,500원

지적재산 생활법률의 기본지식
이상도(변호사) · 조의제(변리사) 공저 / 신국판 / 496쪽 / 14,000원

부당노동행위와 부당해고 생활법률의 기본지식
박영수(공인노무사) 지음 / 신국판 / 432쪽 / 14,000원

주택 · 상가임대차 생활법률의 기본지식
김운용(변호사) 지음 / 신국판 / 480쪽 / 14,000원

하도급거래 생활법률의 기본지식
김진홍(변호사) 지음 / 신국판 / 440쪽 / 14,000원

이혼소송과 재산분할 생활법률의 기본지식
박동섭(변호사) 지음 / 신국판 / 460쪽 / 14,000원

부동산등기 생활법률의 기본지식
정상태(법무사) 지음 / 신국판 / 456쪽 / 14,000원

기업경영 생활법률의 기본지식
안동섭(단국대 교수) 지음 / 신국판 / 466쪽 / 14,000원

교통사고 생활법률의 기본지식
박정무(변호사) · 전병찬 공저 / 신국판 / 480쪽 / 14,000원

소송서식 생활법률의 기본지식
김대환 지음 / 신국판 / 480쪽 / 14,000원

호적 · 가사소송 생활법률의 기본지식
정주수(법무사) 지음 / 신국판 / 516쪽 / 14,000원

상속과 세금 생활법률의 기본지식
박동섭(변호사) 지음 / 신국판 / 480쪽 / 14,000원

담보 · 보증 생활법률의 기본지식
류창호(법학박사) 지음 / 신국판 / 436쪽 / 14,000원

소비자보호 생활법률의 기본지식
김성천(법학박사) 지음 / 신국판 / 504쪽 / 15,000원

판결 · 공정증서 생활법률의 기본지식
정상태(법무사) 지음 / 신국판 / 312쪽 / 13,000원

산업재해보상보험 생활법률의 기본지식
정유석(공인노무사) 지음 / 신국판 / 384쪽 / 14,000원

처 세

성공적인 삶을 추구하는 여성들에게 우먼파워
조안 커너 · 모이라 레이너 공저 / 지창영 옮김
신국판 / 352쪽 / 8,800원

聽 이익이 되는 말 話 손해가 되는 말
우메시마 미요 지음 / 정성호 옮김 / 신국판 / 304쪽 / 9,000원

부자들의 생활습관 가난한 사람들의 생활습관
다케우치 야스오 지음 / 홍영의 옮김 / 신국판 / 320쪽 / 9,800원

코끼리 귀를 당긴 원숭이-히딩크식 창의력을 배우자
강충인 지음 / 신국판 / 208쪽 / 8,500원

성공하려면 유머와 위트로 무장하라
민영욱 지음 / 신국판 / 292쪽 / 9,500원

등소평의 오뚝이전략
조창남 편저 / 신국판 / 304쪽 / 9,500원

노무현 화술과 화법을 통한 이미지 변화
이현정 지음 / 신국판 / 320쪽 / 10,000원

성공하는 사람들의 토론의 법칙
민영욱 지음 / 신국판 / 280쪽 / 9,500원

사람은 칭찬을 먹고산다
민영욱 지음 / 신국판 / 268쪽 / 9,500원

사과의 기술
김농주 지음 / 신국판 변형 양장본 / 200쪽 / 10,000원

취업 경쟁력을 높여라
김농주 지음 / 신국판 / 280쪽 / 12,000원

유비쿼터스시대의 블루오션 전략
최양진 지음 / 신국판 / 248쪽 / 10,000원

나만의 블루오션 전략-화술편
민영욱 지음 / 신국판 / 254쪽 / 10,000원

희망의 씨앗을 뿌리는 20대를 위하여
우광균 지음 / 신국판 / 172쪽 / 8,000원

끌리는 사람이 되기위한 이미지 컨설팅
홍순아 지음 / 대국전판 / 194쪽 / 10,000원

글로벌 리더의 소통을 위한 스피치
민영욱 지음 / 신국판 / 328쪽 / 10,000원

명 상

명상으로 얻는 깨달음
달라이 라마 지음 / 지창영 옮김 / 국판 / 320쪽 / 9,000원

어 학

2진법 영어 이상도 지음 / 4×6배판 변형 / 328쪽 / 13,000원
한 방으로 끝내는 영어 고제윤 지음 / 신국판 / 316쪽 / 9,800원

한 방으로 끝내는 영단어 김승엽 지음 / 김수경 · 카렌다 감수 /
4×6배판 변형 / 236쪽 / 9,800원

해도해도 안 되던 영어회화 하루에 30분씩 90일이면 끝낸다
Carrot Korea 편집부 지음 / 4×6배판 변형 / 260쪽 / 11,000원

바로 활용할 수 있는 기초생활영어
김수경 지음 / 신국판 / 240쪽 / 10,000원

바로 활용할 수 있는 비즈니스영어
김수경 지음 / 신국판 / 252쪽 / 10,000원

생존영어55 홍일록 지음 / 신국판 / 224쪽 / 8,500원
필수 여행영어회화 한현숙 지음 / 4×6판 변형 / 328쪽 / 7,000원
필수 여행일어회화 윤영자 지음 / 4×6판 변형 / 264쪽 / 6,500원
필수 여행중국어회화 이은진 지음 / 4×6판 변형 / 256쪽 / 7,000원
영어로 배우는 중국어 김승엽 지음 / 신국판 / 216쪽 / 9,000원
필수 여행스페인어회화 유연창 지음 / 4×6판 변형 / 288쪽 / 7,000원

바로 활용할 수 있는 홈스테이 영어
김형주 지음 / 신국판 / 184쪽 / 9,000원

필수 여행러시아어회화 이은수 지음 / 4×6판 변형 / 248쪽 / 7,500원

레포츠

수열이의 브라질 축구 탐방 삼바 축구, 그들은 강하다
이수열 지음 / 신국판 / 280쪽 / 8,500원

마라톤, 그 아름다운 도전을 향하여
빌 로저스 · 프리실라 웰치 · 조 헨더슨 공저 /
오인환 감수 / 지창영 옮김 / 4×6배판 / 320쪽 / 15,000원

퍼팅 메커닉
이근택 지음 / 4×6배판 변형 / 192쪽 / 18,000원

아마골프 가이드
정영호 지음 / 4×6배판 변형 / 216쪽 / 12,000원

인라인스케이팅 100%즐기기
임미숙 지음 / 4×6배판 변형 / 172쪽 / 11,000원

배스낚시 테크닉
이종건 지음 / 4×6배판 / 440쪽 / 20,000원

나도 디지털 전문가 될 수 있다!!!
이승훈 지음 / 4×6배판 / 320쪽 / 19,200원

스키 100% 즐기기
김동환 지음 / 4×6배판 변형 / 184쪽 / 12,000원

태권도 총론
하웅의 지음 / 4×6배판 / 288쪽 / 15,000원

건강하고 아름다운 동양란 기르기
난마을 지음 / 4×6배판 변형 / 184쪽 / 12,000원

수영 100% 즐기기
김종만 지음 / 4×6배판 변형 / 248쪽 / 13,000원

애완견114
황양원 엮음 / 4×6배판 변형 / 228쪽 / 13,000원

건강을 위한 웰빙 걷기
이강옥 지음 / 대국전판 / 280쪽 / 10,000원

우리 땅 우리 문화가 살아 숨쉬는 옛터
이형권 지음 / 대국전판 올컬러 / 208쪽 / 9,500원

아름다운 산사
이형권 지음 / 대국전판 올컬러 / 208쪽 / 9,500원

골프 100타 깨기
김준모 지음 / 4×6배판 변형 / 136쪽 / 10,000원

쉽고 즐겁게! 신나게! 배우는 재즈댄스
최재선 지음 / 4×6배판 변형 / 200쪽 / 12,000원

맛과 멋이 있는 낭만의 카페

박성찬 지음 / 대국전판 올컬러 / 168쪽 / 9,900원

한국의 숨어 있는 아름다운 풍경
이종원 지음 / 대국전판 올컬러 / 208쪽 / 9,900원

사람이 있고 자연이 있는 아름다운 명산
박기성 지음 / 대국전판 올컬러 / 176쪽 / 12,000원

마음의 고향을 찾아가는 여행 포구
김인자 지음 / 대국전판 올컬러 / 224쪽 / 14,000원

골프 90타 깨기
김광섭 지음 / 4×6배판 변형 / 148쪽 / 11,000원

생명이 살아 숨쉬는 한국의 아름다운 강
민병준 지음 / 대국전판 올컬러 / 168쪽 / 12,000원

틈나는 대로 세계여행
김재관 지음 / 4×6배판 변형 올컬러 / 368쪽 / 20,000원

KLPGA 최여진 프로의 센스 골프
최여진 지음 / 4×6배판 변형 올컬러 / 192쪽 / 13,900원

해양스포츠 카이트보딩
김남용 편저 / 신국판 올컬러 / 152쪽 / 18,000원

KTPGA 김준모 프로의 파워 골프
김준모 지음 / 4×6배판 변형 올컬러 / 192쪽 / 13,900원

골프 80타 깨기
오태훈 지음 / 4×6배판 변형 / 132쪽 / 10,000원

신나는 골프 세상
유응열 지음 / 4×6배판 변형 올컬러 / 232쪽 / 16,000원

풍경 속을 걷는 즐거움 명상 산책
김인자 지음 / 대국전판 올컬러 / 224쪽 / 14,000원

이신 프로의 더 퍼펙트
이신 지음 / 국배판 / 336쪽 / 28,000원

주니어출신 박영진 프로의 주니어골프
박영진 지음 / 4×6배판 변형 올컬러 / 164쪽 / 11,000원

골프손자병법
유응열 지음 / 4×6배판 변형 올컬러 / 212쪽 / 16,000원

3.3.7 세계여행
김완수 지음 / 4×6배판 변형 올컬러 / 280쪽 / 12,900원

박영진 프로의 주말 골퍼 100타 깨기
박영진 지음 / 4×6배판 변형 올컬러 / 160쪽 / 12,000원

여성실용

결혼준비, 이제 놀이가 된다 김창규 · 김수경 · 김정철 지음
4×6배판 변형 올컬러 / 230쪽 / 13,000원